如何做出爆紅 Podcast

新手、節目沒人聽？美國王牌製作人教你

頻道定位 ╳ 提升故事力 ╳ 經營行銷

掌握圈粉 **7** 大關鍵

MAKE NOISE: A Creator's Guide to Podcasting and Great Audio Storytelling

艾瑞克・紐朱姆
Eric Nuzum

蘇菲　譯

給凱文
Q：你爸爸是做什麼的？
凱文：他說故事。

目錄

前言

嗨，我很開心看到「你正在閱讀這篇前言」。

很多人在事前告訴我：「不要放太多心力在這篇文字上，因為沒有人會讀前言。」但謝謝你證明了他們的假設是謬誤的，而且事實通常與大眾「先入為主」的想法不一樣。（接下來我們會花很多時間在這個概念上）。

讓我們從這個事實開始破題吧：我從來沒有聽過一個 Podcast 是絕對完美的，絕對沒有。我也未曾聽過哪一個 Podcast 是沒有任何需要改進的空間（順帶一提，包含我自己的也一樣）。即便是我最得意的作品，我也從未覺得已經百分百臻於完美，總是覺得還可以多做一些努力，讓這個作品更好。之所以會回顧過去的作品，都是為了去反思「有沒有我應該發現、調整、改進或修正的東西」。

法國詩人保羅・瓦樂希（Paul Valéry）曾經說過：「一首詩是永遠不會被完成的，它只能被捨棄」。對於一集 Podcast 來說，也是如此。

一個好的音頻創作者會在自信和謙虛中找到平衡，他們有清晰且自信的想法，知道自己要創作什麼、以及該如何創作，但是他們同時也知道 Podcast 最好的狀況，就是他們當下所盡力完成的樣子，作品潛在的極限就是他們實力的極限。

我曾聽人說過：「過度自信是良好思維的敵人」，這句話的概念也能適用在音頻創作上。過度自信會阻礙創作者去察覺「可以讓作品更紮實和讓更多人產生共鳴」的機會。

身為一個創作者，我相信界線的存在，這並不表示狹隘思考，而是指最好的創作，是來自「專注於明確目標範圍」，也就是聚焦。這也是這本書存在的原因，希望我們能去看見那些可以讓作品更好的機會、去了解並接受製作過程的現實與阻礙。

無論你是第一次接觸到 Podcast 或是經驗豐富，在自信和謙虛之間、在清晰與專注之間，找出一個平衡，保持開放的態度，並且知道總有機會可以讓自己和作品更進一步——這就是本書的核心。

在開始第一章之前，為了幫助你更有效的閱讀吸收，我想要先檢視三件事：關於我、關於你、關於對 Podcast 的興趣（這同時也是你和我的連結）。

一些關於我的事

首先有三個重要日期促使我寫了這本書，也因此你現在正在閱讀這本書。

第一個日期，是 2008 年 7 月 25 日，這一天改變了我的生活（雖然在那刻我還尚未察覺）。當時我站在國家公共廣播電台（National Public Radio，簡稱 NPR）紐約分局的控制室裡，隔著一大片玻璃牆看著我的一群同事，他們互相擁抱，還有些人在哭泣。這是 NPR 一部名為《布萊恩特公園計畫》（The Bryant Park Project）的節目，它在 10 個月前首播，而今天是最後一次播出。這個節目甚至還沒來得及慶祝一歲生日就被腰斬了，工作人員被解僱，所有為此節目所投注的金錢、時間和精力，都被視為一個巨大且昂貴的錯誤。

《布萊恩特公園計畫》的想法源於兩年前，是 NPR 答應為衛星廣播公司——天狼星（現為天狼星 XM 廣播 Sirius XM）製播兩個頻道的協議之一。天狼星希望 NPR 提供新穎的、原創的東西，所以我們就想出了《布萊恩特公園》，不同於 NPR 的旗艦節目《早晨節目》（Morning Edition），這個節目內容是另類晨間新聞和聊天對談，只會在天狼星衛星廣播公司中播放。

這個節目在 2007 年 10 月 1 日推出時，於原先概念之外，又加上了很多

新的想法和提案。除了作為一個晨間節目，《布萊恩特公園計畫》也是一個
Podcast、一個部落格、一個系列影片，同時部分增添修改後也在 NPR 的地面電
台播出。《布萊恩特公園計畫》隱藏了一個教訓，因為這個計畫同時身兼太多
東西，以至於變成了一個四不像，最後膨脹到連當初想出這個計畫的人也無法
限定它的程度。

在知會了所有工作人員和公開承認失敗後，我們選定節目最後一集的播出
日期──2008 年 7 月 25 日；這天我到 NPR 紐約分局去看了最後一場演出，主
持人艾莉森‧史都華（Alison Stewart）在最後一段請來了資深監製麥特‧馬丁
內斯（Matt Martinez）和全體工作人員到播音室，大家談到了最喜愛的時刻、
互相表揚各自的才能和對於計畫的貢獻，最後和他們花了 10 個月經營的觀眾
們說再見。當時我看著眼前這痛苦的場面，對自己說：「我不會再讓同樣的事
情發生。」

雖然知道我無法阻止這個失敗，但是過程中有許多危險信號──種種跡象
顯示事情進行得並不順利。有許多可以提早被察覺和解決的問題，如果這些工
作都確實被執行，雖然不能保證結果會有什麼不同，但肯定可以提供一個更高
的生存機會。我們對於節目是什麼（或不是什麼）就算有明確的定義，可能還
是無法阻止這個數十年罕見的投資失敗，但是肯定能夠阻止十幾位有才華的年
輕人含淚困惑「自己到底在一個什麼樣的計畫上投注了一年的心血，最終卻被
宣告以失敗收場」。雖然沒有一個人能夠說明這個計劃是怎麼失敗或為何失敗
的，甚至無法議論究竟《布萊恩特公園計畫》是不是個好計畫，因為沒有人對
「這個計畫到底是什麼」有一致性的看法。

這件事應該有更好的解套，我記得當時是這麼想，一定有什麼方法可以減
輕這類不明確的狀況和大量的未知數，我不會讓這樣的事情再度發生。

第二個重要日期是 6 年半後的 2015 年 1 月 10 日。那天我搭乘地下鐵經過
華盛頓特區市中心，因為是星期六所以車上十分擁擠，但是車廂內十分安靜，

我仍舊可以聽到坐在我對面的人的談話。一對情侶告訴另一對情侶他們在新的 Podcast 節目——《無形之物》（Invisibilia）聽到的故事，這是馬丁．皮斯托利斯（Martin Pistorius）的故事：一個被困在癱瘓身體內 12 年，沒有辦法和外界溝通的男人。這是前天才播出的第一集裡的主線故事。

那時我就知道了，我的作品、甚至是 Podcast 已經有了一個全新且未知的轉變，同時也是一個令人振奮的改變。我就是《無形之物》第一季的總策畫，花費了一年努力完成這個項目，我正經歷一個驚喜瞬間：在公眾場合聽到一般民眾表示他們喜愛我致力產出的作品。但這個瞬間很快就結束，緊接著我發了訊息給我太太告訴她這件事。

「你確定嗎？」她回傳。「或許他們是在討論其他相似的東西。車上這麼吵雜，你很有可能聽錯。」

我不怪她太多疑，這的確是件奇異的事情。這個節目才誕生兩天，所以我心不甘情不願地接受了她的說法，我也知道這樣的事情不太可能發生。

接著隔天，我跟我太太外出用餐，用餐中我意識到坐在我們鄰桌的一位女士和她的 4 位用餐友人分享著這則耳熟的故事。

「這是我聽過最神奇的故事，」她說：「在這個新的 Podcast……我記得這個節目叫做《無形之物》或是什麼之類的名字。」她說的正是馬丁和他癱瘓的故事。

我望向我太太，她也同樣在聽，我們兩個人都非常難以置信。一次巧合，有可能，但是兩次？在 24 小時之內？

《無形之物》受到很多人的喜愛，第一季的作品在接下來的幾週內被下載了數千萬次，再加上我親身遇到的那兩次經歷。而讓我最高興的是《無形之物》的成功並非只是一個偶然。

我之所以有機會參與到《無形之物》的製作，是因為其中一位共同創作者阿里克斯．斯皮格爾（Alix Spiegel）和我分享了早期版本的內容，並詢問我是

否可以協助她和她的共同主持人露露・米勒（Lulu Miller）將這個作品打造成一個節目。當時我真的很喜歡她們正在著手進行的這個故事，而且十分榮幸她們願意相信我可以協助她們實踐熱情，但過去曾發生的那些教訓仍是記憶猶新。

　　自《布萊恩特公園計畫》結束後，到讓《無形之物》誕生，近十年來我不斷花時間製作新的廣播節目和 Podcast，透過嘗試、學習、解構、再度嘗試，堅決不讓「那個事件」再度發生。

　　我花了很多時間思考 Podcast 作品為什麼成功，又為什麼失敗？它們的魅力又是什麼？我同時也花了很多時間製作 Podcast，傾注所學的將這部新節目催生到世界上。我曾經聽過：幸運就是「當準備好時，遇到了機會」，這個節目就是最好的例子。

　　並不是所有東西都可以（或是應該）變成《無形之物》，但是有許多Podcast，或是可能變成一個 Podcast 的想法，或是各種說故事的方式，都有可能變得比原本更好。

　　這也是為什麼我要寫這本書，我寫書是為了讓你的作品可以更好。

　　在你想要稱讚我的利他主義之前，你要先知道我寫這本書也是因為我喜歡聽故事，而藉由幫助你們，我相信可以產生出更多好聽的故事。我願意花費兩年的生命寫這本書，是因為我相信為你們服務，你們也會學習如何為他人服務，也就是為「聽眾」服務。

　　接著說的是促使我寫這本書的第三個日期，這個日期對認識這本書和認識我很重要。它早於先前的那兩個日期：1998 年 6 月 1 日，這時的我剛開始在WKSU 上班，在一個俄亥俄州肯特的小型 NPR 電台擔任節目總監，當時我才 31歲，負責管理整個電台的播音人員、節目跟音效。WKSU 是我 19 歲時在電台獲得的第一份工作，所以讓人糾結的是，我雖然是上司，聽命於我的員工每位年齡都比我大（有些還是我年紀的兩倍），經驗比我多得多，還有不少人從我還是青少年就認識我，這些對於一個新主管來說都是不甚理想的。

這個公司教會我大部分東西，我該如何成為他們的領導者呢？我該如何成為一屋子權威中的權威呢？腦筋一轉，我確信了唯一可以管理這家公司的方式，就是竭盡所能地去服務所有員工。藉由團結一致，我們可以構思出偉大願景，而我則可以協助大家去達成。我會藉由服務來領導，他們的成功就是我的成功，這樣一來我們就消弭了上司和員工之間的界線和代溝，幫助我們朝向共同的理想和目標努力。我期許自己總是在任務的最前線，和其他人一樣努力甚至更努力，以達到目標。

透過服務來領導，這是我從當時就開始磨練的一種哲學理念和領導方式，而且持續到了今天。我認為，創作者服務聽眾，而我服務創作者。這就是我的工作，也是我整個職業生涯的基礎，這個觀點引導我找出很多新的思考和創作方式，也是這本書的基礎。

我不知道所有事情的答案，而且也沒有能力讓什麼東西一夕爆紅，甚至有時候還恰恰相反。在我的職業生涯中，我協助產出超過 130 部以上的 Podcast、廣播節目、串流頻道和其他音頻計畫。一路走來每一個你能想像的錯誤我都犯過了，也要為很多巨大的失敗負責；但是多年來，我已經整理出一套完整做法，包含練習、詢問、流程和方法來處理問題，可以幫助我避開曾經在自己的工作中以及與他人的合作中那些見過、聽過的問題，這個做法同樣也讓我獲得了一系列的成功。由於過去幾年 Podcast 的創作與收聽爆炸式地成長，現在似乎是分享這套做法及其背後原理、想法的最佳時刻。

如果你真的很沒耐心，在這裡預告這本書接下來會分為兩個部分：

●**知道你在創作什麼**

●**堅持到底**

而且，我相信你也已經心裡有數，這兩者都沒有表面看起來那麼容易。

┤├┤├ 一些關於你的事 ┤├┤├

顯而易見，我不知道你是誰，也不了解你的任何事。

然而，我是假設你符合以下這幾項前提之下來寫這本書的：

●**你是一個對創作 Podcast 有興趣的好奇新手。**

●**你是一個有創作經驗的老手，並且想要提升自己的技能或把自己的作品推向另一個層次。**

●**你隸屬於一家公司或組織，想要利用 Podcast 接觸到聽眾、消費者或興趣相投的人，藉此分享你感興趣的主題、嗜好、生活風格，或簡而言之就是任何事物。**

我相信從這三類型的人裡面，也可以再細分出許多不同目的的人。也許你想要和朋友合作或為你的朋友製作一個小型 Podcast；也許你是某個領域或小眾市場的專家，想要利用 Podcast 說給世界上與你擁有相同熱忱的人聽；也許你想把 Podcast 變成你的職業，接觸到很多聽眾。

我寫的這本書希望可以說給以上所有的人聽，而且我可以很開心地說，在大部分的章節中都符合了這樣的初心。這是一本有關想法和原則的書，不包含產品推薦或是技術流程的詳細步驟說明，我專注於每個人都可以應用的想法和觀念上，不論你想要製作的音頻規模和範圍大小。

也就是說，我希望你可以明白，在某些時候我是說給一些與你用不同方式製作 Podcast 的人、目的截然不同的人，或是和你技術等級不同的人聽；如果發生上述情況還請見諒。首先，知道這些想法對你而言不是一個壞事，而且第二，我們會馬上回頭討論你有興趣的話題。

不管你是誰，什麼時候製作音頻，請意識到你將要執行的是一個工作，是一個艱難的工作，同時也是一個超乎想像有趣的工作；這個工作是有意義、很刺激的，你會因為這個工作與世界、與人們的生活產生共鳴而感到驚奇不已。即便如此，這還是一個工作。

最好事先設立你的期望值，其中強力促使我為你寫這本書的統計資料，是一年大約有 40％的 Podcast 被中止。沒錯，雖然其中有些本來就既定只製作少少幾集或為期不長，但是每年還是有數以萬計的 Podcast 創作者毅然放棄、轉身離開。對我而言，這代表這些作品的創作者是因為錯誤的理由開始的、對成果感覺很挫敗、無法觸及到目標聽眾，或是無法實現他們的願景。

這些問題都可以被克服，而這本書就是設計來幫助你們克服困難。

Podcast 是什麼？

「Podcast 是什麼？」這是個既實際又存在的問題，我們等等就會談到。

首先，有一件事如果我不說的話，你可能也不會發現：**「內容」（Content）這個詞從來沒有在這本書中被提及** [1]。我討厭這個詞，因為這是一個既懶惰又廣義的詞，它無法具體描述任何事情。Podcast 不是內容，Podcast 就是 Podcast。

雖然在這本書中介紹的所有練習、想法跟原則，幾乎都可以適用於其他的音頻媒體，但是本書真正只專注於討論 Podcast，特別是在「如何想出好主意，並且讓這些想法變成一個極佳的 Podcast」。

所以我們回到這個問題：什麼是 Podcast ？

從比較具體的角度來說，最簡單的定義是：你是否使用 **RSS 訂閱** [2] 來發佈音頻檔案？如果是，那恭喜，你就是一個 Podcaster，而你製作的節目就是一個 Podcast，就是這麼簡單。

----

[1] 好啦，坦白説，這並非完全正確，「Content」這個詞確實出現在引用其他人説的幾句話中，但是我自己不論在生活中或是在這本書中，一次都沒有用過這個詞。

[2] 「RSS」是「簡易資訊聚合（Really Simple Syndication）」的縮寫，是一種包含資訊和後設資料的數據檔案格式。就 Podcast 而言，RSS 文件包含分集、節目資訊，例如標題、概要，以及儲存作品和音頻檔案的連結等。

但從最早開始，業界對於 Podcast 的定義也是分歧不一。許多早期的 Podcaster 對於定義十分嚴格挑剔，他們對於誰有資格稱呼自己為「Podcaster」以及什麼可以或應該被定義為「Podcast」是非常菁英主義的。當我還在 NPR 工作的時候，有許多講究的 Podcaster 不會將我稱為一名「Podcaster」，也不會稱呼 NPR 製作的節目為「Podcast」，因為這些節目原本就是（或是也同時）提供給其他平台的，例如地面電台。即使在 Podcast 排行榜上經常擠滿我所創作、開發或是發佈的 Podcast，但是對於 Podcast 菁英而言，我們就是從電台來的闖入者，不是純粹的 Podcaster。他們也同樣鄙視其他人，對他們而言，即使是當年長紅的《美國眾生相》（This American Life）也不能被視為一個 Podcast，因為這個節目一開始發佈的平台（還有一開始被認為的主要聽眾）都是電台。

當新的傳播技術出現時，Podcast 的定義變得更加模糊。

我通常建議電台廣播員，不論是在哪一個平台，不要把自己的產品當作是一種科技，而是要當成一種體驗；不要把自己當成是一個地面 FM 廣播員，而是一個在生活中陪伴聽眾音頻經驗的人。每當 Podcaster 開始在 Pandora 和 Spotify 等音樂串流平台，或是藉由新的裝置（例如智慧音箱）尋找聽眾時，大家漸漸認為 Podcast 底層的 RSS 基礎設施對於聽眾來說並不重要，對他們而言，Podcast 就是一種聽覺體驗，對他們來說，這完全和傳播方式無關。

當我在 2015 年離開 NPR 去 Audible 製作音頻節目的時候，有許多人質疑我正在創作的多集數短篇項目是否可以或應該被稱為是一個「Podcast」，許多人（包含我在 Audible 的同事）都認為我們應該拋棄這個用語。在嘗試避免使用這個字的過程中，公司想出了很多代替這個字的用語，例如「短型音頻」（short form audio）、「音頻節目」（audio shows）或是簡單的「節目」（programs）。但是每當我們展示這些節目／計畫／項目給客戶看，並詢問他們的意見時，他們普遍都會回答：「喔，這個嗎？這就是個 Podcast。」

我對於術語向來是十分自由主義的，尤其當這個產業仍舊繼續在擴張時。

如果你認為你是一位創作 Podcast 的人，非常好，你就是一位 Podcaster。說到這裡我不得不承認：「Podcast」是一種相當具有廣泛性和包容性的媒體類別。

有受到大眾歡迎的 Podcast，像《慢燃》（Slow Burn）或是《我最喜愛的謀殺》（My Favorite Murder）；也有數以萬計的 Podcast 是專門為特定行業量身製作的，例如牙醫或房地產的 Podcast。我見過聚焦在非常特定興趣領域的 Podcaster，例如有關變色龍和蜘蛛的，有關樹藝（樹木）、塑膠購物袋手工藝、醫療辦公室設計，還有好幾個養蜂的，也有持續好幾小時講述所有你能想到的每部電視劇，包括 50 年前製作的電視劇。

你給我一個主題名稱，我就可以找到一個討論這個主題的節目給你，這個節目同時也會是這個社群的中心，而且也都是「Podcast」。

回到方才提到的「Podcast 不同於其他音頻媒體」，如果你願意接受 Podcast 是一種體驗而不是一個技術平台或是一個媒體，那什麼讓 Podcast 與眾不同？有許多人對這個議題很有意見也樂於熱烈地辯論，但是對我而言，Podcast 的獨特關鍵就是它的「親密性」。

廣播以往被認為是終極的親密媒體，最好的電台廣播員聽起來就像是他們只有一個聽眾——就是你，這是個一對多的媒體，但是聽起來像是一對一。但是當我們開始了解 Podcast 的聽眾時，我們意識到 Podcast 在創作者和聽眾之間產生出了一個「更」親密的連結，我覺得這有兩個原因。

第一，這個原因可能會讓你覺得奇怪，但是我真的覺得耳塞式耳機和頭戴式耳機是最主要的原因。幾乎所有 Podcast 的聽眾都是經由這兩種耳機收聽，這是十分奇特的體驗，除了情感上的親密，還有身體上的親密（因為你把耳機塞到耳朵裡啊！）。這改變了你與聽眾的關係，也改變了節目本身。

第二，這是因為聽 Podcast 是一個主動的聆聽過程。廣播通常是你做其他事時的背景音樂，讓乏味的行為例如摺衣服或是通勤上班變得比較不乏味的陪伴媒體。聽廣播時，可以集中或是發散你的專注力，可以連續聽好幾個小時但

是不用真正專注於廣播的內容。但是聽 Podcast 卻是更有目的性與刻意：人們不是轉到一個電台，而是選擇一個 Podcast 標的。也許他們是因為當時的心情做選擇，或是因為他們當天的狀況，或是因為其他想滿足的渴望，但是這些都是有目的性的，是刻意的。

當人們轉到一個電台頻道，他們是在尋找某種體驗：我想要聽鄉村音樂或是新聞頭條或是關於運動的談話性節目，只要從喇叭放出來的節目符合期望，聽眾通常就會覺得滿意；當他們想要聽別的內容時，他們就會轉台。通常當一個人在聽廣播時，他們會從上次聽過的那個電台開始，只有當他們不想要聽時才會轉台。這是很被動的行為，這也是為什麼開車很適合聽廣播的原因，這個動作非常簡單，即使在開車中也可以輕鬆調整。想要聽經典搖滾？按這個鈕就是經典搖滾；想要聽天氣預報和新聞？按下一個鈕就可以輕鬆搞定。但是 Podcast 卻不相同。

Podcast 更具目的性和細緻性，聽的人不僅僅是對某一個特定的主題、體驗有興趣，你甚至想要聽哪個節目的某一集，選擇的程度上更具目的性。

┆┆┆┆ 最後兩件事 ┆┆┆┆

這裡有一個概念會貫穿整本書：我相信要在 Podcast 以及各種類型的音頻上取得成功的關鍵，就是要學會用同理心去創作——學習著用「與聽眾相同的聆聽方式」來思考創作。聽眾是我們做這個工作的原因，他們是接收訊息的對象，因此，去用故事和想法接觸人們，適當地讓你的想法和聽眾一致。你需要做的即是學會如何與他們產生共鳴，他們想要什麼？他們需要什麼？我們要如何把他們放在第一位？這本書裡囊括許多內容可以協助你實現這部分。

任何策略目標、成功指標、創新提案、新功能或是想法都不會有多大價值，除非被人（或是很多人）傾聽、理解、感受，從中看到自己並且喜愛。

最後，我想要說明一下這本書書名的由來。（英文版書名的由來）

我在 2011 年為 NPR 創造了一個名叫《再問我一個》（Ask Me Another）的小節目——在布魯克林的 The Bell House 酒吧舞台上，現場錄製一小時的拼圖、文字遊戲和益智問答節目。這不是我做過最成功的節目，但是卻是最觸動我心的一個。

原因有很多，主要是因為這個節目在初期幾年，幾乎都在被卡掉的鬼門關前徘徊。當時創造的時空背景，是在 NPR 需要一些節目新血來吸引下一代聽眾，但是當時我們才剛從扼殺《布萊恩特公園計畫》的低潮中稍微脫身，NPR 的預算仍舊十分吃緊，需要艱難地決定哪些項目我們做得起，哪些項目我們必須捨棄。儘管內部持續質問要不要扼殺這個計畫，我還是設法讓《再問我一個》活下來了。

我的其中一個做法是盡可能花最少的經費製作，在錄製試播集前，我們就意識到現場需要一個鼓掌標誌讓觀眾知道我們需要他們拍手。聽起來很簡單，對吧？但是一個新的鼓掌標誌需要花費 600 美元。對於一個嘗試低成本製作的節目來說，我們沒有辦法負擔，因此我詢問了 NPR 的工程師，有沒有什麼可供使用的替代品。

幾天後，一位工程師帶了兩個白色（外面還接著幾條電線）的盒子來到我的辦公室。

「也許這個可以？」他一邊對我說一邊把盒子遞給我。

那是正方形的盒子，在前方分成兩排寫著「嗨塔維斯」（Hey Tavis）。這是塔維斯·史麥利（Tavis Smiley）的提示燈，讓他幾年前錄製 NPR 製作的《塔維斯·史麥利秀》（Tavis Smiley Show）時知道他的麥克風將被打開。自從節目結束後，這個「嗨塔維斯」的燈就在倉庫裡積灰塵。雖然我們可以把舊的字母刮掉，但是最大的問題是燈箱是正方形的，如果我們把「掌聲」（applause）橫寫在箱子上，字母就會小到觀眾看不清楚在寫什麼。

「你必須寫一點別的來提示他們。」工程師對我說。

我想了一會兒。

「『製造喧囂』（Make Noise）怎麼樣？」我脫口而出。

「那就『製造喧囂』吧。」工程師說完就轉身離開。

幾天後，我就有了兩個寫著「製造喧囂」的標誌讓我錄製《再問我一個》的試播集了。

《再問我一個》第一季的一次錄製中，我坐在舞台上，突然發現那些標誌是兩面的，一面面對觀眾，另一面則是面對節目工作人員和表演者。雖然我原本的意圖是要讓那一面朝向觀眾，指示他們要發出一點聲音，但是我意識到這個標語是有預言性的，因此另一面也指示在台上的人也要製造出一點聲音。

但是他們是為了另一個原因發出聲音。他們需要發出聲音才能被聽到，他們需要製造喧囂以超越觀眾的期待，他們製造喧囂是為了擺脫策略性輪班和客戶流失，他們製造喧囂來證明批評他們的人是錯的，他們製造喧囂以不屈不撓、更加努力的方式，製造出他們能力所及的最好喧囂。

當我選定《製造喧囂》作為這本書的書名時，我太太不是很喜歡。

「這本書是關於聚焦和定義，」她說，「那不是『喧囂』。」

但是我告訴她重點在於，如何在一個很擁擠的世界，盡你所能地發出最大的聲音，要大聲，拒絕被忽略。你有話要說，如果你不盡全力發出最大的聲音，你就會迷失方向。不要客氣，不要安於接受安排，發出你最大的聲音，讓人無法無視你，因為這麼做是刻意、有目的、專注地。

那是一種美麗的喧囂。

現在，換你了。

是時候做出你生命中最好的音頻。

讓我們去製造出一些喧囂吧！

第一章
故事、角色、聲音

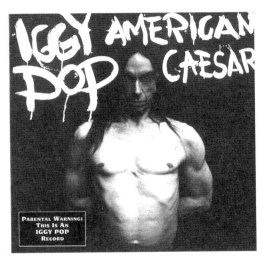

我來分享每天激勵我去工作的動力。

這 20 年來，我的辦公室桌子上方掛著一張海報，那是我視為英雄之一的龐克偶像伊吉・帕普（Iggy Pop）的照片，每當工作時，海報中的他彷彿朝下望著我。之所以會把這張海報懸掛在那邊，是因為他可以成為我工作靈感的來源，我欣賞伊吉很多特質，在這裡想分享其中之一——那就是「他對花椰菜的恨意」。

伊吉・帕普非常討厭花椰菜，他盡其所能地把他討厭的花椰菜轉化成靈感。例如伊吉會在演出合約的附加條款中，規定承辦方要在他的更衣室裡準備一碗花椰菜，單純只是為了讓他可以在上台前把花椰菜拿起來丟到垃圾桶中；有時候，當伊吉覺得需要一股動力，他會在表演時，掛一顆花椰菜在脖子上（歡迎上網搜尋「伊吉・帕普花椰菜 Iggy Pop broccoli」你就會知道我的意思），伊吉做這些動作，都是藉由接近討厭的東西，以此來激勵自己去做偉大的事情，並且挑戰自我能力的極限。

我也有我自己版本的伊吉花椰菜：理查·布蘭森（Richard Branson）。

我並非討厭理查·布蘭森，我知道他是一個很好的人，但是我也把他的照片貼在辦公桌旁（如同我的伊吉海報），以便能每天都看到。為什麼呢？因為對我而言，理查·布蘭森是我所鄙視東西的象徵，代表著「千篇一律」，把照片貼在辦公桌旁邊時時刻刻提醒自己並盡量努力去避免。

為什麼理查·布蘭森在我心裡代表著「千篇一律」？過去幾年理查·布蘭森曾經上過某些人的 Podcast 節目不下 30 次，在 30 個節目中超過 30 次的訪談，而且還可能更多次，只是到達 30 次這個數字時我實在太鬱悶了，所以之後就乾脆不數了。究竟理查有什麼要說的？可以讓他有這麼多次的「麥克風時間」？這就是癥結所在——他沒有。

再次聲明理查沒有做錯什麼，我並非針對他，而是「他的存在」代表了缺乏想像力。對我而言，理查作為 Podcast 來賓體現了創意的怠惰，理查會被邀請有兩個原因（不論哪個都和他個人對事物的看法無關）：

第一，理查的通告行程很容易預約，而且很明顯的，他似乎也喜歡在 Podcast 上談話。

第二，理查會把名人光環帶到他上的 Podcast 節目中。預約到理查，可能會讓一位 Podcaster 在內心這麼想：「嘿，看吧！我挺夠份量的，能預約到一位知名、具魅力、有點古怪的大型國際聯合企業的 CEO 呢！」他們會認為能採訪到這樣的名人，可以帶來聲望信譽，連帶讓別人認為這個 Podcast（和其主持人）也一定有些來頭，對吧？

要記住一件事，雖然 Podcast 可能是在利用理查的名氣，但是理查同時也

在利用 Podcast。理查喜歡接受 Podcast 採訪的其中一個理由，就是因為節目氣氛很輕鬆，問的通常都是柔性問題，而且主持人也很積極地與他建立關係並且討好他。

這其實很容易落入一種「名人光環」的陷阱之中，這裡面的名人，可能是我們剛剛說的理查‧布蘭森，也可能是奈爾‧德葛拉司‧泰森（Neil DeGrasse Tyson）、宣傳之旅的明星、巡迴喜劇演員等等不同等級的名人，我們稱這類 Podcast 訪談為「回聲」預約（"echo" bookings）和對談。所謂的「回聲」預約，是指 Podcaster 預約的來賓除了「知名」和「有空接受約訪」之外，沒有其他別的原因了，這意味著「這位名人 X 願意坐在椅子上」，裝做對你的採訪很感興趣（除了他們當天也上過的其他 20 個訪談之外）。當名人出演一部新電影或是出版一本回憶錄時，這種情況很常見，這些名人在大量的電視節目、廣播節目、媒體採訪出現，他們無處不在。但是真的有必要邀請他們這麼多次嗎？從聽眾的角度來看，「回聲」預約的問題，在於這類訪談的內容幾乎沒有什麼實質區別（沒有區別）。對我而言，「沒有區別」就是我的敵人。

在我寫這篇文章的時候，有超過 70 萬個 Podcast 節目，用一百多種語言轉換提供的話，相當於約有兩千多萬集。幾乎所有媒體都在嘗試或積極製作 Podcast，包括許多名人、公司、產業組織、愛好者和興趣團體都有屬於自己的 Podcast，似乎從美國總統到走在路上的瑜珈教練都是 Podcaster，這樣的崢嶸發展形成令人驚豔的多樣性；但另一方面，像剛剛提到的名人陷阱與回聲預約，卻又使內容存在著大量的「千篇一律」，因此我在每個製作的 Podcast 中，都極力與它對抗，這也是為什麼我要把理查的照片放在辦公桌旁，提醒自己永遠不要向「千篇一律」妥協。

此外，我也在敘事型 Podcast 中聽過「千篇一律」的問題。

Podcast 的超級粉絲們可以看看蘋果、Spotify、Stitcher 或是其他串流平台上的熱門排行榜，花點時間仔細回想《慢燃》、《廣播實驗室》（Radiolab）、《連

環》（Serial）、《傳說》（Lore），還有《我最喜愛的謀殺》這些節目的不同之處。我做過一項調查研究：播放熱門 Podcast 的片段給不常接觸 Podcast 的人聽，對他們而言，內容聽起來都非常相似。這些節目沒有任何不對，我（和其他數百萬人）都在聽而且喜愛這些節目，但是這個世界上需要多少「千篇一律」、「沒有區別」的 Podcast 節目呢？需要多少羅曼·馬爾斯（Roman Mars）或莎拉·柯尼希（Sarah Koenig）的仿冒品呢？看看這些最新的 Podcast，顯然很多，至少對於這些作品的創造者來說很需要。

在我剛提到的這項調查研究中，這些頂尖 Podcast 對於潛在聽眾來說，都只有一些細微的不同，就如同漩渦巧克力、巧克力塊、巧克力薄片、巧克力軟糖和摩卡巧克力的區別一樣。（等等，如果你不喜歡巧克力的話怎麼辦？如果你對巧克力過敏怎麼辦？）

很多人模仿其他 Podcast 的風格和品味，因為他們認為這是通往成功的捷徑，但事實並非如此。

在這個競爭激烈並且快速發展的 Podcast 領域中，成功的捷徑在於與眾不同。與眾不同代表著打造自己獨一無二的 Podcast，而且對自己的願景描繪是精準、確實且清晰。而那些相似性的模仿，雖然你可以說這是最真誠的奉承，但是聽起來真的很無聊。

但為什麼有這麼多相似性的 Podcast 出現？因為去跟風、追隨潮流，是件輕鬆省力的事情。在這個 Podcast 的黃金年代，有非常多的新節目、鼓舞人心的想法和令人興奮的音頻，但同時也有太多聽起來都太相似了。（或甚至更糟，很多 Podcast 聽起來沒有重點而且十分無聊。）

嘗試做一些原創的 Podcast，這件事超級難嗎？是很難，但是也不像大部分人所想的那麼難。這也是為什麼我要寫這本書，而且我猜這也是你讀這本書的原因。

前往實實在在的原創道路，創造出能傳達你的願景，並且有別於世上其他

東西的 Podcast，都可以從以下三項歸結達成——故事、角色、聲音。再說具體一些：

- ●吸引人的故事和想法
- ●引人入勝的角色
- ●獨特的聲音

無論形式或風格如何不同，目前為止我觀察到成功的 Podcast 都實現了這三項原則，雖然這些年我也曾經試圖尋找例外，但是從來沒有找到過。對於正踏上 Podcast 創作道路的你，也應該將這三項原則當作指導重點，一定會有助於 Podcast 的成功。

┃┃┃┃ **吸引人的故事和想法** ┃┃┃┃

在一個有點憂鬱的午後，我的朋友海瑟和她的兩位友人決定要開始製作 Podcast（其中一位想要學習如何編輯音頻），他們將節目取名為《威士忌貓》（Whiskey Cats），節目的概念非常明確簡單：首先，他們在電腦插上麥克風開始錄音，接著他們會灌下一整瓶的威士忌再開始聊天，一邊喝一邊評論那瓶威士忌……然後慢慢喝醉，就只是這樣。

在第二季的《威士忌貓》中（是的，他們有第二季），他們甚至在錄音時間中調製出了威士忌雞尾酒。

他們的聽眾（是的，他們確實有聽眾——雖然沒有很多，但是比你想像的多）鼓勵他們去開拓新業務，談論一些其他的事情。為何不？他們很有魅力而且聽起來很有趣。聽眾要求他們聊聊電影或是電視節目、新聞內容、名人，或是可以嘗試看看龍舌蘭酒？葡萄酒？

不，不，不……他們真的對其他主題沒有熱情，並且堅持唯一的願景：威士忌。

上述例子傳達給我們的課題是：好的作品要有意義、要令人回味和無法抗

拒，但最重要的是，創作者要能堅持自己的願景，就像是遵循教條真理一般。海瑟和她的朋友不只是創作「一個 Podcast」，他們是創作「一個在講特定內容的 Podcast」，他們對於特定內容有自己的堅持，而這也是為什麼他們的 Podcast 可以引起足夠多的共鳴讓我們今天拿出來做討論。

世界上有各式各樣吸引人的故事和想法，這些可以是歷史事件，也可以是一系列的活動、一個問題或建議，或是一些攸關存亡的事，這些故事和想法必須要聚焦出明確主題後，再藉由敘事形式或對話形式表達出來。

在第二章中，我們會花些時間在一個很棒的練習上，這個練習是用來幫助你想出生動、獨特的「高概念」，而且這個概念是越高越好。

人們經常把「高概念」和「高水平」混為一談。高概念是一個可以立刻引人注目的明確想法，非常直接了當，任何人聽到都能明白這是什麼，很容易溝通。高概念是獨一無二的——世界上不會有其他類似的東西，高概念在想法上不存在模糊性。

另一方面，高水平就是意味著稀有、知性、優越和有點自命不凡，很多高概念的計畫並不符合高水平：電影《飛機上有蛇》（Snakes on a Plane）是一部高概念的電影，《歡笑一籮筐》（America's Funniest Home Videos）也是一部高概念的電視節目，**小說《Alien Stripper Boned From Behind by the T-Rex》** [1] 同樣也是高概念。以上每一部都是高概念，但卻不符合大部分人對於高水平的定義。

然而，要讓故事或是想法吸引人，它必需要談論到某些「特定」的事，並且創作者必須給聽眾一個「關注這個想法的明確理由」，並且讓他們願意投入其中。

....

[1] 小說直譯為《外星脫衣舞女遭霸王龍後入》。沒錯，真的有這麼一部小說（這其實是一部中篇小說），它甚至在 2017 年獲得了雨果獎的提名。

所有的聽眾對於他們的聽覺都是自戀的。為甚麼不呢？這本來就是他們的時間，他們就是為了享受和滿足而去收聽 Podcast，難道還有其他理由嗎？他們不會為了沒有別的事可做而聽，因此每一分每一秒都很珍貴，這個世界上有太多娛樂性的節目，所以你需要在很短的時間內讓聽眾知道內容是什麼、與他們的關係是什麼。越需要花費力氣去理解內容的節目，聽眾就會越少！

關於讓聽眾花費力氣去理解內容這件事情，我知道有些創作者希望能夠留下些許神祕感，他們想提供一些謎題讓聽眾去破解，這是一個很浪漫的想法，但是很難成功。事實上，除非你已經跟聽眾建立了信賴關係並且持續在節目中經營互動，不然聽眾不會願意長時間駐足在這裡研究一個深奧的謎底。

把一個**故事** [2] 想成是一座黑森林，這座黑森林是既可怕又嚇人的地方，裡面存在了許多無法想像的事情，在一無所知的情況下，會讓人立刻連想到最糟的可能性，而且彷彿那些最糟糕的事是最有可能發生的。就好像在你面前 10 英呎處可能是一個邪惡的掠奪者、一隻憤怒的熊或是一個 400 英呎深的斷崖，你就是不知道到底是什麼。音頻故事也是如此，像是裡面有很多凹坑的兔子洞，洞中裝滿了人、資訊、想法，還有許多可能發生的下一步和結果。

因此，人們就走得很小心翼翼，或是乾脆直接不走了，轉而把他們的心智力量投注到其他事物上。

你，身為一個音頻故事講述者，負責引導聽眾穿越黑森林，走出那座充滿未知恐懼和令人心煩意亂的迷宮，你帶著手電筒出現，為聽眾照亮一條道路。光亮的存在降低了聽眾被其他東西干擾的可能性，因此他們就可以充滿信心地向前走，專注於你用光線照亮的那些細節。

---

[2] 不論是指一個敘事性故事、一個想法，甚至是透過一個對話或採訪來窺視一個人內心。

一個優秀的音頻故事講述者只引導聽眾完成 85％ 的旅程，剩下的路由他們自己完成。當他們熟悉這個旅程，比較了解狀況，再加上自己走完剩下的最後幾步路後，就會產生一種是靠自己的力量，而非一步一步被牽著鼻子走到目的地的狂喜感受。值得注意的是，這種發現的時刻，是要發生在旅程的最後，而不是最初。

為什麼一開始就要設定「明確且有吸引力的方向」非常重要呢？你可以想想，你的聽眾收聽 Podcast 時一般都在做什麼？他們正在洗衣服、坐地鐵去上班、運動、洗碗、遛狗……Podcast 是所謂的「陪伴媒介」（companion medium），意即這是可以一邊做其他事一邊聽的媒介，讓平凡的日常變得比較不那麼平凡。

當然，還是有些聽眾會停下手邊所有活動，坐在椅子上、閉上眼睛，開始聽你的節目，這期間什麼也不做。事實上，可能有 5、6 個人是這樣，但是因為大部分的人不會這樣做，所以你最好也不要假設你的聽眾會這麼做。

換句話說，你做的每一件事都要以你 99.999％ 聽眾的收聽方式來建構——他們是被動地聽。這並不是說內容需要被簡化，只是需要給聽眾一個明確且清晰的收聽理由。譬如這個理由可能是你有一個「吸引人的故事或想法」，而且「你說得很好」，你的聽眾就會想要接著聽，當聽了一小段，最後引起他們想要繼續跟著這個主題的慾望。

當進入這個主題時，就會把我們帶到故事的主要載體：你的角色。

┃┃┃┃ 引人入勝的角色 ┃┃┃┃

麥可・謝朋（Michael Chabon）的《卡瓦利與克雷的神奇冒險》（The Amazing Adventures of Kavalier& Clay）是我最喜歡的小說之一，在第一次閱讀完之後，我不斷希望讓我太太也對這本書感興趣。也許是為了讓我閉嘴，她終於在一次度假中看起了這本書。她一開始讀得很慢，但後來開始變得投入，最終

我們的假期變成是我在看她看小說。當她奔向書的尾聲時，我們的行程剛好在科羅拉多河上泛舟，她在泛舟時也帶著這本書，並且在朝向深谷前進時讀著最後幾頁，旅途中所有人都在欣賞美景，偶而看一下這個埋頭苦讀 700 頁書籍的女人。

當她看完時，淚流滿面地抬頭看著我。

「怎麼了？」我問道。

「我真的不希望這本書結束。」她回答。

她流淚地說實在太喜歡這個主角，所以這本小說的結束對她來說就像是死亡，她哭是因為再也沒有辦法跟角色們一起共度時光了。接下來的這一天，她把自己沉浸在低品味的放克樂，因為她正在哀悼。

之所以提到這個故事，是因為這說明了角色的重要性。在 Podcast 中，成功的關鍵在於讓聽眾和你節目中的角色有深刻連結。這不是說每個角色都需要與聽眾有實際關連或是要迷倒聽眾，但是還是需要為聽眾提供一些精神支柱，讓他們覺得很有趣、有共鳴、感覺投入。這些角色會讓聽眾（偶爾）願意犧牲其他的活動，就只為了聽他們的聲音、了解他們，在心裡與他們產生連結並從他們身上學習。

此概念運用在敘事型的 Podcast 上，這個引人入勝的「角色」，可以是節目中的任何人，可以是主持人、來賓、採訪對象等等。

Podcast 中角色的基本要素，其實和小說、戲劇或是電影中的角色沒有什麼不同，即使是一個非文學類 Podcast 或是一個對話／訪談節目也一樣。在虛構故事中，角色通常比情節重要，而且角色也可以是你想要探討的想法、主題或是假設的化身。

如同在一本書、戲劇或是電影中，角色會被激勵並且會想要追求一些東西，當他們迫切渴望時，便願意踏出自己的舒適圈去開始一段冒險，他們對於自己的追求無所畏懼。在敘事性 Podcast 中，也許角色是在旅程中前行、引導聽眾

共同去歷經，例如《美國眾生相》或是《瞬時判斷》（Snap Judgment），就是藉由角色的帶領，站在其他人的立場上、經由他們的眼睛去觀看，以便更加了解這個世界。

在 Podcast 訪談或是對話中，要進行一場冒險，主持人這個角色甚至不需要離開他設置在車庫中的麥克風。這樣的角色（主持人或是採訪者），都有我稱之為「飢餓代理」的特質：他們替觀眾的好奇心發聲，並且總是求知若渴、挑戰極限和探索。角色散發吸引人的特質，帶著聽眾去了解某個想法或是某個人，又或是從他們的角度去聆聽他人的故事。

當然，也有一些角色是讓人感覺有距離的，如同在書籍、戲劇以及電影中的角色一般，音頻中的角色也可能無法和觀眾產生連結。

例如關於 Podcast 角色一個常見的錯誤，就是它的故事或對話太專注於怪誕離奇的內容，迷戀一些奇異或陰陽怪氣的角色，這些角色形象無法讓聽眾產生共鳴，而且通常這些角色不太會有變化，毫無意料之外的驚喜，也不會讓人覺得有趣。

另外一個關於 Podcast 角色中常見的錯誤，是發生於當一個 Podcast 主持人、來賓或是其他人，太專注於想要「變得討喜」。聽眾並不需要喜愛角色，聽眾只需要了解他們，諷刺的是，竭盡全力想要被喜歡通常會引起反彈，這種迫切的態度反而會把聽眾推開，這很讓人倒胃口。

Podcast 的角色除了上述兩個常見錯誤之外，角色失敗最普遍的原因就是他們「感覺不真實」，他們是二維的、扁平的、可預測的或是陳腔濫調的，在本質上不夠真實便會讓聽眾產生距離感（這也適用於「主持人」這樣的角色）。你可以教一個人如何讀劇本、如何對著麥克風說話、訓練一個人如何使用 Pro Tools 或是其他編輯軟體，但是你沒有辦法教導一個人「感覺真實」，你無法訓練一個人裝做有趣獨特、也沒辦法訓練一個人裝作有吸引力或是有魅力。

這又銜接到了我的第三個原則：聲音。

一個獨特的聲音

生命中有些時候（通常在你自以為什麼都知道的時候）會遭遇深刻的證據，證明你其實什麼都不知道。

我在 2013 年遇到了這麼一個時刻，影響我此後對 Podcast 的想法——這都要感謝麥克·赫雷拉（Mike Herrera），龐克樂團 MxPx 的主唱（這和他的音樂無關，而是跟他的 Podcast 有關）。當時，我經常聽到人們這麼說：「這真是太精采了」、「那些對話熱烈又親密」、「這體現了真實」……所以我就查了一下這個 Podcast，當時它在 iTunes 上的「最新和最值得注意」類別上名列前茅，並且在「熱門排行榜」的排名也節節攀升，有很高的評分和數百條恭維的評論。

我不敢相信我聽到的東西，而且這並非指正向的恭維，因為這個節目聽起來非常……不像一個節目。這個節目很鬆散、不正式，幾乎是在閒聊，節目沒有開場就突然開始，然後過程中沒有任何明確的想法主軸，不知道要朝什麼方向前進，麥克單純就是介紹他的來賓，然後他們就只是……談話。

我對這件事有一點困擾，無法停止去想這個可惡的 Podcast，我一直問：為什麼有這麼多人覺得這個節目很「好」？難道我錯過了什麼？這個節目的製作非常粗略、非常「業餘」，就只是兩個人在喋喋不休，天啊真是豈有此理！這怎麼可能是《新鮮空氣》（Fresh Air）或《全球財富》（Planet Money）的競爭對手？

這時我才意識到問題不是出在麥克的 Podcast，問題是出在我對於「好」的理解。

要記住，Podcast 其實是兩種非常不同的音頻體驗，融合在一個平台中，其中一個體驗是專業化的、高製作的 Podcast，第二種就是像麥克這樣小眾的 Podcast。

第一種高製作的 Podcast，就是大部分的人在討論時可以不假思索地說出，例如：《99％隱形》（99% Invisible）、《廣播實驗室》、《狗屎鎮》（S-Town）、

《TED 廣播時間》（TED Radio Hour）。這些都是有大量預算和眾多員工的節目，會花費好幾星期去為他們創作的每一分鐘，用盡心思的處理細節和剪輯製作。在 Podcast 的世界，這些就是我們的齊柏林飛船、披頭四和碧昂絲。

第二種小眾的 Podcast，例如一些小的獨立製作公司所創作的，雖然可能相對缺少廣大觀眾和下載數，但是他們擁有令人難以置信的力量，也值得我們去了解和尊重。

小眾 Podcaster 通常會對這些高製作的 Podcast 節目不予理會，因為這些內容常常在其他平台上可以聽到，例如 FM 廣播電台。他們會說這些 Podcast 不是 Podcast 原創或是獨家的，這些都不是「純粹」的 Podcast。但有趣的是，當他們如此反駁時並不單指「發佈平台」，對他們而言，所謂純粹的小眾 Podcast，還包含圍繞這些節目所建構出來的「社群」。

我通常稱呼這些小眾 Podcast 為「部落」，這些 Podcast 是一些興趣團體的發聲管道。Podcast 為小眾市場量身訂製，而且通常是針對微型市場，幾乎所有你能想到的主題，都會有對應的 Podcast。你覺得太誇張了？去搜尋看看，你會很驚訝。甚至還有只針對個性的「部落」Podcast，這也是麥克・赫雷拉的 Podcast 所歸類的小眾位置。在這裡有相當多的人想要聽麥克說什麼、想要聽麥克和其他人的對話，事實上麥克的聽眾並不介意這個 Podcast 沒有一個格式、固定結構或是其他現代廣播和音頻該有的標準樣子，因為這並不是他們收聽的理由。麥克的 Podcast 實際上也只是在說話，而聽眾完全可以接受，因為吸引他們的是這個節目的獨特視角——聲音。

「聲音」代表的是一種獨特與真實，在 Podcast 的場域中聽起來是有機的、是真誠的。「聲音」的概念同時適用於高製作和小眾兩種類型的 Podcast，但是會以不同方式呈現。專業化的節目，例如《瞬時判斷》和《存在》（On Being），雖然也可以在其他平台上聽到（主要是電台），但仍舊需要讓聽眾覺得這是很適合放在 Podcast 的。主持人的語氣、他們和聽眾說話的方式、故事

結構，都需要感覺像是以 Podcast 為對象，即便這不是最初目的。許多廣播公司看到很多公共廣播提供的 Podcast 成功了，就（錯誤地）以為任何廣播節目做成 Podcast 都可行。接著，在他們播放的 Podcast 節目中，主持人朝向麥克風大叫，評論、影射一些資訊或是揭露一些獨家，這些聽起來像是錄製廣播節目，而不像是 Podcast，區別就在於「有沒有獨特聲音的存在」。

Podcast 的「聲音」就像是對觀眾的承諾：這就是我們要做的事，要如何顯得真實然後融入到 Podcast 的空間中。堅守這個「聲音」，就像是神聖不可侵犯的，這就是在兌現承諾，也是創作者對觀眾的尊重。

接下來是一個關於理解 Podcast「聲音」的例子，以及如果違背了觀眾對於「聲音」那心照不宣的理解會發生什麼事。

我在 NPR 的幾位朋友於 2010 年開始了一個名為《流行文化歡樂時光》（Pop Culture Happy Hour）的 Podcast，每週一次以小組形式談論流行文化世界中所發生的事情，由一群固定的主持人共同主持。其中一位主持人琳達・福爾摩斯（Linda Holmes）很愛說《流行文化歡樂時光》是 NPR 中一個沒有經過開會、沒有任何行政監督下所創造出來的項目（我心想這是個好事，因為如果曾經有的話，可能沒有主管會同意製作）。這四位主持人對錄音全都毫無經驗，更不用說是主持節目了，他們的對話很鬆散，有時候甚至很繞圈子，他們聽起來對於自己本身和他們在做的事，顯得很緊張而且很沒把握（都是真的）。但是隨著時間過去，一件神奇的事發生了：他們找到了一個「聲音」，經過幾年來每週錄製一集後，這四位主持人學會了如何互相交談以及和觀眾說話，他們為節目發展出了獨立的角色和個性，將想法一次次嘗試實踐，直到這些片段足以成為定期的專題。他們建立了一個合作團隊，最後這些人變成了小組成員，琳達成為了「主持人」（是其他人的領導者），一切水到渠成。而事情會這樣發展還有一個因素：觀眾。

當時我已經一陣子沒有聽《流行文化歡樂時光》，直到發現這個節目的月

下載數開始逐漸攀升，那時（早於 2014 年秋天第二波 Podcast 成長前）其他大部分的 Podcast 每個月都呈現停滯狀態。在我又開始聽時，驚訝地發現這個節目居然已經變得如此精采，主持人們也從一開始有點尷尬地躲在麥克風後，轉變為非常自然舒服。

之後我提議我們可以一起合作，也許能找個方法讓這個節目更頻繁地出現在電台裡，也許可以在節目中放入更多東西，然後看看會怎麼發展。

簡而言之，接下來我花了幾個月參加他們的錄音、聆聽他們的節目、作筆記，為他們雇用了一位製作人，然後讓他們在 Podcast 的生態圈和 NPR 內有更高的知名度。我們原本可以做無數變更和方向性聚焦，讓 Podcast 感覺更「專業化」，但是我們卻堅定的保留了這個 Podcast 原有的核心價值，我們沒有改變《流行文化歡樂時光》，而是努力擴大它。

在我們合作的前一年，《流行文化歡樂時光》曾經嘗試過現場錄音，在華盛頓特區麻省大道上 NPR 一棟舊大樓一樓的閒置銀行內舉行，唯一做的宣傳就是在它自己的 Podcast 內提及。在錄製演出時，連參加者都沒有椅子坐的會場內，只有四個麥克風擺在一個摺疊桌前，但是銀行內卻擠了一百多個人。

之後，我們決定要再舉行一次，在 NPR 新總部的黑箱劇場內更加把勁努力（這次我們有為觀眾準備椅子），在短短幾分鐘內就把 250 張票全部賣光了。接下來我們又嘗試了一個有 800 張票的場地，然後在一分鐘以內也全部售罄。就這樣持續下去，如今這個節目已經成長到可以全國巡迴演出，一個晚上就能賣出一千多張票，這些都是為了來看一個 Podcast 的錄製。

現在 Podcast 舉行現場錄製和辦活動，已經是很尋常的例行公事，這是一項重要的收入來源，而且更重要的是，這是一種建立社群以及與觀眾建立連結的方式。

接下來有個關於《流行文化歡樂時光》的有趣故事。

我們從四位朋友在錄音室**錄製**（tape）[3] 的一個親密小組，演變到有時候

會在數百人面前錄製的大規模現場節目，我們都很好奇聽眾怎麼看待此事——明明訂閱的是 Podcast，聽到的卻是直播節目？

我們做了一項調查，很快就發現 Podcast 的聽眾很討厭聽直播節目。

現在，在場的觀眾都很喜歡這些現場錄製的節目（如同我所說，門票總是被秒殺，粉絲們總會排著長長的隊伍只為了與四位主持人見面），但是作為一個在 Podcast 上的聽覺體驗，這並沒有如我期望中的那麼好。

在調查中，我們了解到聽眾覺得直播節目違反了節目的「聲音」，對他們而言，《流行文化歡樂時光》是一種很親密的體驗，就像和四位非常聰明、消息靈通、充滿魅力的朋友坐在酒吧的桌子旁，感覺非常個人，而且是「專屬於他們的」。

而現場直播節目則絕非是「專屬於他們的」，他們覺得規模很大但是沒有人情味、從龐大的觀眾發出來的那些歡呼、笑聲和掌聲，都違背了親密感，而且我敢說，也違背了他們對於節目的擁有權。

所以後來我們幾乎完全撤銷了「把現場錄音放到節目中」的作法。對於幾十萬名線上聽眾而言，這個 Podcast 是一個親密的、個人的、四對一的體驗。至於現場表演呢？對於到場參與的觀眾而言是很精彩，但是我們還是決定盡量保持原樣。幾乎所有的媒體主管都會覺得這個做法很蠢（好吧，除了我），而且犧牲了增加效益的機會，只是如果繼續這麼做會毀了這個節目——徹頭徹尾毀了。

....

[3] 這個註釋很重要，這是在本書中我第一次把錄音稱為「磁帶」（tape）的例子。你會看到很多類似的例子貫穿本書，這是因為以前錄音確實是在模擬磁帶上進行所留下的說法——通常是 1/2 英吋的磁帶（類似於你可能看過的卡帶的較小版本）。雖然我們早就已經過度到以 .wav 或 .MP3 檔案形式進行數位錄音，但是幾乎所有在音頻業界工作的人都還是稱它為磁帶，譬如你把採訪「錄」（tape）下來，你也可能會問其他創作者他們是否在錄音過程中得到了一個「好磁帶」；當製作人需要給評論時，他們通常都會「分享磁帶」。我不會在每次用到這個詞的時候都解釋一次，但是當你下次遇到的時候，你就會知道我的意思。

所以有一個「聲音」是很重要的，也許和「有一個好的故事想法」以及「有吸引力的角色」一樣重要。但是如果你從來沒有說出這個獨特的願景，你就很難堅持下去。因此，接下來讓我們這麼做：闡明你的故事想法，並找出你的角色和聲音，使其與世界上其他的東西都不同。

第二章
唯一重要的十個字

這章我們要談談「聚焦的力量和重要性」。

新罕布什爾州公共廣播電台的 CEO 在幾年前邀請我去拜訪她的廣播電台，當時他們的一群員工致力於開發新的 Podcast，但是 10 個月過去了，進度卻有一點卡關。他們對於試播的片段並不滿意，在沒有任何進展的情況下，卻還是花費很多時間在節目片段細節上、在編輯的聲音上細究，他們會來回討論到底是「這個」故事、還是「那個」故事才是他們 Podcast 的聲音。

在抵達的早上，我請他們拿出一張紙來描述他們正在製作的那個節目，用「不超過十個字」的字數，而且文字的內容用「只能描繪他們的節目，而不是世界上其他任何東西」的方式去寫，這個練習其實比你想像中的還難上許多。去閱讀十個字，只需要花費不到 3 秒鐘，但是若要寫出來，則需要花「多一點時間」——或者正確來說，需要花費「很多時間」。

所有人大概在 5 分鐘內完成了第一份草稿，當他們把寫的內容大聲念出來時，馬上就知道為什麼他們在製作新節目時遇到了這麼多困難：因為每個人寫的「十個字」都不一樣，他們對於節目的願景和想法都不相同，從本質上來說，他們四個人在製作四個不同的 Podcast。

這個 Podcast 最後被命名為《由外向內》（Outside ／ In），團隊說：「這個節目探討的內容，與很多事情相關。」與環境有關、與戶外娛樂有關、與新聞有關（雖然另外一位員工說絕對不是新聞性的）、與動物植物和昆蟲有關、與水有關（人們在水裡做什麼、人們用水做什麼，還有人們對水做什麼）、與

政策有關、與氣候變遷有關、也與人類有關，接著還有很多很多，我想你已經了解問題出在哪裡了。

於是我們把大家的發言放在一邊，先一起試著寫了「只能描繪他們的節目，而不是世界上其他任何東西」的十個字，這次花了兩個小時，雖然很費時但卻很重要，藉由大家對於節目的描述共識，可以看見「創意聚焦的力量」。

在葛瑞格 · 麥基昂（Greg McKeown）那本精彩又具啟發性的《少，但是更好》（Essentialism）書中，他用右邊這張圖來說明聚焦的重要。

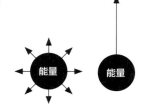

在每個圓圈中，所擁有的能量是一樣多的。左側的圓圈，能量朝很多方向發散；右側的圓圈，所有能量都被導引朝向同一個方向。如你所見，左側的圓圈只能原地打轉；右側的圓圈能朝一致的方向前行，往前走得更遠。「願景」也是同樣的概念，大家對於 Podcast 的願景需要朝向一致的方向，才能聚集力量往前進。因此，我們必須要先收集好所有工作人員對於這個 Podcast 的願景與想法，在十字描述中具體寫下來，並檢視是否一致。

等一下我會請你寫出屬於你自己的十字描述：用不到十個字來描述你自己的想法，並且要用一個「和世界上其他事物都無關」的方式描述。無論你是已經有建構好的 Podcast，或是還只在初步想法的階段，你會和多數人一樣發現「十字描述」這件事其實非常難。

在這裡要特別提出說明，隨著音頻創作經驗的不同，你可能會覺得這一章和下一章（討論你的 Podcast 應該採取什麼形式），按照順序讀下來非常清楚、容易理解，但也有可能會覺得順序應該相反倒置過來的感覺。這是本書中少數狀況，「需要根據 Podcaster 不同經驗程度」來安排章節閱讀的順序。所以如果你能理解「十字描述」這件事，那很好，請繼續接著讀；如果沒有辦法，那建議先跳到下一章去閱讀，讀完再回過頭來看，以利你對這章節的理解。

之所以會提出這個「十字描述」的原因是我製作廣播節目和 Podcast 這麼多年來，看到很多人（必須補充其中包含我自己）投入了大量的時間、金錢和精力，在一些注定沒有機會成功的想法上，這些想法會失敗的主因，就是因為他們沒有好好問過自己這個 Podcast「到底在做什麼」，而「十字描述」是為想法建立明確性的第一步。

讓我們來看看幾個我以前經手過的節目例子。

● **《再問我一個》**：為時一小時的益智遊戲、文字遊戲和小遊戲。

● **《西柯特》**（West Cork）：一樁未解決的謀殺案揭露了一個愛爾蘭農村小鎮的陰暗面。

● **《無形之物》**：影響人類行為的無形力量的敘述之旅。

● **《真誠的 X》**（Sincerely, X）：一個匿名的 TED 演講。

● **《Ted 廣播時間》：迷人的想法、驚人的發明、解決老問題的新方法，還有新的思考和創造方法。**[1]

廣播節目和 Podcast 並不是唯一使用這種聚焦方法的媒體。我稍早在高概念的例子中提過的《飛機上有蛇》（Snakes on a Plane）的描述就是寫在標題中，就只有 4 個字，只要一口氣就可以念出整件事在說什麼，電影中發生的所有事和所有你需要知道的，都被濃縮聚焦到那句簡單的陳述中。

還想要看更好的例子嗎？那看看《風飛鯊》（Sharknado），這部電影你所需要知道的事就是這一個字 Sharknado，這是多麼有說服力，有說服力到電影的標語就是「已經說夠了！」

那我們《由外向內》的朋友們呢？這對他們而言真的很困難。他們想要避

---

[1] 好吧，我知道這個超過了十個字（Fascinating ideas, astonishing inventions, fresh approaches to old problems, and new ways to think and create）。當初我們在寫這個時，訂下的目標是可以讓你「在十秒鐘內讀完」，而在這之後我們又變得更嚴格了（不超過十個字）。

免用「環境」這個詞，因為這是一個很有政治意味的詞，他們嘗試把「戶外」的字眼夾在幾個版本中，但是感覺距離又太遠了，讓這個節目好像是發生在某個地方而不是到處發生。他們一直想要加入「說故事」這個詞，但是這個詞感覺又太方便而且不夠具體。

經過一整個上午爭辯什麼字可以用，他們最終決定要用這個字——《由外向內》（Outside／In）：一個關於自然以及我們如何使用它的節目。

對他們而言，這句話「捕捉到了他們想做的事」（而且充分「保證不做他們不想做的事」）。很多人可以在這個節目的描述中看到自己，從環保主義者到運動愛好者，再到獵鴨者，這個描述具「包容性」，但又不會犧牲「特異性」，因此是可行的。

講完上述這些範例，現在我希望你可以開始創造屬於自己的「十字描述」。但是在你開始之前還有一個注意事項，下面是一個單字列表，裡面的單字都不可以出現在你的描述中，我把這個稱為「艾瑞克的禁語列表」。

驚人的（Amazing）	絕佳的（Fabulous）	動聽的（Riveting）
震驚的（Astounding）	極好的（Fantastic）	轟動的（Sensational）
驚嘆的（Awesome）	迷人的（Fascinating）	壯觀的（Spectacular）
美麗的（Beautiful）	新鮮的（Fresh）	驚豔的（Stunning）
最好的（Best）	很好的（Great）	優越的（Superior）
精彩的（Brilliant）	不可思議的（Incredible）	考慮周到的（Thoughtful）
經典的（Classic）	有深度的（In-Depth）	巨大的（Tremendous）
信服的（Compelling）	可愛的（Lovely）	難以置信的（Unbelievable）
好奇的（Curious）	卓越的（Outstanding）	獨特的（Unique）
多樣的（Diverse）	優質的（Quality）	世界級的（World Class）
非凡的（Extraordinary）	傑出的（Remarkable）	

之所以會有這個「禁語列表」，是我在 2003 年讀了托比・揚（Toby Young）的回憶錄《如何眾叛親離》（How to Lose Friends and Alienate People）後開始萌發的想法。在書中，他分享了格雷登・卡特（Graydon Carter）有一個不被允許出現在《浮華世界》（Vanity Fair）的 147 字清單，因為這些詞都是「空洞的修飾詞」——一些被過度濫用導致已經沒有實質意義的詞。有一天，當我讀完這本書，聽著廣播時，我聽到一位廣播員在介紹布拉姆斯的協奏曲、固特異飛船（Goodyear blimp）、幫助別人時的感覺和天氣時，都用了這個修飾詞：「美麗的（beautiful）」，而且是在幾分鐘之內。我心裡想：「這些事物有什麼共通點呢？」

沒有。這些東西沒有什麼共通點，除了那個愚蠢又簡單的詞。我模仿卡特的主意開始了我自己的字表，第一條就是「**美麗**」[2]。

如果你發現自己想要使用被我列為「禁語」的其中一個字，該怎麼辦呢？我有一個簡易方法，就是簡單地回答「為什麼」。這為什麼很美麗？這為什麼迷人？這為什麼壯觀？你對於「為什麼」的答案就是你獨特的描述詞，就用這個詞來代替。（但我要先和你道歉，因為「為什麼」的答案不可避免地會比你原本要用的空洞修飾詞佔據更多字數。）

接下來換你了，為你的節目或是你的概念寫下一個有別於世界上其他任何東西的「十字描述」。

———— ———— ———— ————

———— ———— ———— ————

---

[2] 如果你特別聰明、觀察力特別好，你可能已經發現我分享的部分例子中包含了一些禁語（例如在《TED 廣播時間》的敘述中使用了「迷人的」一詞）。這些年來，這一直是一份活的文件，有時候會加入新詞，事實上在編輯這本書的期間，我在和我的編輯談話後，就加入了「新鮮的」這個字，因此有些作為範例的十字描述是在某些禁語被追加前就寫好的。

當然，我不知道你到底在上面寫了什麼。如果我知道的話那會很驚悚。不過，我還是可以告訴你，你寫的東西：還不夠具體。

在和創作者練習「十字描述」的這些年，發現大家會習慣用「最廣泛定義」的文字來描述想法。這並不奇怪，因為要將想法「具體化」表達出來是很困難的，要用簡單、清晰的文字去定義一個東西，甚至讓陌生人都能充分了解，則又難上加難了。

另外一個「十字描述」的常見問題，就是使用「專業術語」。我曾經對一群選修 Podcast 課程的新聞學研究生進行演講，我請他們用十個字來描述他們自己的項目。到了發表的時候，一位年輕女生描述她的節目想法為「有關交叉性女性主義的議題（Issues Involving Intersectional Feminism）」我一邊稱讚她只用了四個字，一邊問她覺得自己的 Podcast 聽眾是誰？

她回答：「應該是每個人。」

我問她是不是每個人都知道「交叉性女性主義（Intersectional Feminism）」是什麼？

她回答：「應該……對，我覺得是。」

我請班上所有知道什麼是「交叉性女性主義」的人舉手，有三分之一的人舉手，其中沒有任何一位男士。我承認，當時我也不知道這是什麼意思。我請其中一位舉手的女生說說她覺得這個詞是什麼意思？

她回答「是排除掉『享有特權的白人女孩』的女性主義。」

我詢問提出這個項目的女生，上述答案符合她的定義嗎？

「差不多，但……不完全是。」提出項目的女生回答道。

作為給她的反饋，我提出建議告訴她，「選擇一個大家都知道的用詞」或是「變更她的目標聽眾」，兩者中選定其中一個方向，會讓她的計畫更輕鬆。她思考了一下之後決定想要變更她的聽眾，她和她的共同主持人決定要針對已經知道什麼是「交叉性女性主義」的人為目標族群，她覺得這是一個重要的切

入點，她假設她的聽眾擁有其他一般聽眾所沒有的理解度、知識、同理心、觀點和興趣。當然，她也可以選擇用「一個大家都知道的詞」，只是節目就會走向完全相反的方向，變成是另一個完全不同的 Podcast 了。

我還指出在她的「十字描述」裡的另外一半文字「有關……的議題」，這些描述有點沒有意義。什麼議題？你要拿這些議題做什麼？誰在談論這些議題？他們是如何談論這個議題的？這是一個訪談節目嗎？是同事間的對話，還是朋友、敵對者的對話？這是新聞性的，還是分析性的嗎？討論的內容會令人驚訝嗎？是娛樂性的嗎？在討論議題中會有衝突發生嗎？角色陣容是否每集都會不同？你可能會感覺問題為何如此之多，不過以上這些問題都可以透過「十字描述」應用，在「交叉性女性主義」以外的「八個字」中得到答案。（按編：按照「十字描述」法，扣除英文中交叉性女性主義 Intersectional Feminism 兩個字之外的八個字。）

通常，當找到你情有獨鍾的東西，並且可以用「十字描述」定義它時，你就真的找到了屬於你自己的獨特敘述。

下面是幾個我以前經營工作室時的實際例子：一個女人曾經提供這個「十字描述」當作是她的節目概要：「原始數據，一個關於矽谷如何改變人們和社會關係的節目。」

我問她：「他們是如何改變的？」

上面這句提問，後來演變成一個對話，我們談及大部分人竟然都不知道，從他們的數位歷史足跡中，可以透露出非常多個人資訊。儘管這個話題已經被大量媒體報導過了，但似乎多數人並不知道，因此我和其他研討會的參與者都覺得從這個角度切入會更具體。

經過更多討論後，她把她的想法修改成「原始數據：一個我們的數位歷史會如何揭示我們真實面貌的節目。」雖然我仍舊不認為這是一個特別有吸引力的想法，但是至少「夠具體」，也能試著從中找出變得更有趣的辦法。

另一位學生也分享了她的「十字描述」，描述的文字是「白兔故事時間：我在旅行時聽陌生人講述的故事。」我進一步詢問更多細節，這位創作者告訴我，她會請遇到的陌生人分享一個關於音樂的故事，藉由詢問一些問題，例如「聊聊你買的第一張唱片」等作為提示，來引導陌生人講述故事。她已經錄製了一些，而且很高興地表示大部分人的回答證明了她的想法：關於音樂的故事，最終可以揭露出一個人的生活和歷史。

這終於讓我感覺比較有趣了，我建議她可以把「十字描述」的內容改為「用音樂記憶來解鎖一個人」。我記得當說完這個建議之後，她深吸了一口氣後把胸膛挺直，笑了。就是如此，這聽起來更合理了，對她、對她的 Podcast 來說都是。

她意識到她需要「想得更深入」。

你也是。

我想要讓你再試一次，盡量「精確」、「具體」、「避免空泛」。

————— ————— ————— ————— —————

————— ————— ————— ————— —————

就如同我可以肯定第一次的「十字描述」太模稜兩可一樣，我也同樣知道修改後的「十字描述」比剛才的更好了，恭喜你。這可能還不是最終版，但是已經比較接近了。我建議你可以再花上幾個小時琢磨一下，看看你是否可以把它精煉得更好。

做完以後，你可能會不解，為什麼這個「十字描述」這麼重要？因為一但你完成之後，這個「十字描述」就會變成你的北極星。比方說，假設你正在進行一個有關「孩童談論他們最喜歡的書」的 Podcast，其中唯一可以被聽到的聲音就是這些孩童的聲音，若有人提議我們可以邀請 R・L・史坦恩（R. L. Stine）作為來賓上節目訪談，那麼這是「孩童們談論書嗎」？不是，而這也應

該是你回應那個來賓名單提議的答案。

讓我再舉個例，假設你的 Podcast 是有關「一支 1990 年代的冠軍運動隊伍以及他們在勝利賽季後發生的事情」，你是否需要在節目中加入他們比賽的體育館歷史？如果這個介紹體育館歷史的場景，和隊伍奪冠後的生活有隱喻關係，那當然！但是如果沒有的話，那就跳過，即使那是個精彩的故事。

可能大部分你最愛的 Podcast 和廣播節目都沒有執行這個「十字描述」練習，但這些節目並非沒有目的意識。艾拉・格拉斯（Ira Glass）從來沒有想到要為《美國眾生相》創造一個簡短的敘述，但是他在多達 600 集節目的每集開頭都做了說明：「每週我們的節目會有一個主題，然後我們會為這個主題呈現幾個故事。第一幕……」；喬・羅根（Joe Rogan）沒有寫「十字描述」，但是在他的節目中，對於這是個什麼樣的節目、他要談論什麼樣的事、他的節目上會有什麼樣的來賓，都有明確的目的、觀點和編輯視角。

艾拉和喬花了多年時間想出他們清晰的編輯願景，這是另一種運作方式，但是包含你在內的大多數人，並沒有時間和資源一邊做一邊想，特別是在一個已經有 70 萬個 Podcast 的超級競爭世界。你最喜歡的節目，可能是在眾多試誤中得到他們的願景，那為什麼不跳過這些試誤過程，直接從比較有可能成功的方法開始呢？將明確的想法用「十字描述」寫下來，雖然並不能保證你會有個成功的 Podcast，但是一定會增加你的機會，並提前將路上可能會遇到的障礙都標示出來。

精準的「十字描述」，它們就像找到了一個特定的神經，然後準確掐住。你的「十字描述」切中你的願景，是你創作想法的精髓，也是你的目的，就像是一個過濾所有雜質的濾網，過濾後便是代表你的成果，所以應該要像對待一部宗教經文般對待這個敘述。

然後請記住這句老生常談：「如果你沒有信念，你就無法支持任何東西。」一旦完成了你的「十字描述」，應該用粗體字印出來，再把它掛在牆上，當作

是支持自己的信念。你應該每天看著，而且最重要的是，每次要做編輯決定時，應該問問自己是否忠於自己的願景。如果你考慮要預約一位來賓，但是這場對話可能不符合你寫的「十字描述」內容，那就不要預約；如果你在創作多集數系列，然後不確定是否要加入一個場景或是一個人物簡介，想想你的「十字描述」，思考一下你所考慮的能否實現或推動那個想法。

這個練習會強迫你做一些我們在第一章討論過的東西：「高概念」思維。當一個人聽到你的「十字描述」時，他們可以看到／聽到／或是了解它。

談到「高概念」，我再釐清一下想法，「訪問名人」並非是一個「高概念」，當一個名人在進行宣傳巡演時，他的採訪若沒有上百個也有幾十個（想想我掛在辦公桌旁的理查·布蘭森的照片）。但只要找出這個人和其他幾百萬人的不同之處，或許這些採訪便能變得更有獨特性，譬如訪問他有關早年被拒絕的故事或是初戀，那麼即使是一個曝光度過高的採訪對象，聽起來也還是很有趣。

再回到「十字描述」的討論上，當牽涉到「潛在聽眾」的看法時，基本上要避免一件事：「那又如何因素」（So-What Factor）。「那又如何因素」就是當一位聽眾偶然聽到了你的節目或看到了你的節目描述，聽了之後有意識或無意識地對自己說：「所以那又如何？」如果你把你的節目描述為「和 50 歲以上的人對話，討論如何優雅老去」，然後一位潛在的聽眾對自己說：「那又如何？」這時應該要回頭檢視並問問自己：這是給其他 50 歲以上的人看的嗎？還是給想要了解自己父母或祖父母的年輕人看的嗎？還是這是為年輕人提供一個窗口，讓他們了解到今天所做的決定將會如何影響未來？這些想法每一個都可能是真的，而且每一個都可以是截然不同的節目。

聽眾「那又如何」的反應，在以下狀況時則不需太過在意。舉例：如果你正在為喜姆娃娃（Hummel Figurine）收藏家做一個 Podcast（是的，實際上確實有這個 Podcast，我確認過了），一個不是喜姆娃娃粉絲的人，在偶然間發現了這個 Podcast，那麼這個「那又如何」就沒有關係，因為他並不是這個

Podcast 的潛在聽眾。但反過來說，如果一個喜姆的忠實粉絲，但是卻對你的作品不屑一顧，那麼這不但太可惜了，而且背後也隱含了需要正視的問題。

找到你的聽眾

當我們在思考聽眾，他們為什麼要聽、他們是誰（以及不是誰）時，讓我分享一個看似有點愚蠢的小練習——一張圖找出「聽眾化身」的練習。那些實行過的人，特別是創作者，都會發現這個練習非常有用並且很有啟發性。

沒有什麼能比圖表和數字更能讓一個創意工作者的腦袋爆炸了，如果把 Excel 表單放在一個有創意、但對 Excel 外行的人面前，大概會看到他們表情逐漸放空發呆。但是善用圖表工具，的確會為工作帶來幫助，尤其是在節目中「知道你在對誰說話」是非常重要的，這時可以從人口統計學或是心理學（試算表和數字）去分析討論，或者你也可以單純去找一張圖片，圖片絕對是一種非常好用的輔助工具。

在這個練習中，你需要去圖片搜尋引擎（images.google.com 是個很好的開始），輸入一些你認為「可以描述你的目標聽眾的詞彙」，然後找到「你的聽眾的完美圖片」——那一張圖片裡的那一個人，就是代表你的聽眾的化身。

「這不可能，」我彷彿可以聽到你說，「我的聽眾不能被歸類於只是一個人的一張照片。」

在和數百名創意製作人和節目主持人做這個方法練習的過程中，我從來沒有看過練習失敗的人。當然一開始很難，但你終究會發現「一個他」或是「一個她」。在你開始思考這個練習時，讓我分享一個相關的成功案例吧。

我在 NPR 工作的尾聲，我被要求花一些時間思考公共廣播的未來，並在 NPR 董事會和 NPR 基金會董事會的聯合會議上發表。當輪到我在會議上作簡報時，我只放了一張投影片：一位年輕女子直視相機鏡頭的照片。

這是一張我在網路上找到的創用 CC（Creative Commons）照片，老實說我

不知道她是誰，也不知道她的生活怎麼樣，但是我自己作了一個人物設定：我幫她取了名字叫拉拉（Lara），她今年 29 歲，有碩士學位，住在芝加哥，在一家公關公司工作，而且從來不聽公共廣播。開會當天我把照片放在螢幕上，並且把拉拉介紹給兩個董事會的成員。

上述要傳達的是，對我而言，在這一張照片裡的拉拉，就代表著公共廣播的未來。

根據以往媒體對世代族群的經驗了解，像拉拉這樣的人應該會在 30 歲至 35 歲之間逐漸接觸公共廣播，原因是隨著年紀漸長，他們對新聞和世界上的事件越來越感興趣，會開始尋找資訊來源。當然也許他們會透過「非主流的管道」——例如《等等……別告訴我！》（Wait Wait . . . Don't Tell Me!）或是《廣播實驗室》等節目發現了公共廣播，最後終於在公共廣播上尋找更多節目，包含新聞節目。但是隨著近年來科技、媒體與消費習慣大幅度改變，現在的「拉拉」和廣播以及媒體的關係顯然不同以往，他們消費媒體的方式是不同的。因此，如果公共廣播不在未來幾年內調整好自己，去接受拉拉以及其他像拉拉的人，那麼這些拉拉有可能就會永遠流失掉。如果我們流失了拉拉，可能就不會有下一代的公共廣播聽眾，或者聽眾數量至少會顯著減少。

拉拉——她的背景故事，以及她所代表的公共廣播困境——是多年來聽眾統計數據和聽眾研究的化身。沒有人想要聽這些統計數據和研究，他們很有可能也聽不懂，特別是在一個短暫的會議報告中。但是人可以了解人，而且「一張人的照片」，可能比任何數據或圖表更清晰地體現一個群體或情況，藉由選擇「一個化身」，我們可以轉化那些精神能量，去構思「那些對象」所需要的，而不是試圖去理解數據。

和那次會議裡初次聽到這個方法的董事會成員一樣，許多新手剛開始尋找聽眾化身時，都會問一樣的問題：「一個人怎麼能代表一群完全不同的聽眾？」觀眾的年齡可能涵蓋幾十年，包含各種社會經濟背景、各行各業、種族和國家

區域，怎麼能冀望在一張照片中捕捉到所有條件？要回答這個問題，請把這個「化身」看作是一個「目的地」。如果你為「化身」拉拉做的事是對的，就是往正確的「目的地」前進，你一路上所做的決定、作為、選擇，都會讓你的 Podcast（或是多重平台網絡）朝正確方向發展，便能讓「與拉拉一樣的人」感覺親近、也能更享受在節目的收聽。換句話說，對拉拉是好的事，也對其他許多人是好的，甚至包含其他千千萬萬的人。

其中一個最好的例子，是我在澳洲舉辦研討會時，一位製作人正在討論 Podcast 的想法，這個 Podcast 是在監獄中錄製「一名被監禁的原住民女性透過聲音訴說她的故事」。即使從這個句子中，你也可以假設有一小群人會對這個主題感興趣，但是你要如何增加吸引力？於是製作人去尋找她的聽眾「化身」，她找到一個快樂、時尚的年輕女性的照片，她稱她為柔伊（Zoe）。製作人說，柔伊正在前往吃早午餐的路上，要去見她的朋友克蘿伊（Chloe）和喬西（Josie）。這為什麼是一個很有影響力的化身選擇？因為製作人說：「如果我可以製作一個節目，讓柔伊和她的朋友關心這些女人在監獄中的生活，如果我能打動她們，讓她們理解並且對這些囚犯產生同理心，我的工作就完成了。」確實，這個願景如果能在這些對象中實踐，便能真正的將力量展現，製作人為了成功接觸到柔伊（還有克蘿伊及喬西）所做出的決定，同時也會吸引到很多其他的人。

現在你應該要找出「切中目標的那一張照片」，到搜尋引擎上輸入一些文字，然後看看出現在圖片上的人。如果出現的圖片你不喜歡，那就再調整一下文字，持續調整搜尋字詞，直到出現一張你覺得能夠代表你的項目的「聽眾化身」照片。

「聽眾化身」這個練習方法的由來，是我在廣播電台工作的時候，一個曾經被要求做過好幾次的活動，給了我創造這個練習的靈感。當時（已經是好幾年前的事了）我們拿到一疊報紙和雜誌，並且被要求梳理這些照片和廣告來找

尋我們的目標聽眾，這不是短期可以完成的任務，所以我們被告知要把照片貼在辦公桌上，每當要寫文案或是思考問題（是否／如何對我們的聽眾有益時），我們就需要先看過這些圖片再開始進行寫作，並自問「聽眾需要知道這個故事或是對話的什麼？」或是「我要如何描述這個故事或事件以便讓我的聽眾可以了解？」一旦你找到代表「你的聽眾化身」，坐下來花些時間思考「他們是誰以及過著什麼樣的生活」，就像我為拉拉做過的一樣，為他們寫一個「假履歷」，給他們一個名字、職業和他們居住的地方，想像出更多他們的生活細節：他們在工作之餘是如何打發時間？他們思考些什麼？他們對什麼事情（除了你的 Podcast 外）有熱情？以及他們是怎麼發現你的 Podcast？

然後再進一步，當你有了這容易理解的「化身的個人簡介」後，再看一次照片，問問自己：他們為什麼要聽我的節目？這在他們人生中扮演什麼樣的角色？如果聽眾在聆聽過程中確實是很陶醉，那聽眾可從我的節目中獲得什麼？

雖然這聽起來好像很裝模作樣，很像是老闆們喜歡讓員工在休息或是場外會議時做的那種練習，但這確實是一個強而有力的工具，讓你暫時脫離自己的頭腦和視角，進入觀眾的腦袋中，直到今天我都還是很頻繁地做這項練習。

當開始寫這本書時，我也做了這個練習。我在 google 上搜尋「陽光又熱情的 Podcast 創作者」，在搜尋結果中發現了這些圖庫照片，然後為照片的每個人都寫了一段簡短介紹（完全是我自己編的），描述如下。

這是史考特（Scott），一位來自費城的體育 Podcaster，他已經在他的夢幻體育 Podcast 上努力了三年，正在考慮要成立自己的 Podcast 公司。

然後這位是安娜貝爾（Anabel），她負責策劃博物館展覽，希望自己能夠創造一個關於 1950 年代到 1970 年代間的女性時尚 Podcast。她對於自己的創造力非常有信心，但是卻從來沒有製作音頻的經驗。

　　最後一位是亞倫（Aaron），他持有新聞學碩士學位並且希望能夠開始製作自己的説故事 Podcast，希望有朝一日可以在《美國眾生相》中找到工作。

　　當在寫這本書的時候，我常常會看著我的史考特、安娜貝爾和亞倫的照片，問我自己他們是否會了解我正在討論的某個特定的議題？或是這些對他們而言是否有幫助？他們需要更多解釋嗎？他們是否會覺得無聊？他們可能會有什麼問題？

　　他們就是你的「代理」，他們就是你的「化身」。

　　當在小組中做這個練習時，我都會請他們分享：讓他們發掘最終圖像的「關鍵字」（例如我在上述照片所舉的「陽光又熱情的 Podcast 創作者」例子）。事先檢視這個「關鍵字」，有助於預防這項練習中常犯的一個錯誤：Podcast 創作者最後「用來 google 圖片的關鍵字」，很可能是「用來描述自己的關鍵字」，這種錯誤我認為是代表危險的信號。

　　並非説你不能為「像你自已」或「和你一樣對某個主題有興趣的人」創作 Podcast，但要謹慎進行，因為假設「你的聽眾就是和你一樣」是很危險的一件事。讓我們假設你是一個收集復古棒球卡 Podcast 的主持人，若聽眾都和你一樣（喜愛復古棒球卡）是很合理的，不是嗎？但你必須記得關於這個主題，你比你的聽眾懂得更多（即使你是剛剛才知道等會兒要和他們分享的東西），你製作復古棒球卡 Podcast 節目的理由，和他們收聽的理由是不同的。

　　這個想法普遍可以解釋創作者和聽眾之間的差異：你擁有資訊，他們需要資訊；你過著某種生活，他們想要間接感受到某種生活；你擁有一種世界觀，他們想要聽這種世界觀；你有一個故事要講，他們想要聽引人入勝的故事。這不僅僅是觀點上的差異，這也是立場上的顯著差異。

　　下面是另外一個例子：喜劇 Podcast。當我問到喜劇 Podcast 製作人「誰是他們的聽眾時」，他們通常會這麼回答：「你知道的，就是那些來看演出和參

加喜劇俱樂部的人。」但是我告訴你：「那並非就是聽喜劇 Podcast 的聽眾。」好吧，讓我再明確一點：「我確定你看到的那些會去喜劇俱樂部的人，會聽一些喜劇 Podcast（也許就是聽你的 Podcast）。但是，這些人只佔你所有聽眾中的一部分，而且是很小一部分。」

　　如果是這樣，那麼到底是誰會聽喜劇 Podcast？最近尼爾森（Nielsen）發表了一個消費者觀察研究，報告中調查了 Podcast 聽眾購買的各種產品類型，你知道喜劇 Podcast 粉絲是什麼產品類別的最大宗消費者嗎？

　　嬰兒食品。喜劇 Podcast 粉絲購買的嬰兒食品比美國一般家庭平均多出 14％（價值 7 億 2 千 7 百萬美元）。那第二高的類別呢？茶類。那些喜劇 Podcast 愛好者買了很多茶類，每年購買的茶類產品價值超過了 10 億美元（比美國一般家庭多出 12％）。第三類呢？寵物護理。

　　所以，你的喜劇 Podcast 粉絲「他們是你在喜劇俱樂部中見到的那些人」嗎？不是，他們不是有時間去俱樂部的人。他們買了很多嬰兒食物、茶類和寵物護理用品，因為他們是家庭生活很繁忙的人，是忙著養育下一代的喜劇宅男宅女，他們聽 Podcast 是因為他們想要聽喜劇又不用花時間到俱樂部去，這和你在演出現場看到的是完全不同類型的人，而了解和欣賞這種差異，可以讓你和你的 Podcast 聽眾建立起一種真摯的關係；而如果「偏離目標太遠」，就會讓你的 Podcast 聽眾覺得你是在和其他人說話。

　　另一個來自尼爾森消費者研究的好例子：健康和生活類型的 Podcast。不意外的是，健康和生活類型 Podcast 的聽眾，購買最多的產品類別就是維他命（他們的每年購買價值為 23 億美元），那第二多的產品呢？烈酒。健康和生活類型 Podcast 聽眾一年購買的**烈酒類** [3] 價值超過 10 億美元，明顯高於美國其

---

[3] 每次我和其他人分享這個小趣聞時，每個人都會問這個統計數字是否包含所有酒類。不，這並不包含葡萄酒和啤酒（他們購買的這些酒類也是高於美國的一般家庭）。

他一般家庭。重點：當然，會有一些喜歡維他命的聽眾，但是也會有一些人渴望在過得更健康的同時，也能適度地享受著大都會生活。這類型 Podcast 的聽眾大多數都是夢想成功者，和那些下班後寧願回家大口灌下一大杯現榨甘藍菜汁的追隨者，是完全不同的。這些洞察就是了解你的聽眾在生活中是過怎麼樣的生活，以及你要如何融入其中的關鍵。

所以找尋這些「化身」的照片，意義又是什麼呢？為了幫助你調整心態成為一個有同理心的創作者，當你在做一些創意決定時，要想到你的聽眾，嘗試著理解他們以及他們需要你做些什麼，要學會以「他們是怎麼收聽的方式」去思考。

你需要聽眾，你需要讓他們覺得被歡迎、讓他們覺得你就是在和他們說話，他們需要聽到自己的一小部分被你培養或滋潤，他們希望你能幫助他們在旅途中前進，成為更好的自己。如果你用居高臨下的語氣對他們說話，說的話讓他們聽不懂，或是聽起來好像在和其他人說話，這樣根本不可能建立關係。

廣播界中有一句陳年老調，告訴廣播員和 DJ「要把所有東西說得像給一個人聽」一般，這樣才能建立連結，讓聽眾感覺他們也參與其中。這展現了同理心，我認為對於這種「一對一」親密關係的需求，Podcast 可能比廣播還更重要十倍以上。

我討論這些同理心和親密度的理論，有任何事實根據或是科學背景嗎？當然沒有。如果資源不是問題的話，任何一家消費者研究公司都會願意收一大筆預算來為你做這方面研究，而且肯定會有一定程度的嚴謹和精確度。不過，雖然我是定性和定量聽眾研究的忠實擁護者，也時常在工作中使用到這些數據資料，但是在形塑想法時，我不認為只能透過花一大筆錢才能買到答案，其實只要執行我上述說的這些練習，再運用一些清晰的思維，就可以達到一樣目的。

我們已經了解到「聽眾和你這個創作者不一樣」，也了解到聽眾往往「比我們在腦海中的原型模板要更複雜得多」，執行這個練習能幫助你用簡單的方法，把目標整理得更清晰。把最後找到的「聽眾化身」照片印出來，掛在你的

創作空間中（是的，我的確認為你應該要這麼做），還有一個能夠了解他們的方式，我也希望你能去執行。

你希望創作項目對於聽眾的影響是什麼？你希望他們思考什麼、感受什麼？他們如何被影響？基本上，你應該去思考：當他們花時間在你的節目後能夠得到什麼？（我們在下一章會討論到這個議題。）

考慮到「最終目的」，是設計一個 Podcast 項目時的重要元素。我們為什麼要做這些事情、做這些創作和說這個故事？之所以如此強調這個練習要素，是因為我發現「除非先知道要去哪裡，否則很難規劃出一個旅程」，對我來說，終點就是「帶給聽眾的影響」。

你不需要告訴聽眾這個，但是對於你這個創作者來說，先確定「聽眾的最終目的」確實是一個重點，不是嗎？我的意思是──你希望人們來聽──你的所有成功指標都會依此（收聽人數）衡量，但是這並非是你的聽眾對於這個旅程的終點。對他們來說「聽的行為」只是開始，他們想要的不單單只是做例行性公事時，有一些聲音來把他們的耳朵填滿（即使是輕鬆有趣的東西），對他們而言也是有「目的性」的。而你，作為一個創作者，就需要針對「帶給聽眾影響」來做出相應規劃。

每當我和一起共事的記者提到「帶給聽眾影響」這一點時，他們常常會抓狂，並表示記者的工作就是要做出客觀報導，他們沒有試圖要影響任何事。我認為這是一個荒謬可笑的立場，不用說你當然希望你的工作有影響力，套用一句記者們常說的口號「**為傷痛者療傷，讓安逸者不安（Comfort the Afflicted and Afflict the Comfortable）**」[4] 就是一種提供改變的催化劑。當你報導權力濫用時，你希望激勵某些人去阻止濫用權力的行為，有關虐待、貪腐也是一樣；

---

[4] 順便一提，這個說法最初由幽默作家法利·德昂（Finley Peter Dunne）在 1902 年時創造出來。

你講述人們生活周遭的故事，以加深聽眾對於他們所屬社群的理解；新聞媒體花了數百萬美元報導選舉，就是希望創造一位更有知識的選民。對於記者來說，也許不適合直接建議或提倡具體的行動，但是他們的工作就是要照亮某些事情，並且協助開始某些改變或行動。

有些 Podcast 也是基於想要激勵聽眾而開始。喜劇 Podcast 希望讓人發笑；醫療或是關注社會焦慮相關的 Podcast 創作者，可能會希望幫助他們的聽眾明白「在掙扎奮鬥中他們並非孤單一人」；地方報導類型的 Podcast，可能會希望讓其他居民更了解自己的鄰居。以上這些都是 Podcast 帶給聽眾影響的實例。有一次當我們在製作《TED 廣播時間》，團隊在製作一集關於天文學和宇宙學發展的節目時，主持人蓋伊・拉斯（Guy Raz）說出了這句經典名言：「如果我們把這集做好的話，」他說「聽眾們晚上在外面就再也無法用同樣的方式看天空了。」

通常大部分的 Podcast 製作人並沒有深切地思考這些議題：「寫下描述概要、確定聽眾是誰、明確知道要帶給聽眾什麼影響」，而這也是為什麼會有這麼多人失敗的原因。

讓我們回到本章開始的地方「聚焦的力量和重要性」，我之所以花如此多時間著墨這個聚焦的過程，是因為這攸關大部分創作新手常犯的錯誤，尤其是和團隊一起工作的時候，他們可能會將力氣都放在技術性的部分（譬如想要創造「什麼」內容），導致鮮少思考背後細膩的目的；另外，他們很少能回答出這個想法是為「誰」準備的，或是聽眾「為什麼」會收聽，在這些面向上欠缺思考的話，會讓創作者浪費大量時間做出完全偏離軌道的無效決定，也可能造成聽眾數的高估。

當然，透過本章這些練習並不能完全避免這些錯誤發生，但是如果我們能夠「清楚地知道自己在做什麼」、「為誰而做」以及「他們為什麼而聽」的話，無疑可以降低許多風險。

第三章
功能和形式

功能

　　讀到這裡你有猜到嗎？其實我很喜歡使用逆向操作法，特別是用在創作中。故事敘事的方法，除了從起點開始之外，逆向操作可能會讓故事更有趣，所以你應該試試「從最後的目的地作為起點，再從那裡往回走」。

　　逆向回推的思考，可以用在建構引人入勝的 Podcast，這些故事、角色、聲音等等關鍵要素是很重要的，但重點是要如何為這些關鍵要素解鎖呢？就是有一個清楚的「十字描述」。那麼用什麼來形塑「十字描述」呢？是一場關於「功能」和「形式」的對話（跟你自己對話，或跟你的創意夥伴對話）。對許多剛接觸 Podcast 的人來說，要了解「功能」和「形式」，需要先回答一些非常基本的問題，而這些問題對於那些有興趣但又不知從何開始的新手來說，也是一個很好的起始。

　　比方說我的瑜伽老師喬（Joe）。喬是一位很**優秀的瑜伽老師**[1]，有一種不可思議的能力，可以在指導約 40 人的團體班時，在不打斷整體班級流程狀況下，對那些需要協助的人提供一對一指導。但是喬的風格才是真正讓他與眾不同的地方，喬提供了一種我所謂的「敘事性」為主的瑜珈指導方式。他會說故事，通常會在剛開始上課時提供簡短的冥想、分享學生或他自己的故事、他讀過的東西，或是一個他持續思考的問題，這些故事會像是一個寓言或道德寓意，

---

[1] 好啦，我知道每個人都覺得自己的瑜珈教練很了不起，請忍受我一下。

為大家起了反思作用，然後喬就會以此建構整個課程，讓姿勢練習圍繞著他故事裡的中心思想。老實說，並非每個主題都能引起我的共鳴，但是我真的很欣賞喬的冥想和故事，為瑜珈練習提供了一個容易理解的目的和結構，因此我總是很期待參加喬的瑜珈課程，每個星期會參加 2~3 次。

有天早上在上課前，喬在我的墊子前停了下來，問我下課後可不可以和他談一談。我腦海中首先浮出的是「我是否犯了什麼瑜珈失誤」？現在居然需要和教練談一談。在經過了 75 分鐘的心靈呼吸和伸展之後，我完全忘記了喬的要求，直到回到家後才想起，於是我發了一封郵件詢問他有什麼事。

「我只是想要知道你是否願意花幾分鐘來和我談談 Podcast。」他回道。

這件事可能會讓你覺得很諷刺，因為在很多場合包含在這本書的開頭，我說過「從……到『在路上的瑜珈教練』都有 Podcast……」以便證明現在 Podcast 的普遍性，但沒想到居然連我自己的瑜珈教練都尚在考慮建立的階段，而且希望得到我的幫助。

喬和我在一個星期後坐下來聊。他告訴我，他的學生和熟人們不斷建議他「他應該要做一個 Podcast」。大家認為他擁有很美妙的聲音（他有），而且他很會說故事、有很多東西可以分享——而 Podcast 可以成為他發揮所長的媒介。喬還跟我說他計畫擴大自己的品牌，除了瑜珈指導，也想投入做一位人生導師（介於瑜珈和人生導師之間，他在我們這個地方已經是有一定名氣）。他分享道：「雖然目前對於自己的工作和客戶都很滿意，但是總覺得可以站在更大的舞台上、提供更多東西，也許 Podcast 可以成為實現這個目標的手段。」然而喬幾乎沒有創作任何媒體的經驗，他沒有製作技巧，也不知道自己具體上想做什麼，更不清楚 Podcast 要怎麼做以及怎麼發佈到網路上，讓全世界的人都能聽見。

一方面，我被喬在分享抱負時顯露出來的脆弱所打動，這需要勇氣，也需要對我有極大的信任，才能向我提出這樣的諮詢並詢問我的意見，因為或許很

有可能他會得到「這太天真」如此簡單回覆，然後一笑了之。另一方面，我馬上就看到喬具備了要創造一個精彩 Podcast 所需要的兩個要素：他有東西要說，以及他對於說這些事的熱情。

而又在另一方面，也就是第三方面，我也慢慢意識到「幾乎所有我設計來定義 Podcast 的工具」——十字描述、找尋聽眾化身、與眾不同、定義故事角色和聲音——這些都離喬目前太遙遠了。他尚無法定義屬於自己獨一無二的十字描述，因為他根本還不知道自己要做什麼，一切只在初步「想要開始製作」的階段。

一下就投入、然後馬上創作出十字描述是很棒，但是有更多人需要從「更前面一點」的步驟開始。他們無法在不同 Podcast「形式」中做出決定，因為他們並不了解每一種「形式」的優點和缺點，以及這些「形式」如何反映呈現出他們的身份、他們的才能以及他們的潛在聽眾。

當我坐在那邊和喬談話時，我發現如果試圖請他使用我的那些定義練習，最終一定會令他覺得困惑與沮喪，搞不好會讓他覺得自己很愚蠢，然後就會在沒有嘗試錄製任何東西的狀況下直接放棄。這是我最不想要在潛在創作者身上引起的反應，因為這就如同建議一位對跑步有興趣的初學者，直接把跑 10 公里作為他的慢跑初體驗一般。

於是在當時，我第一次想到「四角圓圈法」這個方法。雖然最初這是設計來幫助新手創作者的，但是現在幾乎變成我在發展或建議 Podcast 時的方法之一，甚至在與成熟的創作者以及媒體公司對話也一樣會使用。

喬和我又聚在一起進行了另一次討論，這次我嘗試為他想出不同的圖形架構，我先在一張紙上畫出了一個「三角形」，「三角形」的每一個角都代表了我們在上一章結尾討論到的「什麼」、「誰」和「為什麼」，每個角都是我需要他回答的問題，每個問題的答案都與一個「潛在 Podcast 的想法」息息相關。但是當我們實際操作時，我發現會出現「四個問題」，所以在討論途中，我將

它修正並改稱呼為一個「**四角形**」[2]。當我們說著說著，我開始在四角形的「四個頂點」上畫出弧線，最後畫成了一個「圓圈」，一個「有四個點的圓圈」。

想像一下，一個圓圈上有四個等距離的「點」，每個點上的「問題」都會通往下一個「答案」。

當喬在和我說話時，我開始畫起圓圈的草稿，並在圓圈的每個「點」上都寫了一個詞，代表我希望喬回答的「問題」。

讓我解釋一下每個點各代表什麼：

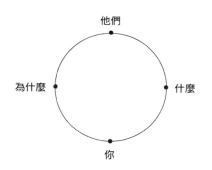

你：你是誰？

他們：你在和誰說話？

什麼：你有什麼要說的？

為什麼：你希望對他們造成什麼樣的影響？

接下來，我再對每個點進一步說明。

你是誰？

不只是指「你是誰」，而是「你是哪個版本的你」。我是一個 Podcast 製作人，我也是一個作家、一個簽名收藏家、一位父親、一個電動車愛好者，還有一些其他的。我想要讓「哪個版本的我」來主持這個 Podcast？喬是一位

---

[2] 我必須承認，那時候我還不知道到底有沒有「四角形（quadrangle）」這種東西，還只是我虛構的，就像「極大數（gazillion）」一般。但後來證實這確實是一個存在的東西：任何一個有四個角的幾何形狀，如正方形、菱形和長方形諸如此類，其實都是一個四角形。

瑜珈教練、一位人生導師、一位丈夫，也還有一些其他的身份，喬要在這個 Podcast 中展現「哪個版本」的喬？他可以把這些特質結合起來，不同的身分結合，會出現不同的「你是誰」版本（譬如一個「教瑜珈的人生導師」，便不同於一個「同時是人生導師的丈夫」）。但究竟是哪個版本的主持人會佔主導地位？你需要「選擇一個主要的」出來。

你在和誰說話？

誰是「聽眾」？在這裡也同樣不能忽略逃避。一個關於書法的 Podcast，不能答覆「喜歡用鋼筆寫出漂亮字母的人」（聽眾）。如同我在第二章解釋過的，你需要具體地設定出一個人的肖像照片（有特定的生活、興趣和需求的聽眾化身）。

對於喬來說，我希望他在「特定聽眾」中選出一個目標，他是想要為他的瑜珈學生做 Podcast 嗎？還是潛在的學生？尋求人生導師的客戶（現在的或是潛在的）？他們是當地人嗎？全國性的還是全球性的？幾乎這裡的任何答案，都會讓你製作出一個非常不一樣的 Podcast。很快地，喬就專注於那些「尋求人生導師的潛在客戶」聽眾，他知道不想要把自己侷限在當地，也想要接觸到全國性的人。但是就算如此，是誰呢？為「尋求人生導師的潛在客戶」提供的 Podcast 也可以是截然不同的，如果你是在對一位「想要重新平衡生活」的人說話，那麼談話內容會完全不同於另外一位對「轉換職業」有興趣的人。

·

你有什麼要說的？

現在你知道了「你是誰」和「哪些人是你要接觸的」，接下來你想要和他們說「什麼」？你要傳遞的訊息是什麼？有什麼具體內容是你想要傳達給他們

的，而且對於他們來說是有趣的／有用的？不用先計畫好你要製作的每一集主題和訊息，但是有什麼共通的概念宗旨，是你想要在每集節目中體現的？例如，如果你以「生活中的每件事都很奇妙」作為架構來製作一個Podcast，這和以「生活中的每件事都很糟糕」為主題製作出來的Podcast會十分不同，決定並且定義你的觀點。

你希望對他們造成什麼樣的影響？

當聽眾聽到你的節目或是Podcast後，你希望他們有什麼想法？你希望他們會有什麼感受？一個優秀的Podcast會讓人在聽完之後，在腦海中揮之不去、持續回味、產生很大共鳴。聽完後，你看到、聽到、感覺到的東西都和之前不太相同，這個節目在某種程度上改變了你，這就是作為一個創作者想要追求的。所以你想要喚起他們什麼樣的情緒呢？你想要他們笑嗎？哭嗎？還是生氣？

還有什麼是你希望他們去做的？採取一個行動？寫一封信？用不同的態度對待別人？去投票？領養一隻小狗？你對Podcast的抱負，不應該是讓他們在疊衣服或是遛狗時不會感到無聊而已。具體說明當一集節目結束後，你想要讓什麼事情發生，你希望對他們造成「什麼樣的影響」？

我把這個「四角圓圈」的「四個要素」，按照特定順序排列的原因有兩個：第一，我認為把「你」放在最下面，而把「他們」放在最上面，可以體現一種象徵性的階級制度，強化一定要永遠把聽眾放在第一位的概念，而你作為主持人，需要採取謙虛態度來服務你的聽眾。聽眾就是起點也是終點，當你在工作過程中遇到問題、困難或是感到迷茫時，請永遠要回過頭來聽眾這邊。

第二，就從「他們」開始，然後順時針移動到「什麼」、「你」，最後以「為什麼」結束。你會藉由這些建立一個循環性和週期性的動向，每個「問題」都會為「下一個問題」提供資訊，全部都是互相聯繫在一起的。

之後我和喬約好時間要進一步詳細討論，順便探討希望採取的「形式」，

這會在下一節文章中提到。這次，我們邀請了喬的丈夫麥可（Michael）和同事梅格（Meg）來加入我們，我總是鼓勵創作者帶朋友一起來研討會中進行腦力激盪，多一個人就會增加一股新的能量和想法。另外，藉由多一些了解喬的優點、缺點和能力的人在場，也能幫助我們釐清更多想法。我通常會建議大家帶「在他們生活中會吐露實話的人」來參加研討會——一些很了解你、想要幫助你，但又不怕否定意見，可以很自在辯論或反駁的人。

當我到場時，喬已經把「他們」（目標聽眾化身）的照片印出來了，是一個很時尚、看起來有點強勢的年輕女性，喬稱呼她為「凱特」。喬給凱特創造的假履歷是，她今年 33 歲，住在芝加哥，從事公共關係工作，她在大學時認識了她的丈夫麥特，然後他們兩年前結婚，凱特和麥特很喜歡去旅行、上餐館，他們還養了一頭灰色的法國鬥牛犬，名字叫做查理，凱特有很強的社區意識，有時候有點情緒化，並且個性外向。

當看完後，我告訴喬和其他人，有一件事讓我特別印象深刻，我請他們猜猜看是哪一個特質，但是他們猜不出來。

「有點情緒化，」我回答道，「我忍不住去想造成這個的原因是什麼？」

我請喬想像一下凱特她的問題會是什麼。

「她缺乏安全感，」他馬上回答，然後再思考之後他又補充：「她對於和丈夫的溝通方式有點擔心，這部分有些問題是她想要著手解決的。」

在經過更多討論後，喬補充了凱特的問題是：對於生活中很多的人際關係都有些擔心，她認為自己需要更好的溝通，才能進展到事業和人際關係的下一個層次。

當我們開始討論要帶給聽眾「什麼」的時候，喬已經有幾個事先寫好的答案，這些答案都有些普通而且平淡無奇：「讓人們去思考」、「教人們如何活出最精彩的生活」以及「帶領人們讓他們的人生更上一層樓」。雖然這些都是很有價值的想法，但是「範圍太廣泛」了，我們需要一些更具體的東西。在和

小組成員了解有關「喬如何與他人互動」之後，我們很快就選定了喬作為「人生導師」要傳達什麼核心訊息給去找他諮詢的人——與其在你自己的生活中與他人鬥爭，這邊有一種策略可以去討論情緒、想法和渴望——喬想要告訴人們要如何讓自己更具存在感、變成更好的聽眾，進而重新塑造觀點，用不同的角度來看待情況，而這些就是「具體的」。

　　喬有一份關於「你」的清單聲明，清單上寫著關於「喬」這個人的各種角色觀點，包含人生導師、瑜珈、冥想老師、老公、溝通專家、世界旅行者、動物愛好者、致力學習者、兒子、兄弟、朋友、老闆、員工和熱愛生活者。對於那些他在 Podcast 中想要談話的對象、談話的內容，看起來「人生導師」是喬最適合的一個角色假定。但是，「喬的哪些特質」應該作為主導呢？這個部分讓小組很難決定。他們爭論說，喬就是被這些東西所組成，而且每一項特質都很重要。我不停地逼迫他們得要「更具體」，包括那些喬之前寫的關於「你」的角色描述也一樣。

　　「喬的眾多技能之一就是藉由『問問題』告訴人們真相，」他的老公麥克這麼說道，「喬藉由問題幫助人們獲得觀點並和他們的情感連接起來。」這更好。

　　我問喬他所寫的角色描述裡「溝通專家」是什麼意思，要求他說得更清楚一點。喬說指的是他「幫助人們溝通」的專長。

　　「你是一位翻譯家，」我說道。「你幫助翻譯這個世界給你的客戶知道，並且幫助他們翻譯自己的情緒和想法出來給這個世界。」

　　小組成員都同意了「這就是要主持 Podcast 的喬」。

　　終於最後，我們來到了「為什麼」。這個 Podcast 對於喬本身的意義是什麼？在這個談話中，我問喬可能會和「向他諮詢的人」說些什麼？他提供了一些例子，然後我問他是否曾經提供支持感的慰藉。

　　「你會不會摸著一個人的肩膀然後說『一切都會沒事的』？」我問道。

　　「這真的不是我的風格，」經過短暫停頓後，喬這麼說。「因為我不知道

事情到底會不會好起來，我只是想要幫助他們反思，然後把事情看得更清楚。」

當我們談論至此，我們又回到了「目標聽眾」凱特，凱特會想要什麼？凱特很積極，她想要知道解決問題的辦法，她不是為了娛樂而聽，她希望能夠提升自己，聽喬的 Podcast 是她自我提升的一個方式，她想要一些有範例可循的東西參考。

「她有她自己的『工具箱』，」喬說道。「我只是把新的工具放進去而已。」

所以我們有了喬，一位人生導師和教練，他將要幫助一些像是凱特這樣的人（一位來自芝加哥的 33 歲千禧世代的專業人士），藉由提供他們使用新策略來處理情緒，以避免感情紛爭的一個解決方案。

一個圓圈上的四個點，這就是一個明確的願景。

｜·｜·｜ 形式 ｜·｜·｜

當把這些都搞清楚之後，對於我們的想法應該要採用什麼「形式」？

我發現大部分的人對於「形式」想的都非常天真──不過說真的，他們為什麼不呢？一集 Podcast 的長度大概是 30 分鐘，然後他們說：「做一集 30 分鐘的節目到底要花多少時間？」這個答案要根據你「選擇什麼形式」而定，但是答案永遠不會是「30 分鐘」。

在開始深入探討「形式」之前，我想要再花些篇幅討論一下「你選擇的形式」和你選擇的那個形式「製作完善」所需花費的時間，兩者之間的連結。

在與一些專業人士、名人、不同領域專家的會議中，當他們向我諮詢 Podcast 時，常常是從這個「對時間的錯誤認知」開始的。他們喜歡 Podcast，或是至少知道有其他千萬人喜歡 Podcast，然後他們來找我，問我該如何開始製作自己的 Podcast。

一個簡單的真相：想要創造這 30 分鐘節目所需花費的時間，遠比你想的還要久。就算是結構最簡單的 Podcast，也可以花上許多小時來製作。

最近在和一位超級知名的名媛談話中，她說她是我製作的一個 Podcast 的粉絲，那個節目的核心是一段 30~40 分鐘的採訪。

「錄製這些訪談要花多久時間？」她問道。

「這些訪問的錄製大約需要 90 分鐘，接著我們會開始進行編輯。」我告訴她。她的臉像發光般亮了起來，「這真是太棒了，」她歡呼。「我每週都可以做到。

然後我告訴她，Podcast 主持人每次採訪都需要花費 10~15 小時的準備時間，閱讀大量的書籍和資料，設定採訪架構，然後和工作人員一起撰寫和編輯問題。

大部分聽眾和野心勃勃的 Podcaster 們都會忽略的是，「即興發揮」和「聽起來即興發揮」之間存在很大的區別。節目錄製開始前到實際打開麥克風，主持人和製作人通常會有好幾個小時的準備工作。

這位超級名媛在臉上露出了一個困惑的表情，彷彿和很多「與她處在同樣位置與狀況的人」想問的一樣，是不是有些人可以不用為主持做這麼多事？

「沒有」我說。在節目中，主持人自己就是要扛下這些重責大任，這也是為什麼這些節目這麼棒的原因。接下來還有好幾個小時的後製時間，需要對剪接提出反饋，這部分也有很多工作要做。

我問了這位超級名媛一些她喜愛的 Podcast 實例，哪些是她覺得聽起來很自然而且是現場錄製的？她提到《馬克・馬龍搞什麼？》（WTF with Marc Maron）和《安娜・法瑞絲不合格》（Anna Faris Is Unqualified）。其中《馬克・馬龍搞什麼？》的每一集確實都很長（大部分都在 2 小時左右），編輯團隊在後製編輯時通常都會刪掉 20~30％的內容。而《安娜・法瑞絲不合格》的製作人會花大約 12 個小時編輯每一集，以便刪除不喜歡的部分、去改善節奏或讓內容更熱鬧緊湊。這兩個 Podcast 聽起來都像是很鬆散、很自由的方式製作而成，但其實並非如此，它們都是經過大量且複雜的幕後製作與剪輯，意圖創造

出一種輕鬆即興的氛圍。

可想而知，我再也沒有和這位超級名媛有第二次會面了。

她挑選到的那些心目中理想的 Podcast 範本，其實都需要執行龐大的工作量，即使是少數一些成功的 Podcast 是由現場直接錄製而成（意思就是不會再進行事後後製），在錄製前的準備工作，仍舊需要花費許多時間心力。有些人要去讀、去看、去聽這些來賓的作品，有些人要想一些採訪的問題庫，假使都沒有，那麼那位主持人往往也是節目中所探討主題領域的專家，而且在錄製中帶入了多年的學習成果和經驗。

不過對於要「投入多少時間」和你的 Podcast 可以「獲得多好的成效」，這兩者之間並沒有明確的公式可以計算，除了我們承認兩者確實有相關性之外，沒有所謂的「如果投入了多少時間，就能拯救一個沒價值的概念」（但是如果缺乏時間去投入，肯定會扼殺一個很棒的概念）——但是當然，還是有一些很有才能的人，可能比一般人花更少時間就做出優秀作品。

要特別注意的是，有成千上萬的 Podcaster 基本上只是按下「錄音」鍵後，講了不知道多長時間，再按下「結束」，然後在完全沒有任何修飾剪輯的狀態下公開了這一集。可想而知，最後結果只能吸引到極少數聽眾。雖然我們知道創作一個 Podcast 要盡量地讓忙亂雜事極少化，這件事本身沒有錯，但是思考「要花多少時間來製作」的同時，也要調整好你對最終成果的期望值。

因為這小節剛好在談論「時間」的主題，請讓我稍微岔題討論一下「Podcast 的長度」。在過去十幾年中，我最常從潛在 Podcast 創作者口中聽到的問題就是「我的 Podcast 一集到底應該要多長？」這個問題我已經被問了上千次。

如果你之前曾向所謂的 Podcast 專家提出過這個問題，而且他們給了你一個明確數字，那麼請永遠不要再問那人任何問題，他們是個白癡。我會給你一個答案，如同我回覆其他人一樣的答案：「Podcast 一集需要的長度，和其所需要的一樣長，但是不能過長。」這給 Podcast 創作者帶來的好處之一就是，

你不再是時間的奴隸。廣播員的生與死由時間來決定，但是在隨機點播的世界中，並沒有這樣的限制。如同字面上說的一樣「沒有任何時間該多長的規則」，所以不要無緣無故地製造出一個愚蠢的規則。我曾聽過只有 3 分鐘的精彩 Podcast，而我也聽過非常出色的 Podcast 長達（不誇張）4.5 小時。每一集都該有它的節奏和韻律，而且正確來說——可以要多長就多長，但是不能長過真正需要的時間。

關於「要多長就多長，但是不能長過真正需要的時間」還有一個重點：幾乎每一集 Podcast 都可以藉由「編輯」讓整體變得更緊湊充實。花時間在有需要的地方，在該快的部分加快節奏，去除多餘、拿掉沒有發揮效果的段落，這樣做會讓留下來的東西更加生動、讓聽眾更能產生共鳴。如果你的編輯做得夠好，沒有人會發現你編輯過，只會覺得你所有的演講者、角色、主持人和撰稿人都很聰明。一個編輯得很成功的 Podcast 最常聽到的反饋，就是聽眾說：「他們說的所有事情都好有趣。」你會想要回答：「對，沒錯，因為我把無聊的部分都刪掉了。」

說完這些，讓我們來談談「形式」的類別——總共只有兩種，現今多達 70 萬個 Podcast 其實只分為「人們在聊天」以及「人們在說故事」兩類。如果寫稿是按照字數收費的話，我應該要再加一點字數，但是真的就是這麼簡單，**每一個 Podcast 都可以被歸類到這兩類中的其中一類** [3]，而這兩類可以再細分為三個子類別。

人們在聊天

● **侃侃而談（RANT）**：「侃侃而談」是一個人在分享一個想法或意見。這個

---

[3] 我之前甚至主張其實只有一種「人們在說故事」。因為大多數時候，人們在 Podcast 上聊天的時候，他們其實是在「說故事」。

人通常是一個知名的意見領袖、人物、某個領域的發聲者，或是有某個特定的世界觀；不過有時候，也可以是一個普通人表達內心的想法。侃侃而談是 Podcast 明星對於觀眾的一個「單向對話」。

「侃侃而談」的形式呈現，也可以有一個「襯托」的存在——一位來賓、共同主持人或是其他的刺激因素——但是他們的存在，基本上是讓這位明星有個說話對象或是一個提問題的角色。侃侃而談這個詞看起來好像帶有貶意，但其實並不然，這只是為了強調這是一個單獨的表演，而不是一個合奏的作品。例子：《東尼‧羅賓斯 Podcast》（The Tony Robbins Podcast）、《和蕾秋‧霍莉絲一起站起來》（Rise with Rachel Holli）、《親愛甜心》（Dear Sugar）、《本‧夏皮羅秀》（The Ben Shapiro Show）和《每日 TED Talks》（TED Talks Daily）。

●**問與答**（QUESTIONS AND ANSWERS）：有一個人「提出問題」和另外一個人「回答問題」。雖然你的腦海可能會直接想到訪問（當然這也是這個類別中一個很重要的組成部分），但是還有很多類型的 Podcast 也屬於這種，例如遊戲和問答節目。「侃侃而談」和「問與答」的區別在於，問答是一種雙向的溝通，是一種旁敲側擊，而侃侃而談則是窺視一個人的世界觀。在問與答中，提問者同樣也可以分享想法和觀點，但是重點在於主持人和觀眾能夠從答案的提供過程中獲得什麼。這種類型的主持人或明星可以是 Q 或是 A ——「問問題的人」或是「回答問題的人」。例子：《提姆‧費里斯秀》（The Tim Ferriss Show）、《新鮮空氣》（Fresh Air）、《馬克‧馬龍搞什麼？》（WTF with Marc Maron）。

●**對話**（CONVERSATION）：「對話」是兩個或是兩個以上的人在互相說話。雖然可能會有一個比較主要的貢獻者（或是一個類似於主持人的角色），但是其中沒有任何階級關係。這不是一個人訪問另外一個人，沒有人會完全主導，這是一個平等的討論，對話很豐富，每個人都可以貢獻有價值的東西。例

子：《沒有魚這個東西》（No Such Thing as a Fish）、《文化閒聊》（Culture Gabfest）和《Pod 救美國》（Pod Save America）。

人們在說故事

●**季節性敘事**（SEASONAL NARRATIVE）：藉由多集數的安排來講述一個故事，故事的敘述軸線會在一季或是一個指定的時段內。隨著故事發展，讓人按照順序聽完每一集，而每集中的資訊，會提供你了解下一集所需要知道的內容。例子：《連環》（Serial）、《慢燃》（Slow Burn）、《奪命醫生》（Dr. Death）和《在黑暗中》（In the Dark）。

●**插曲性敘事**（EPISODIC NARRATIVE）：每一集的劇情都包含一個故事，會在這集中講述完成。每集都會講述一個不同的故事，通常和其他集的故事沒有任何關聯。例子：《99% 隱形》（99% Invisible）、《嵌入》（Embedded）、《歷史修正主義》（Revisionist History）。

●**多重性敘事**（MULTIPLE NARRATIVES）：這個類別的節目是多集數，而且每一集都包含多個敘事故事（有時候用一個統一主題包裝在一起）。換句話說，單一集節目中可以包含兩個、三個或甚至更多故事。例子：《美國眾生相》（This American Life）、《瞬時判斷》（Snap Judgment）、《蛾》（The Moth）和《無形之物》（Invisibilia）。

每當我提到這些「形式」分類類別時，就會有人想要和我爭論，試圖要指出一些例子是不能被以上幾個類型歸類的，但我到現在還沒有找到一個 Podcast 是**不能被分類的**[4]。當你不再（徒勞無功地）試圖尋找例外，就可以很容易的

---

[4] 好吧，這邊確實有一些例子是不能被分類的，例如教學 Podcast。我會主張雖然這些人是把 Podcast 作為一個傳播手段，但是他們並不是實質意義上的 Podcast，而只是利用 Podcast 的平台作為傳播媒介的音頻產品。

將它作為方法來應用，去找出適合你的 Podcast「形式」。

最後，綜合考量你用「四角圓圈」發展出來的結論，再去選擇哪一種類型的「形式」對你的 Podcast 來說比較合適，考慮的點包括：作為主持人的你是什麼樣特質的人？你的聽眾是誰？你想要告訴他們什麼？還有你希望對他們造成什麼樣的影響？你覺得是說故事比較有意義呢？還是和人談話比較有意義？這是一個你想要用很多集展開的故事嗎？還是你在每集中有很多不同故事要講？你是在問問題嗎？又或是你可能是在回答問題？你覺得你的想法是可以被組織成一個侃侃而談？或是你覺得變成對話的一部份比較好？

這邊沒有什麼科學根據，你只需要「跟著感覺走」。音頻製作的一個好處就是它的成本非常低廉，所以沒有什麼（除了時間）可以阻止你進行各種「形式」的實驗，試試幾種版本，看看哪一個的效果最好、讓你的感覺最對。隨著創作技能越來越成熟，就可以開始著手進行「不同形式」的結合了。例如，我和一位進思基督教領袖納迪亞（Nadia Bolz-Weber）合作製作 Podcast 系列試播節目時，先用一個簡短的敘述性故事呈現，接下來是一段對話，最後再以精簡的侃侃而談作為結束。你可以按照「一個形式」製作節目，或者也可以把「不同形式搭配」在一起，並沒有絕對的答案，重要的是，在你做選擇時要察覺和謹慎，並且了解到有時候你也需要停下來質疑自己和回過頭來做一些審視反思。

當我的團隊與艾斯特・佩雷爾（Esther Perel）在開發《我們該從哪裡開始？》（Where Should We Begin?）這個 Podcast 時，當時陷入了「形式」抉擇的難題。如果你不太知道艾斯特・佩雷爾是誰，她是一位頂尖的關係治療師，曾經在 TED 上進行過兩次非常成功的 TED Talks，寫過暢銷書，被認為是該專業領域的權威發聲者之一。她也被喻為是「最後可以求助的關係治療師」，情侶們通常在嘗試過（而且失敗了）其他關係治療師後再去找艾斯特。艾斯特一次

只見一對情侶們，每次大約長達 3 小時，之後就會把他們送回其他治療師那邊去。雖然她自己絕對不會這樣說，但是「如果艾斯特幫不了你的話，也就沒有其他人能夠幫得了你了。」我們知道艾斯特是一位獨一無二的天才，由她來講述關係的音頻內容創作將會是不同凡響的。

當第一次接洽艾斯特時，我們推擬了許許多多傳統選項來決定她的 Podcast 應該要採取什麼「形式」，例如：我們可以讓艾斯特主持一個對話和其他思想家交談，我們可以讓艾斯特回答聽眾的來電問題，我們可以請一位主持人來協助採訪艾斯特等等。考慮了各種能夠展示一位有趣思想家的 Podcast 傳統模板，但卻沒有一個是適合的。雖然艾斯特是能說 9 種語言的優秀溝通者，但是她並不擅長閱讀寫好的提示腳本，她的聲音聽起來很不自然，不是人們印象中聽到的那位聲音很流暢、溫暖的艾斯特。因此，沒有哪一個基本「形式」感覺起來是對的。

苦思背後是相應而生的挫折感，我們竟然找不到適合這位關係專家的講述「形式」，後來艾斯特提議我們可以來錄製她的諮商工作過程。艾斯特有一大串等待要見她的排隊名單，若願意匿名參與艾斯特的研究和寫作計劃的情侶則可以「插隊」，所以我們知道很快就會找到一對情侶。艾斯特建議我們旁聽諮詢，這樣一來就可以聽到她與那對情侶的談話，希望可以啟發我們想出最適合她的 Podcast「形式」。

所以我的員工將麥克風架設在她的辦公室，朝向艾斯特和那對情侶（至少有 6 隻麥克風），在這個房間中為這對情侶和艾斯特錄音，而製作人員則在隔壁的辦公室。

這個節目也許某天會紀錄到一些互動關係很瘋狂的情侶，但是我們錄製的第一對卻是很普通的，他們是年輕的印度裔美國人，在傳統角色（以及隨之而來的期待）和現代關係之間掙扎。剛開始，我們覺得這段錄音會是個空包彈，但是後來卻有意料之外的發現，聽著那段帶著一點詭異感染力的錄音（還記得

電影《七夜怪談》嗎？在那部電影中，只要看過錄影帶的人過不久都會死，這就跟那個有一點像，除了沒有人死亡之外。）每個聽到這對情侶和艾斯特錄音的人（我是真的指每一個人），在沒有任何提示情況下，在聽完錄音後都做了一樣的事情，他們都去和伴侶分享了聽到的內容，然後觸發了自己的討論，以確認彼此關係中沒有那些行為或是問題存在。每一個人，毫無例外。

當注意到這件事之後，我們開始讓更多人進行測試，每個人都回報說，聽完那段錄音，都引發他們和自己的伴侶產生了某種程度的對話。

這時我們才恍然大悟。不單單只是作為「形式」靈感的激發，去搞清楚「要把艾斯特放到一個什麼樣的框架上，作為關係諮詢能力的展示，這就是這個節目的重點和形式！」這件事變得越來越清晰。我們跌跌撞撞地發現這個節目本身的巧思，艾斯特、一對情侶、單獨在一個房間內待了 3 個小時，諮詢被剪輯下來，然後包裝銷售。

雖然很多人都說《我們該從哪裡開始？》是一種創新的「形式」，但是在核心上其實並不是，這單純也是「人們在講故事」。情侶對於他們的故事，不論是個別或是共同，都有自己的版本，艾斯特會協助他們重新組織他們的故事，然後讓他們帶著另外一個觀點離開。但是本質上，他們還是「在說故事」。

再說一次，關於「形式」的選擇，我們沒有必要二元化。如果有人仔細聽《我們該從哪裡開始？》會發現節目中綜合了「各種形式」的元素，都以一個簡短的小故事作為開場，然後介紹這對情侶，接著讓聽眾了解他們的問題（簡短的敘事）。剪接後的錄音中常常會保留一些「空間」，以便讓之後錄音的艾斯特可以針對所聽到的內容、與其代表的關係含義，來提供一點侃侃而談，這和錄音本身是交織在一起的。

不論是單一的形式，或是創造新形式組合，也許沒有辦法在第一次就做到完全到位，需要一些時間慢慢嘗試調整。

我創造出來的最大項目（截至目前）應該就是《TED 廣播時間》，雖然這

個節目目前已經獲得了巨大迴響，但是它一開始卻引發了很多焦慮。TED 多年來一直考慮想要將其指標性的 **18 分鐘** TED Talks [5] 做成音頻節目，但是很多廣播和早期的 Podcast 製作者都表示，要創作出感覺不像是「原版的衍生產品」是很困難的，雖然不是不可能。當然，若單純地將一段「視頻節目」直接拿來作為音頻播放，也許也不會是多差勁的聆聽體驗，所以多年來他們就只提供那些「沒有依賴太多視覺效果」的 TED Talks 視頻，**作為 Podcast 音源** [6] 播出。

時間到了 2011 年的某一天，TED 聯繫 NPR 想為今後的合作形式進行討論，我也被邀請參與這個會議，還被告知要提出一些想法來向 TED 分享，而我正好想出了一個，會議開始我就趁機提了出來。

「我覺得我們應該一起做一個節目，可以同時在電台和 Podcast 上播，並且聽起來是可以同時屬於這兩個地方，」我說道。「我們可以把 TED Talks 作為出發點，針對演講的主題再另外去發展出一個『新的對話』，並且可以把演講的音頻，跟我們錄製的『新採訪對話』結合在一起。」

現在回頭看還是很令人欣喜，我們最終製作出的節目，和最初要傳遞的精神價值是非常相近的。雖然其中有一些小細節沒有完全實踐，例如：我長期以來不喜歡在錄音室而喜歡在外面世界錄音，所以最開始我建議的是，如果我們和一位 TED 演講者討論他對於都市發展的講題，我們可以在一條繁忙的道路上錄製這個對話；如果我們選擇的是 TED Talks 中關於水回收的內容，我們可以在

....

[5] 為什麼 TED Talks 是 18 分鐘？這個長度是怎麼訂出來的？在我很早期向 TED 有聯繫的時候，我就曾經向 TED 策展人克里斯・安德森（Chris Anderson）提出過這個問題。他說這個數字完全是任意的，他認為如果他們選了 15 或是 20 分鐘這樣的數字，演講者會覺得只是一個建議，但是 18 分鐘令人感覺這是有某種目的性的——傳達給演講者一種訊息「喔，這些人是認真的。」因此，演講者更有可能會設法達到目標。

[6] 值得一提的是，從過去到現在，這都是一個非常受歡迎和被喜愛的 Podcast。

溪流或湖泊旁錄製這個對話。我的想法是來自對 TED Talks 聲音的觀察，那是非常乾淨的聲音，有足夠的氛圍和回響，讓你知道這是在一個大型的會場上錄製的，但是這些聲音大部分聽起來都很相似。這情況的解套方法：如果是在外面世界中錄製的，那麼聲音的風格將會更加多樣化。不過這個想法變成了後勤單位的惡夢（同時也可能很昂貴以及很難進行後製編輯），所以最後我們大部分的對話還是在有隔音的錄音室中錄製。

當敲定了喜歡的「形式」，我們就製作了第一系列中的 10 集，這個節目從推出首日就廣受歡迎。在最初幾個月，第一季各集的下載量超過了 500 萬次（對於 2012 年的 Podcast 來說，這是一個驚人成就）。這個節目在媒體上被稱讚，獲得了極佳的評價，還被蘋果評為年度「最佳新 Podcast」。

然後出乎大家意料的是，我們停止了這個節目。這是當時有史以來最亮眼的 Podcast，但是我們卻突然將它停止了 10 個月的時間。

這個節目獲得了普遍稱讚，但是 TED 內的幾個人，包含我自己，都覺得我們是因為拿到了一個「B-」而被稱讚，我們本來可以也應該可以做得更好，雖然獲得了「不錯的」成績，但是如同我之前提過的，我討厭「不錯」，「不錯」聽起來就像是「還可以更好」的標記。一旦承認自己沒有做到心中理想的目標，我們就退後一步，然後解析這個項目中的每個要素，在經過反省之後，了解到我們追求的「形式」是錯誤的。

前 10 集的《TED 廣播時間》是設計成「問與答」，我們的主持人會訪問這些演講者他們的演講內容並且延伸這個主題，但是絕對不會偏離原演講內容涉及的範圍。他們太專注於最初的 TED Talks，他們總是往回看。

經過思考後，我們在「形式」上做一個改變：放棄了「對話」，改成「說

故事」。 把 TED Talks 當成一個發射站， 前往至一個完全未知的領域，不提出問題也不回答問題，反之，我們會「說故事」，並且鼓勵那些和我們對話的人也分享故事，用「故事」作為想法的載體。

這個「形式」上的改變，導致我們需要去變更節目的全部。之前員工區分為紐約（TED 所在地）和華盛頓特區（NPR 所在地）兩地，在變更「形式」之後，我們把製作工作全部搬到了華盛頓特區。隨著這次搬遷，不得不尋找新的主持人。另外也變更了節目的流程和節奏，使用更多音樂作為配樂元素。隨著不斷改變，當最後完成時，基本上只保留了節目的名字和兩名工作人員，我們改變了節目的其他所有東西，一切都源於那個簡單的「形式」變更。

成果立刻就出現了，先前最初系列 10 集所創下的紀錄保持，都被我們迅速超越，原本曾認為我們已經創造了一個極大成就，但是這些改變讓我們明白，之前的成績只是輕觸到這個節目的潛力而已。曾經以為《TED 廣播時間》是一個只能為期 3 年的 Podcast，但是時至今日已經 7 年過去了，這個節目仍舊很強勢，它在超過 600 多家電台上播放，而且每年被下載上億次，這都源於一個微小的「形式」上的觀點轉變。

回到我的瑜珈老師喬的案例，我在和他後半部的討論工作，都集中在「形式」上面。我們結束了喬的「四角圓圈」練習：他是一位生命導師和翻譯家，他想要幫助像凱特這樣的人（一位來自芝加哥的 33 歲千禧世代專業人士），藉由提供他們使用新策略來處理情緒，以避免感情紛爭的一個解決方案。但是要採取什麼樣的「形式」呢？

我使出了我那機智的「Podcast 只有兩類」理論：「人們聊天」和「人們說故事」。然後解釋了這兩類中的三種子分類（侃侃而談、問與答、對話、季節性敘事、插曲性敘事和多重性敘事），並詢問參與討論的大家：「這之中有哪個形式是特別印象深刻，或是覺得喬特別擅長或是不擅長執行的嗎？」

這個討論小組並沒有提供任何幫助，他們覺得不論哪一個形式喬都可以做

得非常好。雖然我才剛剛認識梅格和麥克，但是他們已經知道我不會接受這種答覆，因為你不可能什麼都可以做。接著麥克提議喬可以做個偶爾涉足到其他領域的 Podcast，比方說，他可以創造一個說故事的 Podcast，然後有時候也可以做做採訪。

「他可以這麼做，但是這是不明智的。」我回答道。

我當時這麼說，對我而言所有一切都要回歸到「目標聽眾」以及「他們的期待」上。想一下凱特對於自我提升的需求，採訪可以提供這個嗎？也許吧。但不要因為你能力可及，就決定增加一些不同的東西，反而是要「符合你的聽眾期待」而去增加新東西，這一切都還是和「他們」有關。

當被逼問之下，他們都提出喬的一個關鍵優勢，就是他使用的敘述，這也是他促使客戶反思的方式，同時也是讓他的瑜珈課會這麼特別的原因。

「喬幫助人們去掌控屬於他們自己的故事。」梅格說。

「是的，」麥克也插話。「喬會先概述經驗，分享他自己在人生旅途上曾經學習到的，清楚地表達出可能面對的挑戰，提出了自我修正的建議，最後會提出一個解決方案。」

我向大家指出麥克所提出的內容和喬瑟夫·坎伯（Joseph Campbell）的單一神話《英雄旅程》（The Hero's Journey）幾乎完全相同，這也幾乎是所有敘事故事的主幹（這個我們會在第五章中說明）。

所以雖然我們還是不知道要用什麼樣的「形式」，但是我們知道這個必須用到喬說故事的才能。在經過更多討論後，選定了一個我們喜歡的結構。

喬說一個故事
這故事有一個寓意
喬提出了一個挑釁

故事、寓意、挑釁。

這是一個「侃侃而談」，但是借用了「插曲性敘事」的元素。

喬分享一個故事，一些他讀過的、他聽過的、他想過的、他目睹過的東西，不管來源是什麼，這些故事都會有一個寓意，這也是喬會反思的地方。這個寓意引導喬向聽眾提出一個挑釁（這是注定要給聽眾的功課），這樣的架構就是這位「像生命導師和翻譯家——喬」，如何去幫助像凱特這樣的人（一位來自芝加哥的 33 歲千禧世代專業人士），藉由提供他們使用新策略來處理情緒，以避免感情紛爭的一個解決方案。

其中挑釁是一個關鍵。挑釁就是讓這個行為變成「主動的」，超越「只有聽」的經驗而已。譬如在說完一個故事以及背後隱含的寓意之後，喬可能會要求聽眾「列出 3 件你一直沒有辦法向前推動，並且想要在這週專心進行的事情。」或是「今天去讚美一個人，一個你平常不會想要讚美的人。」或是「你是否有欠人一通電話，和自己承諾會在週末之前打完這通電話。」不要忘記凱特，她希望從收聽的過程中獲得一些指示性和主動性的東西，她想要收聽、學習、然後知道要怎麼立刻執行這些學習到的內容，這個挑釁是直接針對她的。

再者，因為凱特是很忙碌的人，她並不想要（或者是沒有時間）參與一集很長的節目，喬的新 Podcast 將會錄製成每集目標長度 7 分鐘的節目，預計先從做 4 集開始，每週公開一集。雖然增加更多內容是很有吸引力的，而且隨著節目的成長也似乎有其必要，但如此的話凱特也沒有時間每天收聽。

當完成時，喬謝謝我並且說：「這非常明確，很有道理，而且去做這件事對我而言也很有意義。」

「這就是重點，喬，」我說道，「這就是重點。」

附加篇章：蓋伊・拉斯如何看待形式？

當《紐約時報》刊登蓋伊・拉斯（Guy Raz）的簡介時，我開玩笑地傳

給他一條訊息，說道：「蓋伊，你正在成為 Podcast 的史蒂夫‧哈維（Steve Harvey）。」史蒂夫是一位職業喜劇演員，主持一個每日播出的廣播秀，而且（在我寫這本書時）也同時主持了 6 個不同的電視節目，史蒂夫‧哈維無所不在，他是一個非常忙碌的人。**蓋伊**[7]，這位 Podcast 主持人也是如此，自從 2013 年《TED 廣播時間》成為每週播出的節目，他接任節目主持人，同時手上的 Podcast 也不少於 5 個。他很自豪成為目前唯一一位在蘋果 Podcast 前 10 名排行榜中同時擁有 3 個入榜的 Podcast 主持人。在這麼多 Podcast 之中，他要如何決定這些的不同？當他帶著一個核心想法著手新項目時，他要怎麼決定運用哪一種「形式」，或是哪些「形式組合」？

蓋伊和我合作非常久了，當初我們花了好幾年的時間攜手打造《TED 廣播時間》，我們也一起在 NPR 中有過許多開拓新領域的經驗。聽我說了這麼多，你應該不意外我們有著非常相似的觀點，比方說，當我問他一個優秀的 Podcast 需要什麼時，他說：「要做一個好的 Podcast 就是要簡單、優雅，而且還要有一個非常明確的想法。」阿門。

「做一個 Podcast 並不難，你只需要有一個麥克風，然後開始把想法錄到電腦裡去就可以，」他繼續說，「但是要做一個『聽起來很簡單』的 Podcast 卻真的很難。」

蓋伊是一個在每項工作開始之前，便想清楚最終目標的人。他知道他的聽眾是很聰明的，一般來說他們每天都在接觸新聞，但是蓋伊也（理所當然地）認為就算是最死忠的新聞消費者也需要休息——他們不想只是聽新聞，偶爾也會試圖尋找其他類型的聽覺體驗。

---

[7] 除了主持《TED 廣播時間》之外，蓋伊還有一個企業家採訪節目《我的創業歷程》（How I Built This）、兒童節目《世界上的哇》（Wow in the World）、《和蓋伊‧拉斯一起倒帶》（The Rewind with Guy Raz）和《頂級智慧》（Wisdom from the Top）。

這裡有個新聞記者和製作人用來形容某種製作類別的術語，叫「深度挖掘」（deep dive）。「深度挖掘」是指一個 Podcast 故事或節目（或是長篇文章、影片或其他形式的媒體）挖掘到極深的「深度」，挖掘出大量的背景和細節，同時也會深究到故事中的「如何」和「為什麼」。蓋伊喜歡借用「深度」這個比喻性的詞，來思考我們在聽眾生活中所扮演的角色。

「如果你在一艘船上，而且水面湍急、波濤洶湧，沒錯，這令人很不愉快。」他說道，這就是一個隱喻，用來形容日常新聞所帶來的動盪和戲劇性，這些經常會讓人們覺得壓迫的難以承受而想去尋求跳脫。

「你要做的就是潛入海面下 20 公尺處，就算有颶風也無所謂，因為它總是會平靜下來。」他說道，「海面下 20 公尺處總是平靜的，20 公尺以上海平面的海浪波動，並不會對海底深處造成影響，這邊是很平靜、很安靜的。這就跟我做節目的看法一樣，我的意思是，很明顯地我們會被當代新聞議題所影響，但是試圖不讓這些擾動我們，因為我們要以長遠的角度看事情。」

「當接觸到每一集《TED 廣播時間》和《我的創業歷程》時，我們希望能立於一個位置，在那裡讓我們的聽眾可以站後退一步，接著說『好吧，我在這邊看到一些遠景觀點』這其實更有意義，這至關重要。」

換句話說，蓋伊把他的節目視為是海底的平靜水域，聽眾可以潛入其中逃避洶湧的海面。這對他的聽眾而言，的確是一個既美麗又體貼的禮物，像是在說：「聽眾，你們可以來到我這個節目去擺脫每天狂亂的新聞。」這個節目不僅僅是一個逃避，而且還提供了一個觀點——每天和每週發生的所有瘋狂，那些教人分心的東西，都只是海面上的波浪，這些都會過去的，在更深沈的水域中，在事情變得平靜之前，我們都會是安全的。

那麼，這些和「決定形式」有什麼關係呢？

在和蓋伊談話時，我非常欣賞他所強調的「形式」和「其他因素」之間的關係。「在資源和抱負之間總是存在著緊張關係，」蓋伊說，「雖然我們一直

嘗試要把抱負實踐到極致，但在資源有限的真實世界裡，時間就是一個限制。對吧？人數也是一個限制。」

說真的，很多人尤其是在商業職場上，都很喜歡拋出「資源」這個詞，這個詞的意思很廣泛，可以代表很多事情。「資源」可以代表金錢，例如一個項目或想法在預算上可以動用的現金；「資源」也可以用來指人力，例如請來執行工作的員工；「資源」也可以用來代表有形資產，例如錄音室、劇院或小至電腦、電鑽、椅子等東西。一般來說，這個詞是指在物質世界中，你可以用來讓某件事情實現的東西，除了你的頭腦、思想和想法之外。

如同蓋伊所指出，在思考一個計畫該採取「什麼形式」時，不只需要考慮想像力的限制，更需要考慮資源上的限制，這些對於你的抱負所造成的限制，也是一種「決定形式」的方式。

當我在和蓋伊說話的時候，我開始在筆記本上塗鴉。每當我處理一些彼此關連的事情時，我都會試著用公式表達，就像是一個數學程式。

我把蓋伊所建議的「形式來自於抱負和資源」這個概念，用以下方式說明：

抱負＋資源＝形式

在我的公式中，值得注意的是，如果資源是一個數字，它可能是一個負數（缺乏資源），但是偶爾也可能是個正數（我們比自己想像中的擁有更多金錢、時間或資產）。

作為創意者，我們通常帶著抱負開始，想像我們能創作什麼，然後在腦海中建立願景基礎，而這些往往和我們現有的資源和限制背離。然後現實來了，我們只有這麼多的時間、金錢或是資產來運用或執行，但是一位聰明的創作者不會因為缺乏資源而被逼退，他們會運用創意去解決，並充分使用目前所擁有的資源。Podcast 生態圈中有非常多人都在展示這一點，馬克・馬龍並沒有一個豪華的錄

音室（這曾經一度是製作的必要條件），他在車庫裡架設了幾支麥克風；《犯罪》（Criminal）的第一集是在製作人的衣櫃裡錄製的（有沒有誰要去計算一下，在其他成千上萬的 Podcaster 裡，有多少是在衣櫃裡、枕頭堡壘裡、或就只是在廚房桌子上錄製的？）缺乏資源並不能阻止你，但你必須要把這一點考量到你的抱負中，以便決定你想要追求哪種「形式」。

但是如果這種資源的限制是「時間」，那我們就需要不同類型的創意來解決問題。如果你的想像力和抱負是想要創造一個美麗的、聲音豐富的敘事，還包含大量的定位採訪、訂製音效和管弦配樂，這些都非常好，但是如果這需要在兩天內產出，那可能會是個艱難的指望。所以你需要學會利用手邊的資源，來量身訂做你的抱負。

蓋伊在他擔任《萬事揭曉》（Weekend All Things Considered）主持人的那幾年裡，親身體會到了這一點。他們努力用創業家精神來製作節目，為聽眾提供一個具有深度的主題，來開始或結束他們的一週（這取決於你對週末的看法）。但是節目有兩個小時需要被填滿，工作人員很少，而且沒有辦法將截止日期延長（這個節目在星期六和星期日的下午 5 點上線），因此他們不僅僅要把想像力運用在節目的編輯考量上，更要運用在如何活用時間、調配眼前的工作人員和資源，來做出最好的節目。

「我認為我們試圖做的，就是傳達——即使在諸多限制情況下，你也可以在製作內容上滿懷抱負。」蓋伊說。

當蓋伊轉型做 Podcast 時，這樣的能力同樣可以成為突破困境的優勢。當你有一個想法，決定創造一個豐富的敘事，或是一個結構完美的採訪，又或是一個小組對話，這不僅僅是由你的願景來決定，還必須考慮在限制之下該如何執行，但是，這並不需要成為一個束縛。

「現今有許多優秀的 Podcast，是一個人單獨在電腦的黑盒子中製作而成。」蓋伊說，「我想到《金曲大解密》（Song Exploder），它就是一個人用

電腦創造出的美好內容；大型節目《傳說》（Lore），也是一個人自己錄音再用電腦製作出來的。而且現在的入門門檻已經降低很多，因此即使在資源有限的情況下，還是可以實現你的雄心壯志！」

第四章
問問題

1985 年夏天，我獲得了採訪當時心中最喜歡的樂團之一暴力妖姬（Violent Femmes）的機會。那時我是學校內的廣播電台 DJ，而且我居然說服了唱片公司的公關人員安排了一個採訪，這就像是拿到了一個後台通行證，可以和自己喜愛的樂團近距離見面。採訪是安排在克里夫的雜技劇院（Variety Theater）中進行，這個劇院最近聲名大噪，因為英國搖滾樂團摩托頭（Motörhead）在這裡締造了有史以來「最大聲的演唱會」紀錄。這不是一個正式的紀錄，金氏世界紀錄因擔心會助長聽力受損的狀況，最近決定要停止「舉辦」這個類別。只要暴露在 110 分貝的聲壓下 30 秒，就有可能會造成永久性聽力損傷，而且風險是從這裡為基點開始逐漸攀升。而摩托頭的表演被測出有 **130 分貝**[1]，聲音甚至大到天花板上的灰泥開始掉落（不過灰泥掉落也有可能是因為雜技劇院原本是個窪坑，是一個過去時代勉強堪用的場地）。

但是這個晚上，破舊的雜技劇院卻因為我對暴力妖姬的精彩訪談而變成了一個宮殿。

好吧，事實其實不像我描繪的那樣。當我在約定的時間前往後台，我和樂團成員見面後，檢查完設備聲音並把錄音器材架設好，拿出我那「寫滿有深度問題」的小抄，然後開始進行這一切，錯誤地進行……

---

[1] 這個紀錄在過去 30 年之中，只被打破了幾次。目前的最高紀錄是在 2008 年德國巴特阿羅爾森舉行的戰士幫合唱團（Manowar）演出，測出的音量為 139 分貝。

老實說這本書寫到這段時，我已經盯著電腦螢幕整整 10 多分鐘了，還是沒有辦法描述「當時想要模仿新聞工作」的拙劣模樣，這真的是太可怕了。採訪在進行幾分鐘後，鼓手和貝斯手就覺得無聊起身離開了，所以我就和樂團的主唱兼主要作曲者戈登・加諾（Gordon Gano）坐了大約 45 分鐘，我問他一大堆極度糟糕的「封閉性問題」，那些他以前可能已經被問過上百次的問題，再加上一些本來寫在紙上看似不錯，但現場卻需要大聲說明好幾次才能表達意思的問題，更是讓狀況雪上加霜。為了展現機智和敏捷，我說了好幾個沒有人（除了我自己）笑的笑話。我毫無頭緒、沒有執行的計畫，不曾追問任何「後續問題」或注意到「他回答了些什麼」，就只是在他說完後回了一句「酷」，把問題清單拿來遮住自己的臉（而且不能讓他發現我手抖得有多厲害）。

糟糕的是，我一邊試圖在戈登面前表現得很酷，但同時又想要顯得很親密友好，以便展現出一種「我和他好像很熟」的假象，我想要讓聽眾認為我和戈登是哥兒們——是親密的朋友。

更糟糕的還在後面，當天我還帶了一個我想要討好的女孩。我在採訪中表現得非常失常，在想和戈登建立關係上非常尷尬失敗，錄了垃圾錄音，而且天知道那個女孩對這些是怎麼想的。 當時很自然的，我就在隔一週的廣播時間中，在沒有任何剪輯下播出了這段訪談節目。

這件事唯一的可取之處，就是當我現在決定要分享這個故事時，可以透過舊錄音帶去翻找出當年採訪一敗塗地的證據紀錄（而且感恩的是，除了舊錄音證據之外它似乎已經被淹沒在時代洪流中了）。

這些年來我常常回想到那天晚上，然後**思考為什麼會這麼失敗**[2]。思考得出的答案，讓我理解到「為什麼大多數的採訪會失敗」，而且其實「修正」所

---

[2] 我在多年後才承認自己有多糟糕。我一開始只覺得是那個樂團不夠投入，或是還有其他事情要做。當我逐漸接受之前，這件事總是帶著一種奇怪、不舒服的感覺，但是當時我並不知道為什麼。

有不好的採訪是格外地簡單。原因並不是出在問問題，也不是缺乏親和力。

我相信在採訪中最常見的陷阱，就是「採訪的人試圖去扮演『採訪者』的角色」。當一個引導採訪的人走進來，在心裡盤算著該如何表現出「採訪者」應該要有的樣子，而且他們通常會把這個角色扮演出來：「這個採訪者」對於被採訪對象非常了解，他們甚至可以回想起一些奧秘的小事；「這個採訪者」會問一些很深層的問題；「這個採訪者」和被採訪對象是好友（或者至少被採訪對象喜歡「這個採訪者」）；「這個採訪者」是聰明有趣的；「這個採訪者」是很有威嚴的（除了「這個採訪者」被期待要表現得很有魅力之外）；「這個採訪者」在採訪途中需要一直點頭，而且要非常投入；被採訪對象在接受「這個採訪者」的訪問時，通常會以「以前從來沒有人問過我這個問題」作為開場；當採訪結束時，被採訪的對象需要謝謝「這個採訪者」為他們做了一次最好的訪問。

我的意思不是說這些都是不對的，也不是說不應該有一個好的採訪結果，但是「這個採訪者」不是你在進行採訪時應該扮演的角色，你應該扮演的角色——是「你」自己。

這裡還有另一個例子。當我在寫這本書時，我正在和一位知名作家一起製作試播節目，節目要求她在每一集都要訪問一位來賓專家。當我們進到錄音室時，她已經準備好一張話題和問題的清單，看完來賓的著作，也完善地擬定好主要的對話。

當正式開始錄製時，馬上就發現了事情有點蹊蹺，她說話的聲音明顯比平常聲調來得高，聽起來很呆板而且僵硬。有時候，她會在鋪陳一個問題時花很長的時間喋喋不休；又有些時候，她會把問題重新組織成一個死胡同，得到只有一個字的答案。這雖然不是一個完全的災難，但這也不是我們所希望或預期發生的。

之後，我們在午餐時間進行了一個會後討論，我問她發生什麼事了？

「感覺就是不對，」她說道，「我就是沒有辦法覺得很自在。」

我詢問是哪裡感覺不對。

「嗯，我就是會一直想如果是泰瑞‧葛羅斯（Terry Gross）會怎麼做、泰瑞‧葛羅斯會怎麼做？」她說，「我覺得我永遠沒有辦法問出泰瑞‧葛羅斯在採訪中能夠問出的東西。」

我和她說，「妳知道的，我不希望泰瑞‧葛羅斯來主持這個採訪，我希望的是『妳』來主持這個採訪。」

也許不是所有採訪者都嘗試著要成為泰瑞‧葛羅斯，也許他們是想要嘗試變成喬‧羅根（Joe Rogan）、艾倫（Ellen）、特雷弗‧諾亞（Trevor Noah）、瑞安‧西克雷斯特（Ryan Seacrest）、歐普拉（Oprah）、霍華德‧斯特恩（Howard Stern）——或是自己很崇拜、所以覺得應該要模仿的人。往往採訪者都會嘗試去「扮演一個角色」，而不是「做自己」。

再多的研究、再多的問題編寫或準備，都比不上「照著你的直覺走」更好。「你」不是某個採訪者，「你」已經具備了成為一位優秀採訪者的一切了。

是的，你已經具備「你」所需的一切，假設「你」是一個充滿好奇心的人，好奇心是無法假裝的，如果你需要假裝，甚至是只有一點點，我都認為你的節目應該嘗試其他不一樣的形式。

在我繼續說下去之前，這邊還有另一個「關於排序」的重點要講，我非常掙扎究竟是要把「採訪的篇章」放在「說故事的篇章」之前還是之後，這兩者是息息相關的。你永遠無法講出一個好的音頻故事，除非你是有著高明技巧的採訪者；同樣地，你也無法成為一個好的採訪者，如果你不知道說一個好故事的原理，或是了解其實在本質上「採訪就是一種說故事的方法」。雖然這聽起來很奇怪，但我給你的建議就是，去閱讀這章節和接下來關於說故事的章節，然後再回過頭來，把這章節重讀一次，這樣一來你可能會從中收穫更多。

接著繼續說下去。

作為一位聽眾，我喜愛「採訪類型」節目，我喜歡聽它們用這樣的結構和形式呈現，而且我也相信，比起透過傳統的「敘事」，某些故事或是想法透過「採訪」方式可以被表現得更好。簡而言之，大多數時候在一個敘事性的 Podcast 中，除了主持人之外還會聽到一個人在講話，這個錄音是來自一場採訪訪談。採訪時，明白你自己在做什麼（然後把這件事做好），不論你的項目形式是什麼，都是對你有助益的，「採訪」這件事是既正式又親密的，是發人深省的、也是專注的。

身為一位**創作者**[3]，「採訪」給了我一個理由，可以去一些原本沒有辦法去的地方，以及跟一些我原本沒有機會交談的人對話，讓我可以詢問有關他們、他們的生活和他們的工作等等問題。然後，自從上次採訪過暴力妖姬之後，我就對這件事有了一些顧慮，這顧慮深到讓我多年前就放棄正襟危坐的採訪，把這種機會都讓給其他人。我對於做「田野」現場採訪有完全不一樣的感受，我去到外面的世界，在他們的住處、工作場合，或是其他一般的環境中採訪他們。也許因為我是藉由這些現場採訪來建構出故事，所以我對於我的角色和好奇心都能淋漓盡致的發揮。這些想法並不是來自我的專業知識，而是花費很多時間研究別人作品學習而來，如果要說這一章是什麼，就是各種貨真價實的實戰經驗彙整。

我不會提供給你一長串的採訪問題清單，因為市面上已經有許多針對採訪技巧的專門書籍和網站了（不可否認，其中有 90％ 可能都是垃圾），但你應該忽略他們寫的內容，選擇「相信你的直覺」，所以我會把這個探索之旅留給你，讓你自己去尋找；我也不會教你如何讓受訪對象喜歡你的技巧（除了要有好奇

---

[3] 很多在讀這本書的人可能會驚訝地發現，雖然我在音頻工作中已經建立了一定的口碑，但是我的創作作品中有很大一部分都是印刷品（顯然也包含這本書），其中有很大一部分是關於採訪音樂家的作品。

心、友善和充滿感激之外）。這本書是教你要「像一個聽眾」那樣思考，這一章也會教你學習如何「像一個採訪者」那樣思考，因為「一個真正好的採訪者」的定義，就是「一個能夠自在地把自己當作聽眾代理人」的人。把你與生俱來的好奇心，當作是他們的代理人，不是要問一些成千上萬個觀眾可能會問的問題，而是去問一些「你會想要知道答案的問題」，而且要有信心，你的聽眾中也有不少人想要知道同樣的事情。

┊┊┊┊ **所以我想知道……** ┊┊┊┊

在法庭訴訟中有個俗語，「律師永遠不應該向證人提出問題，除非他已經知道這個問題的答案。」意思是指，律師永遠不要留下任何製造意外展開的可能性，因為那個意外展開可能反之會讓對手有利。但是身為一個採訪者，你要問的永遠是那些你不知道答案的問題，因為如果你已經知道問題的答案，那為什麼還需要問這個問題呢？

關於「採訪」有很多的比喻，大多是負面的，但是其中卻有一個比喻值得效仿，而且一定會引出一些有趣的東西。那就是：當有一個人以「所以我想知道……」開啟問題時，通常這個問題都會獲得「很值得一聽的答案」。關鍵在於你真的是要問一件真心感興趣的事情。

大多數的採訪者認為他們的工作就是要問一些問題來引出答案，這是有一點偏差的想法。事實上，你們的工作是要保持好奇心。更具體的說，你的工作是要讓你「與生俱來的好奇心」湧現在你想要問的問題之中，你的工作就是「去感到好奇」。

活用「你的好奇心」的方法，就是單純從一個人、一件事或是一個想法中問出你想要知道的事。你已經知道很多關於那個人的事，還有他們或他們的作品為什麼有趣的原因，那麼接下來，你還想要知道些什麼？

在 2001 年出版我的第一本書之後，我被邀請參加紐約市 WOR 電台的深夜

脫口秀節目《喬伊・雷諾茲秀》（Joey Reynolds Show）。在我抵達並且剛要進到錄音室之前，製作人對我說：「聽著，在你進去之前，我需要先告訴你一些事情。喬伊還沒有讀你的書，喬伊甚至不知道這本書的名字，喬伊沒有讀任何和這本書有關的東西，他甚至連新聞稿都沒看。事實上，喬伊不知道任何有關你的事。」

「好吧……」我回答得有些猶豫遲疑。

「然後不管你做什麼，」她繼續說道，「當他開始和你說話的時候，不要馬上提到你的書，他很討厭別人這樣做，如果你這麼做，他會立刻把你趕出門。就跟著他的腳步走吧！」

現在是晚上 11 點，我正在進行書籍巡迴宣傳，已經累得精疲力盡。我即將和一位主持人一起走進錄音室，他不僅不知道我或是我的書，甚至我還被交代不可以提到我的書。

「知道了」我說道，「就這樣做吧。」

我原本應該是要在錄音室待上 20 分鐘的，喬伊一開始談到燻牛肉還有各種牛肉的供應商，他問我在紐約我最喜歡的燻牛肉三明治是什麼？我回答不住在紐約，而且也從來沒有吃過燻牛肉三明治，然後不知為何他把話題轉到小甜甜布蘭妮（Britney Spears）和賈斯汀・提姆布萊克（Justin Timberlake），並想知道我對於他們在一起的看法，我說我最近沒有聽到布蘭妮[4]的消息，但是我當然是希望他們可以有最好的結果。喬伊覺得這很有趣，然後我們就按照這個模式繼續下去：他就只是聊事情，接著在過程中向我提出一些問題。喬伊讓我在錄音室待了一個半小時，就這樣來來回回，在沒有刻意打算也沒有明顯轉換的狀況下，我們順利談到了我的書和我在書中提到的許多音樂家。

---

[4] 有意思的是，我並不認識布蘭妮而且也沒有見過她。雖然幾年後，布蘭妮開始在推特上追蹤我，目前也還在持續追蹤。

在我走進去時，我以為我會得到一場狗屎秀，但是沒有。

為什麼？

喬伊是一個很有好奇心的人，也是一個慷慨的說話者。他有很多問題，也允許自己去將問題大聲說出。回想起來，我記得他大概說了「我想知道⋯⋯」這個詞不下十幾遍。喬伊的這個作法是如同走高空鋼索般的高難度行為，在沒有任何準備和前置作業，甚至不知道來賓名字的狀況下，讓自己每晚隨心所欲地去發揮在幾個小時的電台時間，他也是花了幾十年的時間來磨練能這麼做的技藝和能力。不可否認，這是一個比較極端的例子，但是卻也是簡單得要死。喬伊並沒有做些別人做不到的事情，每個人都有一些想問的問題，喬伊只是學會如何大聲地發問，並且以此維生。

現在世界上已經有了一個**喬伊・雷諾茲（Joey Reynolds）**[5]，也不需要第二個。你不需要去嘗試喬伊做的事情，也不需要將他視為採訪者的榜樣，事實上我真的、真的很不希望你試圖變得和喬伊一樣。說實話，喬伊並不是一位特別優秀的採訪者，但他是一位娛樂性很強的即席對話大師。喬伊是喬伊，而你是你。但是喬伊的節目是一個很好的例子，每晚數小時、每週數個晚上持續了多年以後，證明只要加上一點點「想知道的好奇心」的話，便可以走到這麼長遠。

⌇⌇⌇⌇ **閉嘴** ⌇⌇⌇⌇

這是我常常和我的小兒子說的一句話，頻繁到他只要一聽到我說這句話就會翻白眼。雖然他是一個很聰明的孩子，和大人談話的時候很自在，但是他沒有了解到打斷其他人說話是一個壞習慣。每當他這麼做時，我經常會告訴他：「當你說話時，你沒有在傾聽。」

---

[5] 我在寫這本書的時候，在他 50 年的電台生涯裡，喬伊仍然在星期日晚上做每週一次的節目。

同樣的想法也適用在「採訪」中。雖然我還是主張作為一位採訪者的第一要素是要有好奇心，但我會說緊接在後的就是「傾聽」。優秀的採訪來自優秀的傾聽力，身為一位採訪者，你應該要做的就是盡量少說話，保持安靜。

　　和一般談話不同，在採訪的場合中，「沈默」可以成為你的朋友。當有一個人被採訪時，他們同樣也扮演著一個角色「被採訪對象」（或者說是「受訪者」），我們基本上可以有一套假設「被採訪者的工作內容就是說話」。我發現每當我採訪一個人時，如果我讓他們的回答，在我下一個問題或陳述之間出現一些「沈默」的話，他們就會意識到自己的「這筆交易」似乎尚未完成，會想要趕快衝過去再多說一些話來「填補沈默」。而通常他們為了「填補沈默」所說的話，就是他們回答中最精彩的部分。在此之前，他們會告訴你一些事先準備好的答案，但是當沈默出現時，他們就會急於以一個被採訪者的身份來填補這份沈默，這時就會給出超越原本那些他們覺得舒適的答案，進而提供出更多、更深和更新鮮的東西，而這些東西是他們之前沒有想過或說過的。值得注意的是，你應該要「把沈默留到可以揭示更多你覺得有助益的地方」。如果你讓每一個答案和問題之間都出現沈默的話（a）你的受訪者可能會「領悟到」這是你採訪的方法，而且（b）這會讓你和你的對象之間產生很多奇怪的能量和不舒服的節奏。你的目標就是要「讓他們在那裡參與」，還有更重要的是「讓他們持續說話」。

　　這些年來我和一些採訪者交流，他們不約而同都告訴我，他們在採訪中的目標就是說越少話越好，只要介入到「足夠讓被採訪對象重新開始說話」就可以了。藉由不主導談話，也不佔據這場談話中一半時間，你向被採訪者和觀眾展現的是「來賓才是這場採訪中的明星」，他們要說的才是重要的，所以我只要展現出足夠的存在感，讓這場對話可以朝向我希望它發展的方向就可以了。你的沈默角色就是把舞台中心讓給你的來賓、他們的故事和他們想要說的事。

　　「專注於傾聽」（而不是說話）也會開啟你去尋找下一個「新問題」的機

會。通常你在一場採訪中問的第一個問題（然後隨之而來的回答）不會比由此產生的「後續問題」更有趣。這裡有一個很好的例子：《新鮮空氣》（Fresh Air）的主持人泰瑞·葛羅斯在 1994 年對演員納坦·朗（Nathan Lane）的訪談中，展現出了多年來我觀察到的一個漂亮技巧，當來賓發表一言論時，泰瑞總是會如同外科手術般精準地打斷來賓的發言，要求他們舉出例子：

納坦·朗：其實我是因為我的哥哥丹才會對戲劇產生興趣的。他是一個老師，他會帶他的班級去紐約看戲，也會帶著我一起去，這就是我對戲劇產生興趣的原因。所以……是的……最後我搬到了紐約，然後成為了一個為戲劇掙扎、挨餓的演員，還做了那些奇怪的工作，那些為了生活下去……必須要做的。

泰瑞·葛羅斯：比如說？

納坦·朗：這個，我曾經去送過「唱歌電報」，你知道……啊……

（按編：「唱歌電報」是一種用音樂形式遞送消息的方式，類似電報形式但通常會有點幽默，有時也會被作為禮物饋贈。）

泰瑞·葛羅斯：比如說？

納坦·朗：（開始唱歌）「子宮切除快樂！子宮切除快樂！」你知道這很可笑，而且大家很討厭你送唱歌的電報，但是我做了一段很長的時間。（開始唱歌）「恭喜你，雪莉！你的妊娠紋很難看出來！」這實在太可怕了。

泰瑞·葛羅斯：這是誰寫的歌？

納坦·朗：就是他們！他們會根據場合把歌詞塞到一個流行曲調中，你知道的，這個不需要支付任何版稅。

泰瑞對於那個交流的貢獻，基本上就是 8 個字——Such as? Such as? Who wrote the songs? 共 8 個字——像另一種層次的禪宗大師，把一個搬到紐約（幾乎是陳腔濫調）的折騰故事，變成了一個獨特的、迷人的、原創的，而且展露

了納坦的創意思維。如果泰瑞只是單純接受這個答案，或是用說話來填補這個空白，又或是乾脆進入到下一個問題，上述這些精彩就永遠不會發生。

我曾經聽說過：追問問題的目的是為了「轉動寶石」，向聽眾展示這個對象的各個切面。雖然一開始的展示也是十分讓人滿意的，但藉由轉動寶石，讓光線照到寶石的各個部位，更可以展示出它的品質和光彩。

如果這些嘗試會讓你感到擔憂的話，不用擔心，直接將你的目的告訴你的採訪對象是沒有問題的。在談話開始之前，在你和你的採訪對象安頓好之後，把採訪的基本原則仔細檢查一遍，並向他們作些說明：再次感謝他們接受採訪，如果他們需要休息或是想要重新回答一次問題的話該怎麼做等等。在這個交流的時間，你可以簡單補充：「聽著，我真的希望這次採訪的重點是你，所以如果我沒有說太多話，請不要太驚訝。我希望你能有足夠多的時間回答，倘若我沒有打斷你或是問下一個問題的話，請放心繼續說下去！」

請記得他們知道（有時候非常明確地知道），他們作為被採訪者就是要來說話的，他們知道自己應該要做的事情。所以如果你劈頭就和他們說，他們有足夠的空間和自由去回答問題，不論花多少時間，那麼就讓他們去吧！你只要做好心理準備，事後可能要幫他們說的內容進行大量編輯，但是比起可能得到的那些簡短廢話，你最後到手的東西也會更令人感興趣、更發人深省，而且聽起來更有趣。

有時候你會面對一個被採訪對象並不想要被採訪的情況，不過在大多數的時候，不會有這樣的情況。人們有一種天生想要「被傾聽」和「被理解」的慾望，他們希望你（和你的聽眾）用他們的方式去看一件事（或至少是他們想要你們去看的方式），這也是為什麼他們要打亂自己一天的節奏來和你談論他已經知道的東西。他們不會從這個採訪中學到什麼，而且也許有比參加採訪更有效益的其他選擇，但是他們願意做，是因為珍視「其他人用他們的方式看待事物」的價值。所以，請去理解被採訪者為什麼會覺得有趣，去感受他們感受到的興

奮、熱情、痛苦或是好奇。

「專注於傾聽」的重點，不僅僅只是和他們解釋採訪過程中「你為什麼不會說這麼多」的原因而已，在採訪開始前花幾分鐘時間溝通、傾聽，也可以確保你們雙方對於這個採訪的理解，這也會讓你獲得一個更好的錄音。

準備充足 VS 準備過頭

不管是什麼事，能在開始前做些調查是最好的。但大部分的採訪新手在做這些事前準備時，就好像他們喝水「需要用消防水管」來喝一樣，他們相信如果要準備充分，就需要去了解關於這個採訪對象的所有大小事，或是某個人的所有著作，讀過這位採訪對象寫的每一本書、讀過有關這位採訪對象的每一篇文章，看過這個採訪對象寫的、導演的每一部電影，聽過每一張專輯或是收看過每一集演出。我並不是提倡不做研究或是少做研究，但我只是想說，「成為你採訪對象的專家」並不是構成一個有趣採訪的必要條件，而是你需要「知道你在說些什麼」以及「知道你在對誰說話」。此外，你還需要了解到這些調查準備，存在著效益遞減法則。

如果你要採訪一位作家，去看他的書。電影製片人呢？去看他的電影 [6]。你還需要深入了解別人對於他們的評價，或是他們在其他採訪中分享過的東西。如果你發現靠自己很難做到這一點，就請一個人來幫你準備這些事。

在這個階段檢查一下你的「十字描述」可能也是會有幫助的。你對這個項目有一個明確焦點，所以要如何將這個焦點運用到這次的採訪中呢？讓我說的更具體一些，這會讓你自己知道要做哪種準備、要問哪些問題？你的「十字描述」可以幫助你節省時間和蓄積能量。

---

[6] 出人意料的是，採訪者並沒有看過電影、聽過專輯、讀過著作的情況是很常發生的，而幾乎所有被採訪者在採訪過程中都能立刻發現這一點。

如果你的採訪是有關「已發生事件中的一段敘事或故事的一部份」，那麼還請盡可能地去閱讀、了解這個故事，如果你不知道故事在說什麼，就無法指望自己能找出想問的問題、找出故事的漏洞，或是去問出新鮮的想法。

這邊有一個專業提醒：一個「獲得新鮮材料」的簡單作法就是，為你的採訪對象解釋那些「你從別人那裡讀到、聽到、看到的故事相關報導」。在最差情況下，你會得到「對，就是這樣」的回應，但是根據我的經驗，大多數情況下你的採訪對象會幫你找到這個故事的新鮮視角。

你：我讀到你在五年級的時候買了一支口琴，然後你花了幾年時間自學吹奏，這是真的嗎？

對象：不，這不完全正確。當地的音樂商店中有位口琴老師，但是他真的是個混蛋。每次只要我吹錯了，他就會打我的嘴巴。所以我就不上課了，我自己學怎麼吹。有時候我想起這件事，會覺得全部都始於那位混蛋音樂老師。

賓果！這就是新穎而且原創的東西——就只因為你給了他們一個機會去說。

說了這麼多，也是有可能會「準備過頭」的。

雖然全面了解一個故事或是一個採訪對象是好事，但是你不需要成為完美主義者。完美主義者也許會想知道很多事，但是最終他們想要知道的事都太深奧，沒有幾個人會想要了解。

你：我注意到保羅‧羅曼（Paul Roman）是你們前三張專輯的鼓手，之後約翰‧漢默斯坦（John Hammerstein）是你們第四張專輯的鼓手，但是後來保羅又回來了。你可以描述一下他們在打鼓風格上的不同嗎？

這誰他媽的會在乎[7]？

我可以為「準備過頭」想一個很好的理由，例如說如果你知道的越多，你

---

[7] 幾乎很少聽眾會在乎，除非你是在主持一個討論 1980 年代鼓手的鮮為人知的 Podcast。

就會想要知道更多，但是事實上「準備過頭」並不會讓故事變得更好。

在準備問問題的過程中，我聽過一些採訪者心中最大的情緒拉扯，是關於「如果我問了一個他們已經回答過的問題怎麼辦？」那又如何？這不會是第一次他們被重複問問題。就算是問了之後，你沒有得到一些有趣的或是有啟發性的東西，又或是一些可以推動故事的東西，那麼你之後也可以進行編輯（編輯的重要性，這是給採訪者的最好禮物）。

此外，不要擔心去問「愚蠢的問題」。當然，有一些問題直接了當的就是愚蠢，只要稍微研究一下就有機會搞清楚，一些已經在其他採訪中提到過，或是已經被其他人寫過、討論過千百次的問題；然而，還是有一些「很好的愚蠢問題」，那些以前「應該」被了解但是卻沒有被了解的東西，對這些過時且被忽略的問題展現出優質好奇心，這會像座燈塔般發光引導你。「不好意思，這可能是一個很蠢的問題，但是我很想知道為什麼⋯⋯」如果你天生的好奇心，加上你做的準備，讓你對某些事情產生了問題，那就大聲的問出來吧！不要擔心這是不是一個愚蠢的問題，若你是在做了充分準備才想到的，那應該不會是一個蠢問題。

┊┊┊┊ **友好關係** ┊┊┊┊

許多採訪新手對於「是否需要和自己的採訪對象／來賓建立一個友好關係」而感到相當煩惱。

那不需要。我的意思是，不要做一個不為他人著想的混蛋，但是也不用擔心需要讓他們喜歡你。

如同之前提到過的，採訪對象不一定要接受這個採訪，他們可以去做其他事情，來賓貢獻出他們的寶貴時間是多麼大方的一件事，要持續不斷的提醒自己和你共事的每個人這很重要。此外，如同我們之前所討論過的，表達出你認同的最好方式就是展現感謝、友善和尊重。感謝並不意味著逢迎諂媚或是表達

出過度的謝意，友善和尊重也不代表只問很簡單的問題或是避開敏感話題。而是用認同的態度，並且要迅速、有條不紊的安排，讓對方知道你很重視他們的時間。該如何做呢？可以先讓他們知道採訪的基本規則，例如他們是否可以停下來，以及什麼時候可以停下來休息或思考一下他們想說的東西等等。

每當我採訪一個人時，在開始之前我總是會傳達以下這些內容，當然每次的用字遣詞是不太一樣的：

我：好的，在我們開始之前，我要先說幾件事。你有看到我放在你前面的這個東西嗎？**我的麥克風**[8]？

對象：有。

我：好的，這會接到那邊那個裝置，也就是我的錄音機。開關已經打開了，所以我們說的每一句話都會被錄下來。

對象：好。

我：現在，我們需要知道一些事，直到我離開之前，你說的每一件事都會被錄下來。你可以對著麥克風聲明你知道正在被錄音而且我會在我的 Podcast 裡使用這個錄音嗎？

對象：好，**我知道我正在為你的 Podcast 進行錄音**[9]。

我：非常好，現在有一些事情要讓你知道。無論什麼時候，當你想要停下來、重新回答問題、或想要休息一下，或是你希望我關掉錄音機

---

[8] 為了要澄清疑慮，這是我故意說的笑話。當然他們知道這是什麼，我只是想要用一個歡樂愉快的氣氛開場。

[9] 99％ 的機率，他會以為這是剛剛那個玩笑話的後續，但是，實際上在錄音中獲得他們的承認許可是非常重要的，這提供給你一些自我保護（大部份狀況下，我們需要雙方都認可這次的錄音）。

時，你只要說一聲我就會這麼做。

對象：太好了。

我：但是這也表示我可以自由使用我錄製的所有東西。在錄音機開啟之後，就沒有什麼所謂的「不可對外公布」。但是如同我剛剛說的，不論理由是什麼，只要你想停下來時，儘管說出來。告訴你這些事，這樣一來我對你就沒有隱瞞了，而且我很感謝你願意來做這個採訪，因此我希望尊重你的意願。

採訪的本質很奇怪：採訪發生於完全人造的環境中，而且憑藉的是人與人之間的不自然互動，不論是提出或是回答問題，對他們或是對你來說都是不自然的，但我們必須去接受這樣的本質。

一個採訪就是一個故事

採訪不僅僅只是「問問題」和「回答」，對你或是你的聽眾而言，採訪還是一個學習的機會，當把它放在「故事」的框架內學習起來會更容易，這也是為什麼最好要把你的採訪當成一個敘事故事來看待，然後再依此建構。

不論你是在填寫一個故事細節，或是嘗試著用一段採訪來講述故事，我們要知道「採訪就是故事」。不僅如此，故事還提供了許多輕鬆有效的方法去組織你的採訪。

當你用敘事性順序，來思考你要詢問的問題和你要講述的故事，會讓採訪的進行和後續的編輯上，來得更容易一些。如果一個採訪沒有完善結構，會讓你和你的採訪對象需要多花時間在問題上反覆來回，或是會導致隨機無章的詢問各種資訊；如果一個採訪沒有完善結構，你的講述就沒有辦法合乎邏輯，這樣最終會讓你、你的採訪對象和你的聽眾們感到困惑。如果你有方向感，可以幫助引導被採訪者，這樣一來就能持續往更深處挖掘。

最好的組織方式，就是「分章節」去思考。舉例來說，如果要採訪一位音樂家，可以在一章中探討他們開始接觸音樂的早年時光，也可以再創作一章關於他們是如何進入音樂界的，另外一章則是關於踏上音樂道路是什麼感覺，再另一章是關於成名所帶來既美好又有害的影響，然後你可以把已經準備好的問題放到每一章中，去填滿任何空隙之處。當你在編輯這個採訪時，也會明顯地變得容易許多。如果有一個章節已經不知道在說什麼了，你可以很快找出那個章節，而不需要從整個採訪裡一個問題、一個問題去逐項剖析。如果你的問題是建立在「已經問過的問題」之上，兩個提問之間就會密切相關；如果它們無法以這種有組織的模式來緊密相扣，你之後在編輯時就很難把它們解開。

而說到「編輯」的話……

編輯

當我在聽採訪錄音時，偶爾會聽到採訪者說出「這個對話是在未經過編輯的狀況下」之類的發言，通常不是發生了一個錯誤，就是來賓摸索或考慮著答案，然後說：「喔，我相信你會把這個刪掉。」而採訪者會宣告「不，他們不會刪掉，因為他們的 Podcast 是真實可信的，並不需要被編輯。」這是我在電台上聽到的（雖然這可能是缺乏時間或資源去編輯而形成的機制），但是這個狀況確實在 Podcast 上很普遍，甚至有些 Podcaster 把這個當作是榮譽徽章的象徵而引以為傲。

但是這就像是一個廚師覺得他們的食物很難吃是「一種榮譽象徵」，然後廚師為他們的「信譽」辯護道：「我在料理前不會使用任何調味料或是做事前處理工作，因為這樣就不純正了。」

除非你是一位現場直播人員，因為當下傳遞的訊息非常緊迫和重要，需要立刻提供，否則幾乎沒有任何藉口去播出這樣未經編輯的採訪，老實說這對你的聽眾是很沒禮貌的，而且肯定會讓節目對於潛在聽眾的吸引力帶來負面影

響。我知道如果我這樣說，可能會和不進行編輯的數以萬計 Podcaster 漸行漸遠，但是就這樣吧，我覺得這種粗糙處理手法是不對的。

以下是為什麼這件事非常嚴重的原因：問問你自己，這場採訪的目的是什麼？（這裡可以再次仰賴你的「十字描述」幫忙釐清）是為了要提供你的聽眾一窺採訪對象的生活、思考模式或是專業知識嗎？那你為什麼不修剪掉所有不符合標準的垃圾呢？像是無法引出極佳答案的問題、那個在思考時發出的「嗯」和「啊」的聲音表達，以及那些過長和不是特別重要的題外話。這是為了要豐富、擴大聽眾的世界觀或是理解力嗎？那你為什麼要讓他們聽一些無關緊要的題外話，或是令人摸不著頭緒的對話來浪費大家的時間呢？

作為一位有創意的採訪者，「進行編輯」會讓你的採訪「更自由」。你突然想要問一個有點瘋狂的後續問題？那就問吧，如果這個問題最後沒有很好的話，你隨時可以刪掉。你一直想問關於他們第二本書一連串的問題，但是採訪對象明白表示他們今天沒有興趣談這個話題？好吧，就只要把這一部分刪掉。他們突然想到了一些有趣的內容，想要追加到 15 分鐘前他們回答過的問題上？酷，就這麼做吧，你之後可以把這些追加的內容移到其他相關答案旁邊。

「編輯內容、重新調整採訪的流程、剪輯答案，讓事情繼續發展」這就是你要為聽眾創造出一個真切聽覺體驗的方法。我在寫作時，會傾向於寫很多東西，通常內容是最終保留下來的兩倍到三倍。我這麼做的原因，是想要把腦袋裡所有東西都先寫在紙上，然後將這些內容梳理和修剪，最後留下最相關的部分，試圖留下剛好的量來傳達想法。相信我，你不會所有內容都想要知道，留下所有東西其實會讓內容更不易親近，而且諷刺的是，會讓你更難懂。

最近我的一位電影製作人朋友告訴我，他完成了紀錄片的第一版，長度大約有 7 個小時，他將如何度過接下來 4 個月的製作週期？答案是將片子剪輯縮至 90 分鐘。當他的每一位觀眾看到這部片完成時，沒有人會說「天阿，我希望能看到這個故事的 400 分鐘版本。」我朋友的工作，就是確保觀眾不會漏掉

任何他剪出的重點、有一個全面完整的體驗，並且刪掉所有（坦白說）不值得觀眾一看的細節。

編輯錄音訪談也是一樣的，缺乏編輯同樣會限制你的潛在聽眾，因為原始的採訪可能只會讓某些（通常是死忠的）粉絲感興趣，而不是所有人。

舉例說明，把料理的隱喻探討得更深入，原始的訪談和生機飲食很像，比起熟食，某些人確實更喜歡生食，但是他們就像是那種極端主義者，他們的口味不能代表大部分人，也不能代表那些有健康意識的美食家，更別說是一般大眾了。如果有一家餐廳想要迎合生機飲食者，那很好，但是請做好大部分食客會有其他選擇的心理準備，這不是說你提供生機飲食的選項不好，只是要做好對應措施。

那些完全不編輯、只提供原始採訪的 Podcaster 也可以留意相同的警告，會有想要聽這樣內容的聽眾，但是大部分聽眾會選擇其他節目，因為你提供的東西不是他們想要聽的，他們想要的是經過精心策劃後的體驗——這不見得就要精簡。你可以有一個精心策劃的 90 分鐘長度訪談，但是這是因為有 90 分鐘的好東西，你已經去蕪存菁過了。

如果你和一群製作人討論，他們對於採訪的編輯會有各種自己的版本和做法，並會發誓說他們的是最好的、最聰明的做法、可以製作出最棒的成果。其實並沒有什麼方法是完美的，所謂最好的端視於你的習慣、你的同事使用什麼樣的系統，或那個方法是你崇拜的人所採用的，或者純粹只是覺得這個方法適合你。

我之前在 NPR 的許多前同事都有很獨特的編輯方法，他們的方法和我的方法有很大的不同（這個稍後會在本篇後面分享）。NPR 的編輯方法是圍繞著「速度」建立出來的，因為通常他們在錄製採訪和播出之間，往往只有幾個小時甚至是幾分鐘的時間，製作人和編輯都需要快速執行。

通常製作人和編輯都會參加錄音，做大量的筆記。在錄音結束之後，他們

會圍成一圈討論該如何剪輯、需要著重哪些重點、該丟棄哪些材料，還有訪談剪輯完成後的目標長度，接著製作人就會去實際進行編輯。回到類比錄音的年代，一位製作人的錄音機、桌子、椅子、有時候甚至是他們的身體都會被磁帶的帶子淹沒，每一個磁帶都是採訪的一小段，被剪斷之後再黏接重組成最終版本。當製作人完成之後，編輯會用雙倍的速度（為了節省時間）確認這個錄音已被完整地剪輯好。再說一次，所有上述這些工作都可能是發生在採訪結束後不到一個小時之內。

這是難度很高的工作，實際看著這些流程進行會讓人覺得暈頭轉向，不知道每個人怎麼有辦法可以掌握好所有情況，但是當你每天都在做這些事並且接受過特訓，這就只是辦公室的普通日常。即使有時候 NPR 的製作人需要花費數天或是數個星期去把一個作品拼湊起來，他們也會堅持用平常新聞工作的方式（那些流程多得驚人的方式）來進行。

因為這幾年來我大部分製作過的作品都需要花費數天或是數週去完成，所以我的方法不會有那些瘋狂的步調節奏，而是將多出的時間，用來理解這個採訪和它的潛力，這需要從審查結構開始。

當你為了擬定問題所規劃出來的採訪架構，未必和你在錄音時掌握到的一樣，如果採訪前的準備工作，是為了幫你的問題創造出一套敘事結構，那採訪後的編輯，就是為那些問題的答案，提供相同的目的、流程和形式。簡單來說：有時候你不會得到你預期的東西，有時候你得到的回答可能更好也可能更差，你也有可能會略過一些段落，或是即興問一些問題。

「編輯你的採訪錄音」要做的第一件事，就是要好好建立你手上有的東西。為了要做到這一點，你應該要「記錄你的錄音」（log your tape），或是為你錄製的採訪建立一個大綱（有時間標記）。對於一些人來說，寫日誌（logging）和打錄音稿（transcribing）（這個我等一下就會提到）是很相近的，你的首次記錄只是作為一個路線圖，幫助你動腦著手處理收集到的所有錄音（在某些狀

況下需要花費很多小時）。如果你是自己進行採訪，記錄可以等之後再做；如果你是正在記錄別人採訪的製作人，你可以在錄音的過程中為這些日誌做很多事情。（下一章會詳細介紹）

錄音記錄可能會長成這樣：

00:00：錄音開始，寒暄和閒聊。

02:35：Q：所以你第一次看到小丑是什麼時候？

02:50：A：當我 9 歲的時候，我姑姑帶我去一個馬戲團，那次是第一次⋯⋯就在節目開始之前，有一台小丑車開出來⋯⋯12 位小丑從那輛小車下來，我就被迷住了。

03:15：Q：你架子上的這張照片，就是那天拍的嗎？

03:20：A：是的⋯⋯我很驚訝你會發現。

（被採訪對象起身走到架子旁邊，拿下照片⋯⋯我們聽到他們吹掉畫框上的灰塵。）

03:35：A：是的，就是他⋯⋯小丑通博（Tumbo the Clown）⋯⋯誰知道我們的友誼會如何發展呢。

「錄音日誌」有兩個功能，第一讓你有機會去聽你錄製的內容，這聽起來通常會和你之前實際錄製時聽到的聲音非常不同，有些部分比錄製當時聽起來更有趣，有些部分則沒有。可能的話，我鼓勵你「在錄音和回頭去記錄錄音這中間留出一點時間」，這個空出來的時間，讓你有機會用旁觀者的角度去聽錄音，而且如果你給它點運作空間的話，你記錄的錄音一定會聽起來不同。錄音日誌的第二個功能是提供一張「你的錄音地圖」，舉例來說，你在兩天內記錄了對某人兩個小時的採訪，你想要找出那個有趣的交流「採訪者詢問受訪者第一次上台的情況，受訪者分享了一個和怯場有關的搞笑故事。」這段在哪裡？

在兩個小時的錄音中尋找嗎？不，直接從你的錄音日誌中找就可以了。

錄音日誌的附加效益，是藉由「強迫你仔細收聽和記下說了些什麼、發生了什麼，去幫助你全面了解錄音」。當我在剪輯的時候，我真的需要在腦海中有個全面的東西，需要能夠立刻抵達到錄製內容的每個角落。這樣的話，之後我查看這些錄音的文字記錄，當在決定要用什麼或是要丟什麼時，我不需要重新聽很多錄音，因為這些日誌和錄音稿已經幫助我在腦海中聆聽了。

錄音日誌還有一個意想不到的好處。我公司的共同創始者潔西·貝克（Jesse Baker），在她還是製作人期間，錄音日誌對她影響很大。當她剛搬來紐約時，她被徵召到很多節目中並被要求做一些錄音日誌工作，大部分的製作人都會非常樂意把錄音日誌外包給有興趣的新手做，有一些節目甚至還花錢雇人來為他們做**錄音日誌**[10]。不論是為了少少的薪水或是作為一名自願者，錄音日誌都可以給你一個機會，「未經過濾的」去聽別人是怎麼工作的，他們是如何提出問題的？他們是如何與受訪者建立信任的？他們是用什麼技巧來獲得好的錄音？對很多人來說，這是一個「學中賺」的大好機會：能夠全面的聽到主持人和製作人工作。

如果時間和資源允許的話，我也建議可以將錄音整理成「錄音逐字稿」。現在有一些方法可以藉由 AI 人工智能即時生成錄音逐字稿，通常很便宜或甚至是免費，成效可能好壞摻雜，特別是如果受訪者有口音或是環境有很多雜音，但是通常還是可行的方法。另外，也有一些是雇請抄寫員來抄寫逐字稿，需要收費，這方法可能會提高製作經費，因此還是請把人力抄寫視為一種奢侈品，並且斟酌採用。

當錄音一旦被抄寫下來後，我就把「錄音逐字稿」作為我主要的編輯工具，

---

[10] 雖然這是編輯的必要工具，但說實話寫錄音日誌有時候真的有點無聊。

在我嘗試著將採訪進行數位編輯之前，我會先進行「紙本編輯」。首先，我會再聽一次採訪，同時跟著逐字稿一起念出來，並在空白處做很多文字以外的筆記，例如標記：情感、有趣的停頓時刻、有趣的思考時刻、有趣的聲音（如果你是在戶外進行採訪的話），我還會把確定不會採用的東西都刪掉，接下來是一個篩選的過程，標示表現最好的段落，繼續刪除其他段落，再註記該如何重新安排所需要的段落。

有時候，我在錄音逐字稿上寫的架構注釋就足夠了，例如說我會在部分或是段落處標上號碼，方便後續的重新排序。在需要的時候，我常常會把錄音逐字稿實際剪成一段一段的（有些紙條只包含一或兩行，有些紙條卻幾乎是整整一頁），然後我會把這些紙條放在桌子上或是地板上，再把每個段落或是整個採訪重新排列成我想要的順序。

無論你是如何工作，從錄音日誌、快速的人工智能轉錄，或是一份完整的**錄音逐字稿**[11]，最後一個步驟都是一樣的：拿出你所有的筆記和紙條，用你編輯過的日誌和／或錄音逐字稿作為一個指引，然後開始用數位方式編輯你的採訪。接著聽完你所編輯過的一切，記錄一下還需要修正的地方，然後再重新做一遍。通常，你需要重複進行這個過程好幾次，才可以讓採訪成果達到完美的境界。

雖然這個採訪後的編輯需要花費很多時間，但這是值得的。你最後得到的，將會是你錄製成果的最佳展現樣貌。

儘管編輯是具影響力又有價值的，而且我也強調了它的重要性，但是值得注意的是，採訪的「過度編輯」還是很容易發生。一個經過精心編輯的採訪不

---

[11] 我不會為了進一步編輯而購買一個未經加工過的錄音文字稿，雖然我仍然是在紙上進行編輯，我會使用人工智能生成的錄音稿，或是僅使用我編輯過的舊錄音稿檔案來生出新的。

應該聽起來像是編輯過的，應該要聽起來是「正常的」，並且像是人和人之間在說話般進行。一些積極熱切的製作人一不小心就會有點編輯過頭，刪除掉每一個停頓、「嗯」、較長的呼吸和結巴。我不會這樣做，雖然我希望採訪可以順暢進行，但是我往往時不時會留下一個「嗯」或是支支吾吾，這樣這個採訪聽起來就會非常自然。編輯永遠不要太刻意明顯，永遠不要。

完整的施瓦茲

　　我想要和大家分享一個我見過最奇特、最不尋常，但也非常有效的採訪策略，稱為「施瓦茲技巧」（Schwartz Technique），又名「完整的施瓦茲」（The Full Schwartz）。

　　施瓦茲技巧是一種讓市井小民在接受採訪時，引導他們提供出生動、有共鳴的「細節描述」的方法。完整的施瓦茲包含把**錄音室**[12]變成一個冥想的環境，讓採訪對象放鬆，並使用「圖像可視化」的方法，顯現那些他們可能會無視或是很快帶過的細節。

　　這個名稱的創造者，史蒂芬・施瓦茲（Stephen Schwartz）是一位美國人，他曾經在丹麥廣播公司工作了 30 多年，並且成為了一位「沒有外部解說」的記錄長片專家。

　　多年來，我常常聽到國際音頻製作人討論兩種不同形式的音頻紀錄片和專題製作：「美國」式製作和「丹麥」式（或有時被稱為「歐洲」式）製作。「美國」風格的音頻紀錄片特色，是由主持人／製作人／報導者作為主要的敘述者（想想看《美國眾生相》、《廣播實驗室》或《99％隱形》），主持人／製作

---

[12] 雖然說實話，你在任何地方都可以做這件事。

人／報導者是故事錯綜複雜的一部分，佔據著故事中的顯著位置。「丹麥」風格的音頻紀錄片則是偏愛「自述式」的説故事手法，其中「被記錄的人」是你唯一會聽到的聲音，沒有旁白者或是主持人在念稿子、發問或是提出看法，如果採訪對象沒有説的話，就不會被收錄到作品中，他們是聯繫一切的鈕帶。説實話，我不確定丹麥式和美國式這兩個説法是如何成文的，但是這些年我總是反覆聽到，所以我猜測不只有我和我交談的人使用這些詞彙。

當史蒂芬・施瓦茲開始為丹麥公共電台（Public Danish Radio）工作時，他和「丹麥式風格製作之父」威利（Willy Reunert）（有趣的是，他也是一位移民者）一起工作的時候，他們希望創作出一些作品，讓採訪對象可以直接和聽眾對話，這在當時是非常激進的概念。

但是他們馬上就意識到「不是所有採訪對象都是天生的故事家」，那麼你要如何讓平凡百姓為你講述一個豐富、迷人版本的故事呢？有一個簡單的辦法可以在採訪中注入情感，並且讓老生常談的故事變得更生動，就是「在講述者的記憶中，去挖掘他們以前沒有分享過的細節」。

當人們第一次分享一個故事時——無論是發生在他們身上的、他們親眼所見的，或是他們正在報導的事情，他們都傾向按照時間順序來如實陳述：發生了什麼、發生在誰身上，以及是如何結束，只是大部分的故事好像都沒有辦法談得更深入。然而，我們是用「感官」和「情感」在體驗這個世界，這就可以為採訪者提供一個機會，為你聽到的故事「喚起一些新的敘事性要素」，這就是完整的施瓦茲的作用。

值得一提的是史蒂芬・施瓦茲並沒有把他的方法稱為完整的施瓦茲，他把他的方法稱為「捕捉瞬間」（Capturing the Moment），這個別稱可能是之後的崇拜者加上去的。

完整的施瓦茲是很容易執行的：

● 在進入錄音室採訪之前的時間，和受訪者確認一些故事中的「關鍵

場景」，把那一刻想像成是「一張照片」，然後把那個場景中發生的很多事都說一遍，雖然這是你的採訪對象的故事，但是故事中的關鍵時刻其實是由你來標記的。

● 採訪前進錄音室（或是其他安靜的地方）準備，把燈光轉暗或是關掉，在地板上擺放墊子，然後點上一些**蠟燭** [13]。

● 讓你的採訪對象舒適地躺在地上，請他們閉上眼睛，做一點深呼吸，讓他們真的放鬆。

● 把麥克風（架在麥克風架上）放在受訪者的嘴邊，然後鼓勵他們用平靜的聲音說話。

● 告訴被採訪對象，你想要重訪他們故事中的一些場景，選擇一些關鍵時刻，讓他們「如同描述一張照片般」的描述這些時刻。關鍵在於要讓他們描述每個細節，在他們回應後，不斷地問他們更多細節以及接下來發生了什麼。

● 除了「如同描述一張照片般」描述一個場景之外，還需要讓被採訪對象專注於其他的「內部細節」：他們在那一刻的感覺是什麼？他們在想些什麼？是否還有一些氣味、聲音，或是其他讓他們印象深刻的感覺？

讓施瓦茲技巧成功的關鍵有兩個。第一個，做好可以讓他們一遍又一遍回顧到「那些關鍵場景」的準備。問出更多細節，然後要越問越多，喚起他們在那個時刻的所有感官和情緒。問問他們還記得當下是覺得熱還是冷？有沒有什

---

[13] 所有我聽到的關於完整的施瓦茲技巧都會提到蠟燭，這可以幫助採訪對象感到舒適以及營造出親密的氣氛。

麼相關的味道？外面很亮嗎？還是很暗？有沒有什麼音樂和這個場景非常搭配？問問他們還記得在那個時刻的感覺嗎？問問他們當時是否有對自己說些什麼？

比如說，如果他們是在描述一個讓冠軍賽結束的觸地得分，就問問接球者接到球時是跑著的還是站著的？他是跳到空中去接球嗎？還是他是在地上？在比賽進行時，有沒有草被踢起來？有多少球員圍觀？當然一個人不會記得每一個細節，但是不要假設他們不會記得任何細節，他們其實記得的東西多到會讓你嚇到。往深處挖掘，持續詢問他們看到些什麼還有記得些什麼細節，然後做好要重溫相同場景好幾次的心理準備。

第二，也是最重要的，指導被採訪對象用「主動語態」說話，然後再請他們重新敘述那段回憶，不要說「我記得教練把他的寫字夾板丟在地上，然後我想把他開心地叫了出來。」而是請他們說「教練把他的寫字夾板丟在地上，他開心地叫了出來。」

施瓦茲技巧還有一個變體，稱為半套的施瓦茲，是將完整的施瓦茲技巧轉換成比較簡單而且沒有這麼怪異的版本。當進行半套的施瓦茲時，你不會要求被採訪者在黑暗中躺在地上，反之，你會把燈光調暗，請他們坐在椅子上。你依舊會請他們閉上眼睛，專注於你想要確定的場景，但是不會有其他特別的氛圍。

入門問題

這幾年來，我收集了一些採訪問題放在備用口袋名單裡，等待適合時機可以拿出來用。不幸的是，我沒辦法好好歸類它們。每個都是我聽別人的採訪蒐集而來，所以我要向教我這些東西的人們說聲抱歉也說聲感謝。這些問題值得參考：

●當一個人在描述一件事時，問他們：「這和你預期或想像的結果有

什麼不同呢？」

● 當你和某個領域有一番成就的人交談時，問他們：「你覺得為什麼和你做同樣事情的人會失敗？」

● 當訪問一個在過去已經被重複訪問很多次的人時，我喜歡問：「你覺得大家常常會搞錯你的什麼事？」（或是「搞錯你的作品」、「搞錯你的著作」、「搞錯了像你這樣的人」等等），這不只為你的採訪開了一條路，也可以幫助你避免犯其他人犯過的錯誤。

附加篇章：泰瑞・葛羅斯給新手採訪者的建議

泰瑞・葛羅斯在 1973 年開始了她的採訪生涯，在紐約水牛城的 WBFO 主持一個名為《女人力量》（Woman Power）的廣播節目。節目著重於水牛城周邊的一個女性主義社區中發生的事情，包含專題討論、近期演講和活動。雖然她以前從來沒有主持過廣播節目（她之前是一名教師），但是她很快就晉升為《這就是廣播》（This Is Radio）的共同主持人，這個節目的播放頻率是每天 3 小時、每週 5 天，這可有大量的時間需要去填滿。

在《這就是廣播》中，我們認識的泰瑞・葛羅斯聽起來十分不同。這些節目有一些片段倖存了下來（泰瑞通常會在演講或是演說時播放這些節目片段），我很好奇當她回顧這些節目時聽到了些什麼。

「我聽到了一個沒有自信的聲音，」她回答，「我聽到一個一點都不自在的人，但是卻在電台裡說話，她的聲音提高了許多。」基本上，泰瑞・葛羅斯自己當時也還不知道要如何成為泰瑞・葛羅斯。「那時候，我主要是靠我自己的好奇心在工作。」她告訴我，「我是由好奇心組成的，當時我盡全力要做的就是每天填滿那 3 個小時。」

現在在《新鮮空氣》節目中，泰瑞在許多工作人員的協助下，花好幾小時的時間準備每一個採訪：閱讀每位來賓的龐大資料，花時間研究他們的作品，

撰寫、編輯、改寫問題，然後再花許多小時編輯採訪錄音。泰瑞會閱讀每一位出現在《新鮮空氣》節目中來賓作家的著作，他們每一位。

但是回到她每週共同主持 15 個小時的水牛城時代，那時沒有協助人員，也沒有太多時間可以做準備。

「我們能做的就是透過《鄉村之聲》（Village Voice）的分類廣告，尋找那些想要用授課賺取外快的爵士樂手，」她說道，「然後我們會打電話給他們要求採訪，在簡短談話後，再播放一些音樂，不會很深入也不會很有深度。我當時的工作無法讓我像現在這樣努力去深入了解表面以下的事情，我們當時沒有時間做這些，我可以為一些採訪讀一篇文章，但是也僅此而已。」

取代研究準備的，是與生俱來的好奇心。「我總是試圖在腦海中確認這個人為什麼重要，為什麼他值得我們的聽眾花時間關注他。」她說道。

如同你能想像的，泰瑞・葛羅斯經常被問到「要如何進行一個採訪」。她說一個好的採訪準備，從回答這個簡單的問題開始：「你想從他們身上得到什麼，是無法從其他人身上得到的？」除此之外，她建議在敘事結構中將問題排序，並且在事後進行廣泛的編輯。另外，她也給出一些其他建議：

● 你應該要在準備的時間內，盡全力了解一個人和他們的作品或是專業領域。
● 你不需要什麼都知道，也不需要自己寫出一篇論文，你也不需要成為一個專家，但是你需要有足夠的知識，能夠判別出這個人的特別之處。
● 問自己「想要從他們那裡得到什麼？」可能是他們的個人故事、可能是對他們領域的洞見，但是你必須要有「我為什麼要和這個人說話？」的意識。
● 做好你要如何描述「這個人特別之處」的規劃。請記住，如果你

只是坐下然後開始問些一般的問題，你永遠無法達到目的。除非你先做過一些研究，否則你不會知道他們之前已經說過了一百遍的東西，你不需要他們對你再說一次。

那麼，這位無庸置疑是世界上最偉大採訪者之一的人，最常聽到採訪者犯的錯誤是什麼呢？盲從你的問題清單。「我認為人們經常犯一個錯誤（特別是在經驗不足的時候），他們會寫下要問的問題，然後無論如何都要堅持照本宣科。」她說道，「儘管我建議你們提問的問題應該要有一個敘事順序，但是我不認為你需要被它們束縛住。你應該要自由地傾聽，追問一些後續問題，然後跟隨著採訪要帶你去的方向，並知道有這樣一個結構在你需要時可以遵循返回。寫下問題，並不能讓你免除傾聽和回應的責任。」

第五章
如何說一個故事，不要這麼枯燥無味

我在 2008 年出版了一本關於流行和當代文化中吸血鬼的非小說類書，名為《亡者行千里》（The Dead Travel Fast）。當時我投注了很多精力在 NPR 的音頻工作中，但是卻也迫不及待想要嘗試一個新的寫作提案，我告訴自己也許是時候開始寫一本小說了。

那時的我從來沒有寫過小說，更別提短篇虛構小說了，但後來我找出了一種整理思緒的方法。那年聖誕節，太太幫我買了願望清單上的東西，一個叫做《你能寫小說》（You Can Write a Novel）的工具包。這個工具包裡裝著一本 200 頁的說明書教你如何勾勒小說，另外還有幾疊紙，紙的內容包含了一些 Checklist 和引導提示，讓你可以按表填入想要創作的小說章節、角色跟場景等資訊。盒子的背面寫著：「消除『要從哪開始？』的恐懼，因為那可能會毀了寫小說的動力。《你能寫小說工具包》提供你把想法變成銷售小說的一切必備工具。」

2019 年當我出版這本書時，這個工具包還放在我的書櫃中，幾乎全新。雖然我確實為了翻閱內容而把塑膠包裝拆掉，但書中唯一被使用過的痕跡是第 32 頁和 33 頁之間夾著一張 10 年前我的 NPR 名片，此外其他頁和那幾疊紙則幾乎完封沒動。還記得那本書的場景開發頁裡，要求讀者勾選一個場景目的，並且提供了以下幾個選擇：

- ●推進故事情節
- ●介紹 / 發展角色
- ●介紹 / 惡化問題
- ●解決問題
- ●設置後續場景
- ●營造氣氛

Checklist 上的其他部分，則要求準小說家寫出「場景中的衝突、場景背景的描寫、場景人物角色……」的提示，而其他疊紙則是讓你可以填入其餘的要素資訊。

雖然指南中提供了完整而且容易執行的作法，也在我的書櫃裡放置了 10 年，但是《你能寫小說》**卻沒有幫助我寫出一本小說**[1]，然而這本書讓我確信了一件事：「一個好的敘事，是有組成要素的」。好的敘事、好的故事，有自己的一套規則，從語言的起源到我們如今講述分享的故事都適用，尤其是在 Podcast 以及音頻創作這塊領域，創作者所提供的文字、音效跟聲音，都是那些結構規則裡的催化劑，可以喚起聽眾腦海中對故事意象的描繪想像。

不論是在 Podcast、音頻或甚至是在生活中，「該如何說故事」已經變成重要的技能，人們喜歡故事、人們透過故事傳授知識、人們透過說故事建立關係、人們透過故事銷售，已經有多項研究指出，如果資訊是以「敘事性故事」的方式呈現，能讓人更容易去記住和學習。

正如我的朋友 Al Letson 所說：「追求故事是人們的本能，這已經烙印在我們的 DNA 中，我們就是離不開故事。」考慮到故事（當然還有，說故事）對於我們的重要性，你可能會認為我們天生擅長說故事，就和擅長聽故事一般，不過可惜的是情況並非如此。

所以，寫一整本關於「說好故事的組成要素」，以及推薦很多寫小說可以參考的書單，會是比較簡單的方法（這點我很確定，因為我已經讀過非常多相關書籍），如果你去看本書後面的「推薦閱讀」，就會知道那裡已經列出一堆我覺得對音頻創作者特別有啟發、令人振奮及有用的書單。但是在本章中，我既不會花篇幅來說明推薦書單裡的內容，也不會嘗試去概述或是擷取書中精

---

[1] 我絕對不是指《你能寫小說》是個劣質產品，問題都是出在我們在談論的那位準小說家上。

華，我建議你們在讀完這章後如果被勾起興趣的話，可以自己去找來看，這些書可以教你們的遠比我能在這裡説得多。

話説回來，身為一個從十幾歲就開始在電台説故事的人，我發現如果想要用音頻形式説出一些令人回味的故事，就必須要注意到的一個重要事實——敘事有其規則。

如果你跟我一樣有些許的反體制傾向的話，我彷彿已經能看到你對於「敘事有其規則」主張的反對。但是這些説故事的規則是經過時間認證過的，不是只經過了僅僅幾年或幾十年的考驗，而是經過了一萬年以上的淬鍊。

我常常被 Podcaster 詢問要如何確定某些敘事內容是有趣的，我總是這樣告訴他們：

- **了解説故事的規則**
- **盡量簡單明確地遵守規則**
- **不要做得太明顯**

最後一行特別重要，雖然乍看之下會覺得意思是「不要讓聽眾太快看出故事結構」（確實是這個意思），但是同時還有一個更大的背後含義。如果故事的「結構」可視為「骨架」，則故事的「組成要素」就像是圍繞著骨頭的「血肉」。當你看一個人時，你不會只看到一副骨架，雖然骨架確實存在，一個人的外觀會被底下的骨架深深影響，但是你不會想要真的看見骨頭。每當在談論敘事及故事結構時，和我討論的人常常喜歡去指出那些「違反説故事規則」的敘事，但幾乎在每一個實例中，這些例子其實一點都沒有違反規則，只是非常訓練有素、刻意的去避免讓規則太顯而易見而已。

有次在跟一群對 Podcast 有抱負的學生演講時，我播放了我的朋友兼前同事漢娜（Hana Walker Brown）的紀錄片《赫斯爾路精神》（The Spirit of Hessle Road）。這是一部長約 30 分鐘的紀錄片（是以先前提到的「丹麥式」風格創作），作品把焦點放在她的故鄉赫爾（Hull），位於英國東海岸的一個瀕海漁鎮，

這是漢娜為了英國廣播公司廣播四台製作的。我給同學們看了前半部，包含了講述赫爾鎮歷史的語音、民謠歌曲吟唱，還有居民講述住在小鎮裡的故事點滴。赫爾鎮是一個勞工階級的城鎮，曾經有過艱難時期，這些豐富而且清晰的聲音是這部作品中很美麗的要素，但是大多數的學生卻一點都不喜歡。

其中一位說「我聽到了很多聲音，但是我不知道他們是誰。」

另外一位則說「我不知道故事到底是什麼。」

所以我們花了一些時間去解構這個作品，確認其中是否有還沒被定義的聲音？是有一些，但是並不是全部，不過話說回來，這重要嗎？作品中欠缺的人名會妨礙作為聽眾的我們理解他們生活中的希望跟掙扎嗎？這樣的敘述風格會阻止我們理解他們（不論是為個人或是為社區）所做的奮鬥嗎？完全不會。我甚至跟班上提到了戈馬克‧麥卡錫（Cormac McCarthy）的經典小說《長路》（The Road），這整部小說從頭到尾都沒有提到兩位主角的名字。

這裡面到底有沒有一個「故事」呢？我們花了一些時間整理聽到的內容大綱，慢慢地學生臉上逐漸出現了認同的表情，當他們發現作品中確實有一些「敘事」，即使這些「敘事」沒有被清楚說明或是特別突顯。如同許多敘事性故事一般，《赫斯爾路精神》中含有多個敘事故事線，一個故事可能是一個更大故事線的一部分，或是包含若干多層次或互相關聯的故事。以首部《星際大戰》（Star Wars）電影為例，這部電影是一部完整的敘事，有開端、中間跟結尾，但卻也是一個更大敘事的一部分（和這個史詩有關的所有電影），這個更大的敘事則透過十幾部不同電影呈現。

當學生離開時，幾乎所有人都對這部作品有了完全不同的看法，或是至少認同這部作品中有他們一開始沒有辨識出來的巧思。漢娜的作品並沒有違背或是無視「說故事的規則」，她只是非常隱晦和狡猾地運用一些技巧來發揮她的優勢。

去相信「規則是因為有效才存在」，就像當年我開始練習冥想的時候，朋

友告訴我初學者應該相信冥想是有益的，其中一個原因，就是冥想已經歷經了2,500多年的試煉及驗證，其背後經過了幾個世紀的考量，這個道理應用到有一萬年歷史的說故事上也是一樣，規則是因為有效才存在。

每當人們煩惱該如何避免讓自己的作品太無趣，我總是告訴他們「無聊只是故事結構不佳所產生的副作用」。如何才能避免無聊？簡單來說，就是要確認這些故事符合人們DNA內想看的故事標準，也就是找回偏離「敘事規則」的部分，並讓其歸位，同時也要放入「讓聽眾覺得故事跟自己相關」的元素。如同某位智者曾經說過：「沒有不好的故事，只有不會說故事的人。」

故事是什麼？

1999年秋天的一個下午，我正在打電話向艾拉（Ira Glass）和他的一位製作人介紹我為艾拉的新節目《美國眾生相》所提出的想法，當時我簡直快要爆炸了。

在那幾週前，我在一個活動中遇到了艾拉，談話過程中我提到夏天時去了一個名叫「珍奇世界」（Exotic World）的地方旅行。這個地方的全名叫做「珍奇世界博物館與滑稽名人堂」（The Exotic World Museum and Burlesque Hall of Fame），專門用來展示從1920年代到1960年代流行的滑稽歌舞劇。博物館位於加州海倫帶爾的一個廢棄農場，就在莫哈韋沙漠的正中心，這裡收集了很多滑稽歌舞劇相關的紀念品、服裝、招牌和工藝品，是由一群已經退休的前舞者策劃整理的，其中主要領導人是狄克西·埃文斯（Dixie Evans），當時她已經80多歲了，她在她的職業生涯中被稱為是「滑稽歌舞劇的瑪麗蓮夢露」。如果把珍奇世界形容成是一個「自製」的博物館，真的是太善良的說法，因為博物館本身是蓋在一個舊山羊舍、屋頂漏水、所有的標誌都是手繪的，而且是用十分可疑的技術建造的，這是一個社會底層、有點一團混亂，但卻非常討人喜歡的地方。

每年，狄克西都會在園區的游泳池（游泳池中有一半是砂礫）附近舉行一場珍奇世界的選美小姐選拔，為博物館募款和宣傳。在這場選美選拔中，年輕的滑稽歌舞劇復興主義者會爭奪珍奇世界小姐的頭銜，但是其中的最大賣點是滑稽歌舞劇全盛時期的退休老舞者上台重新展露她們當時的老套路。這些女人，現在都已經 7、80 歲了，有的甚至是 90 歲了，她們會在舞台上跳躍、搖擺然後跳起脫衣舞，一直脫到剩下胸罩和超細丁字褲。

這一切都令人覺得非常難以置信，你會覺得這是一個很屬害的故事，除了這真的不是一個「故事」之外。

在我通過電話告訴艾拉以及他的製作人珍奇世界的事情之後，當下笑聲不斷，還伴隨了很多「哇」的驚呼聲，然後他們其中一個人終於問我了，「所以，『故事』是什麼？」

「什麼意思？」我回答道，「我已經講完這個故事了。」

「這聽起來很棒，」他們回答，「但是『故事』是什麼？發生了什麼事？敘事內容是什麼呢？」

我完全不知道要怎麼回答。我以前的工作就是電台製作人、記者和作家，大部分是以報導事件為主。事件就是發生了什麼事，這些事件之所以會被注意就是因為他們有更大的思想含義，能夠揭示（或是解決）問題，甚至有時候你知道的更深入之後，會加深觀感轉變得更喜歡或是更討厭這件事。

大多數的新聞報導、事件和發生的事情都像是「快照」，都是「時間點上一個值得注意的時刻」。例如，你在網站或電視上看到你居住的城鎮發生了一場房屋火災，記者會立刻告訴你房子裡的住戶發生了什麼事以及財產損失有多嚴重，但是你很少會知道這件事「為什麼」會發生，你也對那邊的居民一無所知，除了眼前那一幕，你不知道這場火災「對於居民的影響」，也不會知道這場火災「是否會改變」他們對生活中所追求事物的方向。這則新聞「故事」充其量就只是一個小花絮，它距離「一個完整的故事」還很遠。

「完整的敘事性故事」遵循新聞學的基本原則，在場景、角色和情節的結構中，回答「誰」、「什麼」、「何時」、「為什麼」、「在哪裡」以及「如何」等等問題，除此之外，「完整的敘事性故事」還會有明確的開頭、中間和結尾，會有某些角色在尋找某種東西並且遇到一些阻礙，會有場景、主題、寓意，還會有驚喜、曲折和出乎意料的轉折。

我在珍奇世界的提案中，並沒有包含上述這些內容。

我有一些令人驚豔的「誰」、「什麼」、「何時」、「為什麼」、「在哪裡」和「如何」的部分，但是我並沒有一個「完整的敘事性故事」結構中該有的全部要素。大多數的新聞報導、趣聞軼事以及我們閱讀、瀏覽和分享的東西也是一樣，通常都只包含了部分，但不是全部。這些都是一些有趣、資訊豐富以及具啟發性的瞬間，但是當你仔細分析就會發現，大部分你看到的，都只是一個更大故事中的一小部分而已。

我提案給艾拉的珍奇世界小姐選美，是很瘋狂、很奇特、非常令人激動的，但是這卻不是一個完整的「故事」。除了有地點的概念、有選美之外，對於那個空間將發生什麼事情並沒有清楚的想法；我有一大群令人驚喜的角色，但是他們卻是屬於二維度的平面角色。

在珍奇世界中有發生過真實的故事嗎？有的，而且非常多。博物館本身有故事，博物館的創始者和退休舞者們都有故事。在接下來的幾年，我又回來過好幾次，雖然當時我並沒有看到，但是從舞者以及他們慶祝、分享的滑稽歌舞秀歷史資料中，有一些十分精彩的敘事，這都是非常令人信服的故事類型，但是卻不見得都屬於 Podcast 故事。

在 Podcast 中，故事的表現形式是「敘事性故事講述」：告訴我一個情境，其中有在追求某些東西的角色，他會遇到一些阻礙，然後藉由他們的努力改變局面，那樣就會是一個「故事」。

故事元素

就像是聽一個 6 歲小孩回憶他昨天晚上做的夢一樣，如果講述者無法結構性的、完整的講出「關鍵要素」，那麼整個故事聽起來，就會讓人覺得好像被關在敘事中動彈不得的感覺。作為一個說故事的人（坦白說，如果你大聲把故事說出來，不管喜不喜歡，你就是一個說故事的人），如果你不知道這些「關鍵要素」一般是如何運作的話，你將永遠無法發揮你全部的潛能。要讓故事對於聽眾來說，夠吸引人、夠令人滿意的話，這些要素都需要存在，雖然或多或少也是可以有一些彈性，但是基本上都是需要存在的。當你開始探索一個完整敘事的故事時，你會發現這些必要元素：

精彩的有聲故事包含**場景**。

場景包含**角色**。

角色持有**動機**。

動機引領他們採取**行動**。

他們會遇到**阻礙**。

故事有**解決方案**。

最後，故事有一個**教訓**。

而且最好的故事都有**轉折點**。

場景、角色、動機、行動、阻礙、解決方案和教訓，或是還有一個轉折點更好。每一個故事對於這些元素，都保持著自己獨特的平衡，每一個元素對於廣播和 Podcast 故事來說，都和文字、視頻或是其他媒體有一定區別。

精彩的有聲故事包含場景

「場景」的力量和效果，常常被許多用音頻說故事的新手給罪過地忽略了。

説真的，如果你從這一章中只能學到一件事，希望就是「場景的重要性」。想像一下「場景」，就像你在想像一個舞台劇的佈景一樣，這是行動發生的地方。一個優秀的佈景，建立了戲劇的基調、增強了戲劇性、行動和情感，一個優秀的佈景幾乎可以說是戲劇中的一個角色，「場景」在音頻中也有著完全相同的作用。自從人們開始用收音機說故事開始，「場景」是優秀的有聲故事的生命線、是音頻的基石。找出任何一個你聽過印象深刻的音頻故事，然後我知道你可以在腦海中把這個故事規劃出一系列的「場景」。場景包含圖像，而這些圖像只存在於聽眾的腦海，但是卻能喚起故事的場所（事情發生的地方）和行動（在那裡發生的事情）。

以下例子是音頻製作新手如何把事情搞砸的：當在創作一個關於搶銀行的音頻故事時，你很容易把注意力放在犯罪的技術性層面上，例如竊賊是如何進入大樓中的，他們是怎麼接近銀行出納員的，出納員在包包裡放進了什麼，然後是怎麼逃跑的。但是銀行呢？是一個高聳的大理石建築嗎？還是一個 1970 年代的低矮天花板陳舊建築，有著破損的膠合板檯面嗎？而在布滿灰塵的出納窗口後，是熱鬧繁忙的景象還是只有一位昏昏欲睡的白髮女士？聽眾可以根據搶案發生的「場景」，設定很多預測和推斷，但是卻有很多新手製作人花了太多時間在情節機制上，反而忽略了圍繞角色和行動的「那些既生動、具啟發性又可以反映真實情況的場景細節」。

「場景」可以成為隱喻、寓言和文學運作的載體，每件事都很重要：不僅僅是「場景」本身，還有行動發生地的聲音、氣味和能量，「場景」把那個行動從黑白的圖像轉換成一個色彩繽紛的環境，在聽眾的腦海中創造出了一個「到底發生了什麼」的生動形象。

當你關注「場景」時，這是一個充滿成千上萬數據的環境，指出了：家具、掛在牆上的擺飾、人、聲音等等，那麼我們該如何去描述「場景」呢？

聽說過「要展示，不要講述」嗎？意思是展現出一個人很生氣的情緒反應

（或是播放他們生氣說話的錄音），而不是直接說「他很生氣」。「場景」是達成這個目的的極佳工具，藉由展現出「什麼特徵」來揭示情況、角色、即將發生的狀況，以及故事的主題要素。

如果你在描述一個人，發現到處都是散落著的報紙和雜誌堆時，請提到這堆報紙和雜誌，而不是說「她什麼都不肯扔。」如果你在寫一個關於白人至上主義者的故事，你注意到他的唱片收藏中有路‧洛爾斯（Lou Rawls）和雷‧查爾斯（Ray Charles）的唱片時（按編：路‧洛爾斯和雷‧查爾斯皆出生於1930年代，為美國知名的黑人音樂家，亦是靈魂音樂與節奏藍調的音樂先驅。），去提到這一點，可以點出這個人設比他表面上看起來更複雜。這些說明了「場景」的展示，可以指出事物的不一致和相互矛盾，也是避免故事聽起來雷同或可預測性的很好辦法。

「場景」對於音頻而言如此重要的原因，就是音頻把聽眾放在故事之中，並把他們從敘事弧線上的一點帶到下一個點去，作為用音頻講故事的人，去建構出一個「讓聽眾沈浸在他們自己腦海中可以看到的『場景』基礎」，而你的工作就是要盡可能地讓這個地方生動傳神。

｜｜｜｜ **場景包含角色** ｜｜｜｜

「場景」是在故事中被低估的元素，但是其風格會推動敘事，而且通常就是故事本身。「角色」，尤其是**好的角色** [2]，是複雜的。但是他們不需要立刻就展現出自己的複雜性。一個好的「角色」就是要像俄羅斯娃娃一樣可以展開，在每一次的揭露中以一種新面貌呈現。可惜這不是你在新聞和報導中可以獲得的，大部分這類型文章中出現的是「二維度的角色幻影」：模糊輪廓和人形影

---

[3] 我要澄清，當我說「好」，我的意思是他們是形象豐富、引人注目和有吸引力的角色。

子，缺乏深度和細節，我們對他們不甚了解甚至是一無所知，記者或是報導者只是對角色進行基本的陳述，沒有增加太多個性或細節。

在 Podcast 中講故事時對「角色」的要求，和在新聞報導裡的不同。親密感是在 Podcast 中講故事時的主要成分，如果「角色」像紙娃娃般平板的話，便不會讓人產生共鳴，Podcast 的「角色」需要有深度、生動豐富、多面相而且是彩色的。

我們看到的「角色」會是他們持有的價值觀、信仰和行動的總和，不只是他們的強項、能力和獨特性讓他們顯得鮮明突出，他們的弱點、矛盾和反差的地方，也同樣會讓他們顯得很有趣。但是只有「角色」還不夠，他們還需要「踏上某種旅程」——他們要追求某種東西。

角色持有動機

每個人都有想要追求的東西，對吧？

在一個故事中，角色的「動機」就是引擎燃料。假設主角就算處於毫無變化的環境，還是會想要追求更多，或是一些其他的、不同的東西，這種慾望會迫使他們去做些不同的事情，去打破常規、違背傳統或是承擔風險。

這時，事情才會變得刺激起來，他們才會變得有趣。一個「表裡如一」、一成不變或是未受到挑戰的角色，是相當無趣的，他們是二維度的，而且還很陳腔濫調；反之，一個生動的角色是「可以改變的」，或者至少是願意「嘗試」去改變的角色。

而作為説故事的人，我們有責任義務要去闡明那個「慾望」、去展現那個「動機」。「動機」不需要總是直接具體的，一個善於説故事的人可以暗示、給予提示或是指引聽眾正確的方向。一個好的故事展示出「動機」是如何推演和變化，或是一個「動機」是如何掩蔽另一個「動機」。生活中很少會有人在腦海中打定主意、被慾望驅使，然後就毫無掩飾、不擇手段地去實現，現實世

界中還是更複雜一些，所以你講述時也需要反映這一點。

「問題」也可以是「動機」。一個尚未被回答的問題，會產生懸念、產生一個尋找答案的動機，身為創作者你應該學習「重視問題的力量」，問題會帶出謎團、奧義、悖論和未知，這些都是你在發揮想像力的好朋友。揭示被隱藏的動機，也是在故事中建立轉折的好方法。

動機引領他們採取行動

只是想要追求一些東西還不夠，你還需要發起一些行動去得到那些東西。「採取行動」就是事情開始變得真實的時候，一個角色的「行動」和故事的情節是有一些不同的，然而在一個故事中，「行動」卻是構成情節的很大一部分。

情節就是「行動」一系列因果關係，推動角色在故事中的發展。情節就是：當一個故事告訴你發生了一件事，接下來又有下一件事發生，然後又有別的事發生，情節點會按照說故事的人想要如何揭露故事的主題來安排和分享。

情節也可以包含和角色沒有直接關係的事件（龍捲風可以是一個情節點，但是沒有角色可以控制）；但是故事中大部分的情節，都是由角色引起的、發生在角色身上的，或是推動角色進行更多「行動」的（龍捲風來了，我們去地下室躲起來吧）。

「行動」則不同，「行動」是指角色為了追求某種東西而引發的行為。舉例來說，當龍捲風來臨時，角色躲在地下室中（情節點），主角決定這是一個試圖親吻女孩的最佳時機（行動），他愛著這個女孩，但是卻不敢說出口。

當我遇到那些對於「行動」和「情節」採取「被動態度」的音頻故事創作者時，我常常感到非常驚訝，他們根據所持有的錄音或是所理解的內容，將故事發生的事情以平鋪直述、毫無篩選的方式表達出來，但如果只是背誦這些的話，機器人就可以做到。決定要什麼「行動」和情節的考慮審議，可以（而且也應該）是一個比較「主動」的過程，此時創作者要做的事情就是：研究故事，

然後「著重於符合自己主題的情節點」。

你的十字描述在這裡可以派上用場。還記得我為我製作的一個系列《西柯特》所寫的十字描述「一樁未解決的謀殺案揭露了一個愛爾蘭農村小鎮的陰暗面」嗎？在製作過程中，兩位記者／主持人採訪了 80 多個人，收集了幾百個小時的錄音，以及和故事元素有關的大量資訊和數據，我們是如何開始分類整理這些東西的？什麼「行動」是最重要的？請使用十字描述，如果這個「行動」有助於這樁謀殺是如何揭露這個小鎮的陰暗面，就留下；如果這個「行動」沒有辦法符合這個想法，就放在旁邊。

角色會遇到阻礙

如果每個人每一次都可以得到自己想要的東西，那真是太棒了，可惜這種狀況從未發生。如果這種事真的發生了，聽起來也不會很刺激。你的主角和世界上其他人一樣，需要遇到「阻礙」，這樣我們的聽眾才能投入，有些麻煩發生才會比較有趣。

當一個人想要某些東西時，通常會涉及到其他人或是必須放棄其他事，就算沒有其他原因，一個角色的改變也同樣需要其他人的改變。

雖然角色本人可能不會同意，不過「阻礙」對他們是有好處的。阻力可以形塑性格，壓力和緊張可以創造出一些新的東西，而且通常比基本組成更有價值，想想把一文不值的碳轉化為珍貴鑽石的這個過程吧。

角色遇到的阻力、障礙和緊張，不僅讓故事變得更精彩、更好聽，而這股壓力也讓故事、角色、場景變得更複雜（往好的方面）、更深刻，並且最終也會揭露出更多東西。

故事有解決方案

「解決方案」是故事講述中最有趣的一個元素，因為就算沒有這個元素

故事還是可以運作，但是缺少「解決方案」只有在刻意安排的狀況下才可以成立。

可以通過以下這兩種方式，來解決故事中的複雜難題和阻礙：改變世界或是改變自己。

羅伯特‧麥基（Robert McKee）在他具有開創性的書籍《故事的解剖》（Story）中，花了很長篇幅講述「好萊塢結局」（Hollywood ending）。好萊塢結局有兩種，有一種是「封閉式結局」，意思是一切問題都有答案，問題都被解決，都被包裝在一個乾淨俐落、令人滿意的包裹中，簡而言之，有一個「明確的解決方案」。反觀「開放式結局」，就是留下了一些爛攤子，不是乾淨俐落的，有些問題沒有得到答案、沒有被解決。

我特別鍾情於開放式結局，主要是因為現實生活中的故事很少會有那樣乾淨俐落、搞定結案的特質，總是會有一些事情出差錯或是無法恰恰好的解決。有時候我不是很相信一個封閉式的結局，我認為只是製作人沒有挖掘得夠深入以至無法找到散落的線索。

故事有一個教訓

每個故事都有一個「寓意」或一個「教訓」，不然的話還有什麼意義？

就算是那些喜歡避重就輕的人們所創作出來的大眾新聞，通常也會有一個寓意，即使那個寓意單純只是「行動會伴隨後果」。

你還會發現說故事的人喜歡辯論寓意該如何展示：這個道德教訓應該要明示還是暗示，或是完全留給聽眾自己去發覺？

如同我在本書前面提到過的，我相信如果是一個大的主題或是謎題，我們需要帶領聽眾走 85% 的路去尋找答案，但是我不會把所有的東西都直接填鴨式的餵食給他們，這樣做一點都不有趣，沒有發現新大陸的感覺也沒有自我啟發感，聽眾沒有辦法享受自己摸索故事寓意的美好之處。

而這段故事旅程會有多長呢？我常常會對電台和 Podcast 創作者說，如果他們能用一句話把你的故事說完，那就是這個故事該有的長度。

而且最好的故事都有轉折點

每每有創作者向我推薦一個故事或是非正式地談起他們著手的計畫，我在聽的時候都會嘗試在腦子裡先編寫這個故事。假設有個創作者正在處理一位木製鐘錶匠師的簡介，我會立刻猜測（對自己說），這個作品將會包含幾個面向：在現代社會中練習一個過時手藝是件多困難的事，以滴答作響的鐘聲組成的交響樂作為特色，還可以包含一些對於時間意義的闡述。

我為什麼要這樣做呢？因為我希望在自己腦海裡先預演一遍之後再與創作者對話，如果創作者可以在對話中加入一些我無法預測的東西，那麼這個東西就會是「一個轉折」。轉折和關鍵是故事中最令人開心和驚喜的部分，每一個好的故事中都包含了很多意想不到的轉折、關鍵、情境變化、新面向，或是讓人無法預想到的複雜狀況。

一個「好的轉折」能夠顯露一個故事的「真正含義」。也許你一開始被故事吸引的原因，可能因為這是個真實的犯罪故事，說的是一起沒有破案的謀殺案，但是一但深入了解，你就會發現這個故事其實是在講種族主義和文化衝突；也許你一開始被故事吸引的原因，可能因為這是個關於瘋狂陰謀論者的故事，但是一但深入了解，故事轉折會顯示那個古怪的陰謀家其實一直都是正確的，故事就轉變成要如何對待外來者和那些違背文化規範的人；也許你一開始可能是被無辜者如何在家裡被警察槍殺的故事所吸引，但是一旦深入了解之後，會發現這其實是在闡述精神疾病以及我們希望執法單位如何處理類似事件。

一個有轉折的故事如果是可以被預測的，那就可能會是無聊和二維的。一個故事如果有「無法預料的轉折」，就會變得讓人愉快、令人驚訝、有啟發性和挑戰性。

說到「轉折的力量」，我近來最喜歡的例子是《美國眾生相》裡面一個叫做「**魔術秀**」（**The Magic Show**）[3] 的故事。故事的主角是雙人魔術師搭檔潘恩和泰勒中的（The Magic Duo Penn and Teller）泰勒，他在解釋一個叫做「浮球表演」（The Floating Ball Routine）的魔術發明。

故事是以解釋這個魔術把戲如何被發明的方式呈現，很多魔術師會告訴你，這個演出需要花很多年時間才能臻於完美。

泰勒分享了他對於浮球表演的靈感是來自大衛・雅培（David P. Abbott），這位 20 世紀初的魔術師。雅培認為進行魔術最好的地方就是客廳，所以他只在內布拉斯加州奧馬哈的家中客廳內進行表演，來自世界各地的魔術師，包含哈利・胡迪尼（Harry Houdini）都會前往內布拉斯加州來看大衛・雅培的表演。雅培在 1934 年去世的時候，正在寫一本介紹他發明的所有魔術技巧的延伸書，他的遺孀原本計畫要出版這本書，但是兩年後也去世了。之後這本書就消失了，成為了一個不可思議的神秘話題，很多人都在尋找這本書，但是每次都只找到幾頁，直到 1970 年代才發現其餘手稿，其中包括的魔術技巧之一就是浮球表演。

泰勒接手了這個魔術，並且花了接近一年的時間使它完美。他後來變得對這個魔術有點著迷，泰勒甚至在度假時也帶著這個球一起去練習。最後，他為他的創作夥伴潘恩・吉列特上台表演了這個把戲，潘恩在劇場後面看這個表演，結束後潘恩一言不發地走了出去，他很討厭這個把戲。

潘恩覺得這個把戲，對於潘恩和泰勒的表演來說太過「太陽馬戲團」了（Cirque du Soleil），他覺得這個把戲太做作而且缺乏創意，沒有故事性可言。

這就是《美國眾生相》故事中的「轉折點」。故事不是關於如何創造出一

---

[3] 這是《美國眾生相》第 619 集，最早在 2017 年 6 月 30 日播出。

個魔術，故事在這邊有了轉折，揭示出這個故事其實是在說潘恩和泰勒作為合作夥伴的關係，是關於他們的互動。他們是如何為自己的行為設定標準，他們是如何溝通，以及他們是如何處理衝突的。這讓你可以一窺他們是如何在 40 多年來一直保持合作關係，他們的個人互動接手了這個故事。

我們看到了潘恩和泰勒都是正直的人，並且堅決致力於讓他們的節目維持一個極高的水準，潘恩討厭這個把戲，因為他認為這雖然是一個很好的把戲，但是還沒有達到潘恩和泰勒把戲的水準，而且按照他們之間的約定，除非兩個人都同意，不然沒有把戲可以上得了這個節目。

一開始是個關於剖析魔術的有趣前提，後來卻變成了一個如何和別人合作的模範。最後，他們雖然對這個把戲的感覺完全不同，但是他們最終還是找到了解決的方法，一起合力把這個把戲提升到了他們需要的水準，這其實也是一種甜蜜。

故事中插入了一句台詞，艾拉在提到製作一個優秀魔術所需要的工作量時說：「製作任何好東西都需要時間。」精彩的音頻故事亦是如此。

故事結構

現在你已經了解故事的關鍵要素和基礎，那麼要如何把這些組合起來呢？

法國的電影製片人尚盧・高達（Jean-Luc Godard）曾經說過：「一個故事應該要有開頭、中間、和結尾，但不一定要按照這個順序。」他說的沒錯。

當我們檢視經典的故事結構時，忍不住會很想要從頭開始按照順序進行到最後，但沒有什麼比一本「從出生開始、以死亡結束」的傳記更乏味的東西了。其實還有其他的方法！當我們開始談論這些方法之前，先來看看一些說故事的經典形式。

故事結構的大家長就是喬瑟夫・坎伯（Joseph Campbell），莎拉勞倫斯學院（Sarah Lawrence College）的比較神話和宗教學教授，坎伯在 1949 年出版了

他的開創性作品《千面英雄》（The Hero with a Thousand Faces，如果你還沒有讀過的話，可以找來看，這本書值得一讀。）後嶄露頭角。坎伯建立了一個理論，說明所有的優秀敘事都是來自單一個優秀故事（也就是所謂的「單一神話」）的變體，即使在今天，我們也持續在應用這個理論。基本上，他主張史詩敘事都遵循著同一個公式，坎伯提出了「英雄之旅」模式的觀點：就是一個人經歷了巨大的苦難後獲得了勝利，然後把新發現的智慧、經驗或是其他一些可以改善人類的「東西」帶回來的故事，這也是為什麼這個基礎結構會這麼耐久和有吸引力的原因。

坎伯對於單一神話的洞察觀點，共有 17 個階段、分跨三幕：

第一幕「出發」，包含以下階段：

● 冒險的召喚　　　● 拒絕號招

● 超自然的援助　　● 跨越門檻

● 鯨魚之腹

第二幕「開始」，包含以下階段：

● 試煉之路　　　　● 與女神會面

● 女人作為誘惑者　● 與父親的贖罪

● 神格化　　　　　● 最終的恩惠

第三幕「回歸」，包含以下階段：

● 拒絕回歸　　　　● 神奇的飛行

● 外界的救援　　　● 跨越回歸的門檻

● 兩個世界的主人　● 自由的生活

如果不做更進一步的解釋，上述的某些階段可能沒有任何意義（而且按照今天的標準，上面有些階段是完全的厭女主義的）。有許多廣為人知的故事被認為是典型的坎伯單一神話結構，例如《星際大戰》、《白鯨記》、《簡愛》、《魔戒》和史蒂芬·金（Stephen King）的《黑塔》。若上述資料有點多的讓你難以消化的話，也許可以從坎伯自己歸結的一句話中領悟：「追隨天賜之福。」

1940 年代末，坎伯首次發表單一神話結構以來，不少文學專家和作家就對其進行了研究，其中一個最新和最流行的版本是由電視節目《廢才聯盟》（Community）和《瑞克和莫蒂》（Rick and Morty）的創作者和主要作者（同時也是著名 Podcaster）丹·哈蒙（Dan Harmon）所提供。丹把經典的英雄結構提煉為更簡單的 8 個循環流程，稱為他的「故事圈」（Story Circle）技巧。

這 8 個階段為：

1. **一個角色身在熟悉的舒適圈。**

2. **他們渴望某種東西。**

3. **他們進入了一個陌生的環境。**

4. **他們適應了這種狀況。**

5. **他們得到了他們想要的。**

6. **他們為此付出了沈重的代價。**

7. **他們又回到了自己熟悉的環境中。**

8. **他們因為這次旅行發生了變化。**

後來他又把這些東西濃縮成了 8 個字：你、需要、行動、尋找、找到、獲取、回歸、改變。

根據丹·哈蒙的說法，這些點應該要圍繞著一個圓圈排列，如右圖：

兩條截線把故事分割成幾個部分，中間線（中

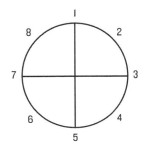

間線又被稱為「冒險門檻」）以上的區域和以下的區域，代表了生命中的陰陽對立面：秩序／混沌，意識／無意識，以及生／死；垂直線左邊和右邊的兩側，則分別代表故事前半段和後半段的下降和上升。

如果全部看完之後讓你頭昏腦脹（這讓我頭昏腦脹了很久），其實還有一個更簡單的方法可以處理這些，一個只需要三個字就可以理解故事的摘要：

有一個「主角」，他遇到了「複雜的問題」，然後找到了「解決方法」。

主角、複雜的問題、解決方法。

Protagonist、Complication、Resolution.

擬定好故事的結構，並且請確認自己在途中有加入好幾個轉折。但是，故事要從哪裡開始呢？

上過文學課的人可能都學過「敘事弧線」的結構：說明（exposition）、劇情鋪陳（Rising action）、高潮（Climax）和故事收尾（Falling action），一步步推進故事的情節，但是也請不要害怕從其他地方開始，其實選擇「從哪裡開始」以及要如何展開故事，是說故事過程中最可以量身訂做的部分。

在短篇小說中，一種流行的敘事風格是「在故事開頭時，就越接近結局越好」，然後再回溯去告訴讀者我們是如何到達那個情節點的。我在電影中常常看到這種手法（《美國心玫瑰情》（American Beauty）和《猜火車》（Trainspotting）是我腦海中最快想到的兩個例子。）在說故事的過程中，我最喜歡的就是故事中的「決定性時刻」，一個從那刻起全部的事情都翻盤、被突顯或是無路可退的時刻，在那一瞬間好似某個開關被打開，沒有什麼東西可以再回到本來的樣子了。這種「決定性時刻」的手法，會向聽眾提出很多問題，然後你可以填上答案（或是努力去填上）。

一個標準範例就是風靡全球的 Podcast《連環》（Serial），最廣為人知

的第一季，主要在調查 1999 年發生在巴爾的摩的年輕女子李海珉（Hae Min Lee）謀殺案。第一集中，莎拉・科尼格（Sarah Koenig）說在這整個系列，包含你將會如何看待阿德南・賽義德（Adnan Syed）是有罪或是無罪，都取決於李海利死亡當天的 17 分鐘，在那段時間內發生的事情將會解答聽眾的每一個問題。綜觀這個系列的其餘部分，莎拉會把故事帶到許多不同的方向，但是最後一定會返回到最初的那個問題，也就是在那段短暫的時間內到底發生了什麼事情？她不畏艱難地向前、然後又返回，幾乎形成了像是雛菊般層層環繞的探索軌跡。

這種技巧的另外一個例子，是我前面提到在 Audible 做的一個系列，叫做《西柯特》（West Cork）。這系列要從一個名叫連恩的人開始說起，他曾經是 1970 年代在倫敦工作的一名會計師，他辭掉工作，賣掉所有世俗財產，搬到西柯特，買了一間破舊的小屋、一頭驢子和一輛馬車，然後在鄉村開始了新的嬉皮田園生活。連恩並沒有涉入正在偵查中的犯罪，他幾乎不認識被偵查的那些人，他對於這起犯罪也沒有什麼特別的見解，那麼故事為什麼要從他這裡開始呢？

跳回到我們的十字描述「一樁未解決的謀殺案揭露了一個愛爾蘭農村小鎮的陰暗面」，有人可能會問那個陰暗面是什麼？是的，在西柯特有許多亂七八糟的事情，大多時候陰暗面文化衝突，都是來自社區中土生土長的當地人和被稱之為「移入者」的人（那些從其他地方、通常是大都市搬入的人們），兩個群體之間互不喜歡也互不信任，對彼此也都有著極強的嫉妒，常常為了追求自己想要的東西而與對方起衝突。1996 年在那裡發生的蘇菲・托斯卡納・普朗蒂埃謀殺案（The Murder of Sophie Tuscan du Plantier），從很多方面來看都是因為這種緊張和分歧所造成，而這樣的緊張關係至今仍舊沒有辦法解決。所以我們強烈地認為需要從這種緊張關係起始的地方開始說故事，講述那些來西柯特找尋一些東西的人們，像是連恩、蘇菲，還有那個人（那個被認為是他殺死蘇菲

的男人）。

　　但是如同我之前提到過的，你選擇「從哪裡開始一個故事」，完全取決於這個故事和你。我認為開始琢磨這個問題最好的地方，就是圖解你的故事。你可能要回想一下學生時期的語法課程裡上過的句子圖解法，如果你對於我說的圖解句子有任何概念的話，那麼那個概念和這裡的非常相似。

　　當我第一次著手一個敘事的時候，我喜歡用圖示來表示，這很類似於建立大綱。我主張一開始只列出所有場景、角色、行動、情節點和其他需要包含在故事中的要素，然後如果是特別複雜的項目，我會把這份清單印出來（通常會有好幾頁長），接著開始剪裁頁面，剪下的每張紙條上都包含單獨的一個敘事片段（類似於我在上一個章節建議的「採訪的編輯」方式，而這個版本將更加詳細和複雜，不只是專注於文字上面）。

　　然後我會開始進行排列，特別是作為一位音頻創作者，你可以做的最重要的事情之一，就是以一個生動的、難以抗拒的誘餌作為開始。這時你要記住，聽眾在收聽的同時其實也在做其他事情：開車、做午飯、遛狗和摺衣服等等，當他們的身體被平凡的任務佔據時，你可以幫助他們保持忙碌和快樂。這樣做唯一的缺點就是，如果你沒有辦法完全吸引聽眾，他們就會開始分心（當聽眾分心時，就沒有人會注意到你在說些什麼了）。

　　所以在故事的開頭，你最重要的一個任務就是要給別人一個理由，讓他們在精神上保持專注，集中注意力。不同的製作人有不同的策略來做這件事，大部分的人都專注於挑選他們「最熱門的錄音」（也就是在錄音採訪中最精彩的時刻），只要確保你永遠不要把聽眾的關注視為理所當然，在每一個場景中都要贏得他們的關注，配得上他們的關注，特別是在你開場的那幾分鐘。

　　當我和創作者們一起編輯故事和節目時，他們經常會評論我對於一個作品前 3 分鐘的關注程度。我在這前 180 秒所花費的心思，可能比我花在這集其他部分加起來的都還要多，為什麼呢？因為這就是聽眾做判斷的時候，他們會從

這 3 分鐘來決定是否要花好幾個小時來了解和你的故事。

這個作法的另外一個版本就是「使用便利貼」，把每一個場景、角色、行動、情節點等等都寫在不同的便利貼上，然後攤開。不論是哪一種方法，基本概念就是按照你覺得對的順序擺放，接著移動，然後再移動一次。考量到你現有的聲音和採訪，考量到你的想法和你打算說的東西，將這些穿插交織在你的錄音片段之間，然後再排列一次。

除此之外，這裡還需要透過試誤法的反覆試驗，來為你提供協助。「六頓午餐試講練習」（The Six-Lunch Test Drive）（本章後面會詳細介紹），是一種利用朋友的反饋意見來修正，當然，你也需要相信自己的直覺，當你看到它的時候，你就會知道這是正確的。但是除非你將此佈局擺出，重新排列、再排列，否則你是沒有辦法看到全貌的。

┊┊┊┊ 慎重對待「重要的」故事 ┊┊┊┊

有一些嘗試探索 Podcast 的記者與製作人，在他們過去的職業生涯中都在追逐新聞故事，我想提醒這些人，雖然有很多優秀的 Podcast 都採用了他們堅信的新聞倫理、最佳作業流程和原則，但是並不是所有新聞都可以變成好的 Podcast，這有幾個原因。

在新聞界，故事有兩種基本形式：一種是講述新聞的故事，另一種是促進大眾對事件和相關人員理解的故事。這些「講述新聞」的故事，基本上是報導一個有新聞價值事件中的「誰、什麼、什麼時候」；而那些「促進我們理解」的故事，則是對事件中的「為什麼、如何」進行了較深入廣泛的探討。

「新聞講述」在生活中幾乎是無所不在的，譬如當一位年邁的名人因為心臟病發作而倒下的頭條，可能會有成千上百個消息來源，而且通常會用快得讓人喘不過氣的速度發佈。這也是為什麼很多記者想要努力、快速地突破「新」故事，因為這麼做才能在眾多新聞來源之中被看見，才能讓自己和大多數人做

區隔。

記者們喜歡「促進大眾理解」的故事，也是出自相同原因，因為這類新聞的進取特質，讓記者們（還有他們的公司或組織）能夠脫穎而出。一切都很好，但我想說的是，很多好的新聞報導之所以好，是取決於「聚焦在一個故事的重要性」，以及「故事和觀眾之間的相關性」，而不是導引、指揮觀眾的能力。

舉個例子，最近有位熟人朋友打電話給我，希望我給她一些開始 Podcast 的建議。當我問她那個 Podcast 是關於什麼時，她告訴我，他們對於當地的一名醫生進行了調查工作，那名醫師被指控猥褻年輕的女性病患。

「所以告訴我，」我問道。「為什麼會有人想要聽這個？」

「因為這是一個很重要的故事。」她回答，「然後我們真的深入了解了這個人是誰，以及讓他這麼做的原因。」

我說，我不懷疑這件事的重要性，而且讚揚她處理這個充滿困難和情緒波動人物議題的努力，但是這些都不是聽這個故事的理由，也不是把 Podcast 視為適合發佈形式的好理由。

我告訴她基本上我很難想像有人會想要尋找一個連續性侵犯自傳的 Podcast，並不是說對於這個人和他的罪行描述不會有共鳴產生，但這真的是一個很粗糙的材料。

「但是沒有人討論過這個。」她抗議，「我們採訪了很多他的被害者、認識他的人還有其他很多人，我們基本上有他完整的故事。」

我告訴她，這些都是很好的理由，可以在其他平台的新聞節目裡作成一個新聞報導，但是如果要建立一個獨立的 Podcast，這些都是很爛的理由。她無法理解我這麼說的原因，這是個之前一直被廣泛報導的新材料，這點就足夠說明人們對這件事是有興趣的。

我告訴她在廣播界，有成千上萬個新聞報導的例子，影響大的、重要的、相關的、每天在新聞界已經被廣泛報導的新聞故事，但我們都知道這些將聽眾

紛紛趕走了：敘利亞難民、波斯灣戰爭、飢荒、伊波拉病毒，這些都是非常「重要的」新聞故事，但是這些也趕走了很多聽眾。

簡單來說，人們無法忍受聽到這麼多的壞消息，實在太多了。

現在請了解，我「絕對不是」建議記者不應該報導這些故事。然而，他們的報導最終會以保持著資訊和故事平衡的面貌出現在新聞節目中，因此，即使是一個關於兒童難民的揪心故事，也會有其他事情來平衡，況且很多新聞報導也只有幾分鐘的時間，為了做一個見多識廣的公民，很多人可以忍受幾分鐘的壞消息。

但如果是關於兒童難民的整整 6 個小時呢？或是關於少女的性侵犯呢？如果是 8 小時或是 10 小時呢？若這些做成一個 Podcast 的長度，真的就是太多了。

而且還有一個大部分記者都沒有掌握的重點：Podcast 是人們追求的東西，如果有人在上班途中收聽 6 點新聞，觀看《今日秀》（Today）節目或是收聽《早晨節目》（Morning Edition），他們就是在收聽一種體驗。《早晨節目》或是地方新聞就是提供消息的載體：我們將會告訴你今天發生了什麼好的或壞的事情，這會是各種類型、各種主題的故事，如果某個主題不是這麼相關或有趣（老天保佑但願不要這麼無聊），那也沒關係，幾分鐘後就會有其他主題的故事。這些節目是照著期望所打造而成的一個綜合包，這就是新聞消費者所想要和期望的。

Podcast 就非常不一樣，聽眾尋找一個特定的 Podcast 是因為他們對一個故事或是對話「感興趣」。因此，僅僅只是因為一個故事「重要」或是一則很棒的新聞，都不是聽眾會關心或是去收聽的理由（除非你想要觸及的聽眾是記者同行）。

聽眾在意的「收聽理由」是，故事和對話需要是引人入勝的、有黏著性的以及真正有趣的，故事需要充滿引人注目的角色和衝突，故事還需要讓聽眾覺得與他們有相關。大部分聽眾挑選 Podcast 並不是因為這些是重要的或是有進

取心的新聞，他們聽是因為想要被娛樂和能夠學習，所以要想方設法讓聽眾對你的重要新聞感興趣，想辦法讓你的新聞變得有娛樂性和吸引人。用食物為例，如果你打算提供花椰菜，而且要讓人們選擇花椰菜而不是糖果的話，你最好弄清楚如何把起司醬放在你的花椰菜上，如果你想要人們選擇它的話。

採訪類型的 Podcast 也是一樣。世界上充斥著「重要」人物做「重要」工作的 Podcast 訪談，而且沒有人要聽，沒有人聽是因為這些東西像狗屎一樣無聊。一位好的製作人不會只是坐著等待故事或來賓的「重要性」被神奇地傳達出來，他們會組織節目、故事或是採訪，盡可能的深入人心。越去要求自己，你就越能吸引更多聽眾，他們也會從中獲得更多的東西（也更喜歡）。

如果你新聞報導的重點，是去告知和啟發越多人越好，那麼一開始請先專注於如何用吸引他們的方式講故事，然後再去告知和啟發他們。沒有任何人會因為「應該」聽一個 Podcast 而聽，那樣就會是工作而不是娛樂。

⊦⊦⊦⊦ **想法** ⊦⊦⊦⊦

另一個與音頻故事密不可分的元素是「思考和反思」。

人們最欣賞的敘事類型 Podcast，像是《美國眾生相》、《廣播實驗室》、《瞬時判斷》等等，這些包含的不僅僅是一個優秀的故事和引人入勝的錄音，而是他們會用「論述性的觀點來襯托故事」。應用的方式可以在各種大大小小方面，可以是主角或是主持人／報導者的內心獨白，也可以解釋背景或是表達意義，這些「論述」提供了一個分享事情含義的機會。

音頻創作者可以把聽眾放到一個場景中，也可以暫停這個場景，或是把聽眾帶退回來一會兒，或是帶到一個較高的角度，讓聽眾可以用更廣闊的視角觀察四周，他們可以時不時停下來思索一下。就像我常常和學生 Podcaster 說的那樣，當在說故事的時候，可以每隔一段時間就停下來，看看四周，然後分享一下自己的「想法」。

由過去的經驗法則，我會說你應該至少要每分鐘停止一次在故事中的動作，然後提供一些想法，或是對於那些想法的觀察。有時候故事可以從一個想法開始，然後再進入到情節，而有時後你會從情節開始，然後再到想法。想法有助於確立故事的主題，同時也能在前往寓意的途中，設立進程標註。

為什麼是音頻？

如果你已經將上述這些工作都執行了，那麼你所擁有的絕對是一個故事，但是「為什麼要使用音頻」呢？你是否可以說明這個故事必須要以「音頻」形式，而不是文字、影像或是其他形式來講述的理由？

這個問題的答案應該讓你的錄音來回答。你能訪問到誰，他們是否有能力用生動細膩的描述和感情，去講述他們的故事、表達他們的思考和想法，並且吸引人想去聆聽？你是否擁有檔案錄音、環境錄音以及其他的音效資源，可以將音頻操作轉化到合適的平台？

許多情況下，音頻可能會是一個首選媒介，原因很簡單，因為視覺會分散聽眾的注意力，或可能會引導聽眾做出一個草率判斷或貿然下結論。無論如何，回答「為什麼是音頻」這個問題，是確立你的故事與其結構上一個重要里程碑。

聲音

如果這本書有可能被批評的地方，我想應該有人會指責我沒有更詳細討論到「聲音」和「音樂」在作品中所扮演的角色。除了這幾個章節之外，我刻意把這個部分排除在外，即便我實際上每週都花費數個小時糾結於要使用什麼樣的環境音、音樂、混音和配樂（這些現在通常都被歸類為「聲音設計」）。這有兩個原因：第一，這部分如同說故事一樣，可能會佔掉整本書的版面，而且沒辦法在有限的篇幅中說完。第二，聲音設計是一項高級的技能，儘管我的職業生涯是從音效工程師和混音師開始，如今我也不自己處理作品中的聲音設計

和混音，這項工作發展到我認為交給別人去負責會更好，因此這本書也會專注於比較廣泛的主題。

我並不是說 Podcast 創作者不應該考慮到有關聲音和音樂的因素，聲音和音樂都是非常強大的工具，會引出一些沒有被明白指出的事物，引導聽眾注意到比較重要的時刻，提供聽眾情緒和感覺的線索，並且也能展現出你作品的品味美感。隨著故事場景的變換，聲音和音樂也應該隨之變換，然後反映出新場景的不同環境。聲音和音樂能作為提示事物已經變化的路標，或是指出哪些事物是很重要的。（這個作法同樣也有副作用，這也是為什麼有很多記者不喜歡在作品中使用音樂。）

現在有很多優質的音頻和視頻教學以及線上資源，能增進和磨練你對於配樂元素的想法，譬如自然音效、音響效果、外景環境音效和音樂等等，這些資源都能啟發創作的靈感，所以我也很鼓勵你們投入其中。

我在這裡提到聲音主要有兩個原因，通常創作者「往往太早」、同時也「往往太晚」考慮到聲音。「太早」會是一個本末倒置的狀況，很多急於求成的製作人在他們一開始著手於作品時，就會想要放入配樂或音樂等等聲音設計元素，雖然他們都還沒投入足夠的時間真正搞清楚整個故事，這在我看來就像倒著走，因為通常在一個作品中往往是故事才能決定你需要的音樂和配樂。

這也好像是先決定你想要的車子顏色，再選擇尺寸、功能和價格。好吧，你可以決定你想要有一個特定的顏色，但是從這點出發，並不能說明作為司機而言，你對於自己的需求有自知之明，故事也一樣。話說回來，我經常會用音樂當作靈感來源，當編輯的時候，我很常播放演奏音樂，以幫助我用不同的角度來聽這個作品。

而那些「太晚」考慮到聲音的人，往往會錯失田野採訪紀錄和收集聲音的機會，在數位錄音和充電式電池的時代，我常常勸告學生要隨時錄音。如有疑問時，就讓錄音機繼續錄，最終你可能會得到無數個小時的噪音，包含

開車時的車內噪音、走路聲和其他街頭的聲音，還有大量空調運轉和暖氣設備發出來的噪音，但是當有一些什麼特別或意想不到的事情發生時，又或是你靈機一動想到一個需要用錄音捕捉的想法時，錄音機已經開好等你捕捉地方的聲音：一個濱海小城裡的鳥兒和浪花拍打的聲音；操場上孩子們嘻笑的聲音；遊樂園中的叮噹聲、音樂聲和歡笑聲。如果在當下你忘記捕捉這些瞬間，你之後真的會後悔，所以就讓錄音機持續運轉，直到離開場景前都不要把它關掉。

六頓午餐試講練習（Six-Lunch Test Drive）

我是在一個偶然的狀況下想出這個「六頓午餐試講練習」（Six-Lunch Test Drive）的方法。我出差採訪時，會學到很多東西、認識很多有趣的人、得到很多精彩的錄音。回去上班後，我找人一起吃飯時，和我一起用午餐的同伴一定會問我「你最近在忙什麼？」。

我會告訴他們我正在著手的故事。隨著接下來的幾天中，在不同時間和不同的午餐同伴重複說到這個故事時，每次我都會做一些調整以便把這個故事講得更好。我突然靈機一動，發現我正在學習如何在每次講故事的時候，都可以講出一個更好的版本來。隨著重複敘述一個故事，這個故事在成長茁壯，有趣的部分變得更有趣，好笑的地方變得更好笑，緊張的時刻變得更加劇烈，一切都越來越栩栩如生。

所以我決定要全面接受這個方式，與其等著別人來問我的作品，不如每當我有了一個新的故事時，我就安排一堆午餐約會，有時候甚至主動提議要付錢，作為他們需要聽我講故事的交換條件。

現在這已經是我在建構故事時的一個例行公事，經過多年的磨練，我很開心可以把這個技巧傳授給想要去實踐的人，以下是究竟要怎麼執行的說明。

首先，花一些時間了解你故事的細節、事件、場景和角色，如果有需要的

話可以去出差採訪，和人交談、錄製聲音，並確實做一些功課來搞清楚你所掌握的故事元素，同時初步決定故事結構和擷取有趣的部分。

接著，聯絡六個朋友，邀請他們一起共進午餐。最好一開始就直接了當地說出你的目的，雖然見到他們當然很開心，但是這次聚會是有一個目的「他們需要聽你說故事」。還有一個建議是「邀請不同領域的人來參加」，安排一些喜歡你的作品的人，但是也邀請一些比較難推銷的人，而且記得也要包含一些你不熟悉的人（把這個看成是和新同事或是新朋友聯絡感情的經驗），然後在午餐的時候，帶著這個故事去試探看看，從感覺合適的地方開始，然後再按照你自己的方式完成故事。

講故事並不是午餐中最重要的部分，最重要的是觀察你朋友的反應：他們什麼時候看起來很投入？他們什麼時候笑？他們被什麼感動？他們有問問題嗎？他們是否看起來不對勁或是看起來很無聊、不感興趣？他們是否有不了解的地方？這些有點棘手，但是你必須要把心思同時放在兩個地方「講故事給你的朋友聽」，並且「仔細觀察他們的反應」。

午餐後回想一下他們的反應，問問自己要如何改進說故事的方式，想出該怎麼讓成功的地方加倍成功，讓有趣的地方更有趣，讓動人的地方更動人等等。

然後把「修改之後的故事」拿到二號午餐去再說一次，講故事、觀察反應、注釋機會、調整，然後再去吃第三頓午餐，重複了六次之後，你應該得到這個故事極為精煉的版本，掌握度已經十分的高了。當結束全部的六場午餐約會和講述完六次故事後，你也對故事進行了六次修改，然後坐在電腦前寫下這個故事，就像是你在對第七位你假想的午餐同伴說的那樣。

接下來你的故事版本就會得到一個不錯的初稿，會有良好的節奏和韻律，該搞笑的時候會搞笑，該悲傷的地方會悲傷，該感慨的地方會感慨，這個作品切中要點，角色會出現在正確的時間、正確的地方，諸如此類。

不可否認，這種策略只有在你有一些時間時才能實行，除非你一天不只吃

一頓午餐，否則你至少需要六天的時間。只要不是剛好在趕截稿日，不然花幾天來進行練習並不是一件壞事。這個練習的核心原則之一，就是花點時間讓聽到的回饋，在你腦海中漫遊一天。

如果你有時間壓力的話，還有其他方法可以讓六頓午餐試講練習進行的快一點。透過一個美好的短暫時光，也許是六次咖啡試講練習、六次啤酒試講練習，甚至還可能是「嘿，我需要告訴別人這個故事，我們直接走進這間會議室吧」的直接試講。不管怎麼樣，關鍵就是要「反覆講述」這個故事，並且在下一次說故事前「把故事調整好」。

給予和接受意見反饋

本章節中有很多內容都涉及到了意見反饋，特別是「六頓午餐試講練習」，因此現在討論如何「給予意見」以及「接受意見反饋」是最好時機。接受自己的作品是不完美的，就是承認自己的作品可以從別人的意見（也就是反饋）中得到助益。

所以為什麼不要虛心受教呢？這可以讓你的作品更好、讓你更好。然後也請把握可以為別人的作品提供反饋意見的機會，作為一位創作者，建立一種坦率給予意見和接受意見反饋的修養，是很重要的。

不論什麼時候，只要有人問我對於一個項目的反饋意見，我都會反問他們為什麼想聽。大部分的人會做出類似下面這樣的回應「我想知道你對這個項目是怎麼想的。」

這樣的回答很周到而且讓人感覺受寵若驚，但是我通常會推託一下再回答，因為大部分的人問你意見，並不是真的想要得到批評的反饋，而是想要得到讚美和肯定，他們為創作全心付出，希望你也和他們一樣喜歡這個作品。也許因為已經投入太多時間和精力在這裡面，以致於他們擔心沒有辦法做出客觀評價，所以希望可以找人給他們一些鼓勵。

給予讚美和肯定沒有什麼問題，事實上我常常鼓勵創作者要盡量練習讚美優秀的作品，甚至應該要讚美一些未臻完美的作品，如果你在這些作品中看到發光的才能、醞釀中的想法，或是一些創作者做出野心勃勃的嘗試。

多年來我已養成讚美的習慣，試圖每個禮拜都讚美其他創作者至少兩次，有時候我會送卡片去恭喜讓我覺得印象深刻的作品的作者，你會驚訝有很多人記得這些卡片，然後即使在多年後，還有人會提到這些卡片。如果你願意花時間去買一張卡片，寫下你的想法，貼上郵票然後寄送出去，在數位時代這雖然聽起來好像很麻煩，但是也因此才有特別的感覺，這些功夫都是有意義的。

另外，我有時候也會公開地做這件事，用一條推特或是發文來讚美我聽到並且很喜歡的作品。當我舉辦研討會或是演講時，我會盡量公開稱讚別人的作品，並把他們的作品作為範例使用（而不是只討論我自己的東西）。如同風水輪流轉的說法，**總有一天**[4]你也會有需要這些幫助的時候，你所支持過的人可能會回報你這些禮物。

但是稱讚和反饋不同，反饋是借助別人的技巧和觀點來找出你作品中的弱點。這就好比問別人：「如果你要進行下一個編輯，你要怎麼做？你會針對什麼？」徵求反饋意見不是為了聽到一個作品有多好，而是要重新整理出一份注意清單，最好是一份靠你自己沒有辦法創建出來的清單。有點卡關或是需要幫助的人通常會自己先提出來，他們知道自己不喜歡作品中的什麼，是在尋求幫助、希望找出問題癥結，這些才是真正需要意見反饋的人。

這裡有一個給予反饋的小技巧，讓你和創作者都更容易接受。無論意圖如何，創作者往往對於接受反饋意見會很緊張，即便他們真的很想要聽到反饋、

---

[4] 注意，我不是說「可能」會有一天需要這些幫助的時候，而是總有一天。

很想要改進作品，但他們也很在乎你的看法，你是他們尊敬和欽佩的人，而且他們即將在專業領域中袒露創作者最隱私的部份：向你展示他們還沒有達到最佳狀態的作品。

為了要舒緩緊張情緒，我通常會拋出一個話題，然後「在我提供意見之前，先詢問他們的想法」。我常常發現，如果一開始就先請他們分享自己覺得什麼成功而什麼不可行，他們往往會觸及到我即將要提到的所有內容。不管是有點緊張，還是察覺到有人正審慎的收聽自己的作品，他們往往會很感激有機會可以在你把事情點出來之前，就先從自己的口中說出（以避免你不得不指出來）。

當他們提到一些項目時，你可以同意他們的觀點並且提供想法；或是你大致同意，但從略微不同角度來看的話，會給什麼樣的意見；或甚至你認為他們對自己太嚴格，問題並沒有他們想的那麼嚴重。重點在於，要讓這個討論更具「雙向對話性」。

大多數人把批評性的反饋意見，想像成你拿著一整列他們的罪過、疏忽和缺點來找碴，他們已經做好挨打以及被打倒的準備了。人們認為 **「批評性反饋」**[5] 就是指負面或是批判性的回饋。為了緩和這個感覺，有許多人把它改稱為「建設性反饋」，希望可以聽起來感覺更正向，讓事情變得更好。讓他們說話，並讓他們提供一些對應措施給你，盡量降低對立性，如果他們不需要戒備如同海嘯般席捲而來的負面情緒的話，他們更有可能聽進你說的話。

你也可以把這個反饋手法用在談論作品細節，例如特定的編輯或是製作的選擇上面。舉例說明：「讓我們來談談那個船上的場景，你從法蘭克是怎麼得到他的船長資格開始，告訴我為什麼會想要把這段解釋放在這個場景的

---

[5] 如果你去查的話，就會發現「批評的（critical）」其實有兩個定義，比較合適的應該是「thoughtful（深思熟慮的）」和「analytical（分析的）」。批評性反饋其實只是指花些時間提供見解，並給予特定考慮；而刻意將它改稱為「建設性反饋」就只給我一種愚蠢多餘的感覺。

前面，還有你為什麼覺得這麼做是可行的。」或是「我發現每次你開啟一個新主題時，來賓Ａ總是會先發言，你可以告訴我為什麼？還有這是刻意做的決定嗎？」

這些年來，我聽到人們在給反饋意見時使用了各式各樣的「正負比例搭配」，例如說了兩個負面意見之後，就說出一個正面意見；或是像做三明治一樣把反饋包在裡面：先從說正面的開始，然後直接說出負面的部分，最後再用一個正面做為結束。我覺得這很多都是胡說八道，有點像是把藥碾碎混到一個果凍裡，孩子們還是可以嚐到藥的味道，而藥味也是他們唯一嚐到的味道。

在談話中強制放入一定比例的正面和反面回饋，這樣的策略主要是應付那些表面上希望聽到反饋，但其實只想要獲得讚美和肯定的人。另外，我認為這會造成錯誤的二分法，好的反饋不是只是消極或積極，而是你在評價一個作品時用那些讓你堅持到底的標準來審視，這才是讓作品可以更強大的機會，因此硬要把這些分為「積極」或是「消極」是很愚蠢的。如果你能說清楚就不要對著創作者隔靴搔癢（再說一次，如果他們是出於正確理由要求反饋，就不需要刻意避免任何可能會受傷的情緒），而如果你把談話重點放在如何讓思緒更清晰、讓感情更生動和讓聽眾更投入，那麼這整個對話應該就會有一種支持和培育的感覺。

通常，當我開始提出反饋意見來檢閱作品時，我會直接了當地說：「在我們今天的談話中，我沒有提到的部分，你可以當作我很喜歡而且你不需要去修改。」

附加篇章：艾拉・格拉斯的快速架構故事的訣竅

這是《美國眾生相》其中一集的開場：

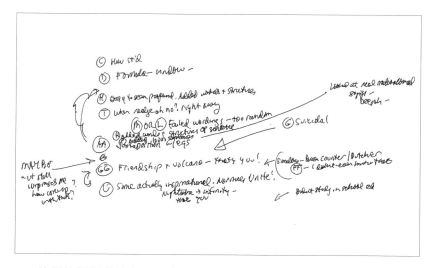

這個範例是艾拉在 2018 年 12 月 7 日首播的 《我的閱讀方式》（How I Read It）節目的十分鐘前言的大綱。

這段前言是對 InspiroBot 發明者的採訪。InspiroBot 是一個網路機器人，他可以在充滿寧靜氛圍的圖像上隨機產出一些勵志語錄（或者至少原本設計時是這樣預計的）。當初艾拉在一開始的時候，也以為情節應該是要問怎麼做出這樣的東西？但後來的前言改成是：

「InspiroBot 最有趣的，就是發明這個機器人的人，一開始他們認為自己在設計一個能夠發出鼓舞人心訊息的機器人，」艾拉説，「然後當正式開始進行時，他們發現『喔，這個機器人做出來的是更奇怪、更有趣的東西。』它製作出來的語錄，像是另類奇特的人類共鳴。」舉例來説：

「成為你最可怕錯誤的化身。」

「愛情是一種吃你大腦的動物。」

「你在地球上的時間是隨機的。」一個站在星空下的男人圖像，搭配著這

句話。

「你很普通。」一個女人拿著一根點燃的煙火，上面寫著這句話。

「教育像一個憤怒的小孩。」

「去火星旅行，你只需要一個小男孩和一面旗子。」

艾拉聯繫了發明 InspiroBot 的人，他們從來沒有接受過採訪，也從來沒有公開談論過這個機器人，但是他們同意要接受採訪。在這之前，艾拉和他的團隊坐下來想了一下這個故事以及他們要進行的方向，這是《美國眾生相》團隊的基本流程。

艾拉堅信每一個故事都是要透過採訪或是現場錄音來講述，錄音就是他故事的中心。艾拉說：「從 19 歲開始我就是根據錄音來進行架構與調整，所以基本上要去獲得最好的錄音，然後弄清楚錄音之中最精彩的部份是什麼，並且必須要重新組織。」

「在你進行採訪之前，對故事結構有一個明確的想法是很重要的，否則你就不會有一個方向正確的錄音」他補充道。

我以前聽艾拉說過，在去現場之前要先想好故事大綱、場景和結構。從核心內容來說，我同意他的觀點，但是當我聽他這麼說的時候，我還是有一些顧慮。「難道這不會把故事侷限在一個先入為主的風險下嗎？」我問他。「你是否可能會錯過意想不到的轉折，或者故事並不是你想像的那樣？」

「當然你需要冒這個風險，」艾拉回答道。「但事實上，你遵循的大綱只是起點而已，顯然你希望結果可以讓你驚艷，和你想像中的不一樣，而且是要更好。」

「所以，如果你帶著大綱走進現場，你要如何避免自己不被眼前的大綱侷限住？」我說。

「好吧，我首先想要說的是，大部分的故事都沒有他媽的這麼複雜，」艾拉回答道。「你知道我的意思嗎？當然，事情有可能和你想的不一樣，但是更

有可能發生的是，受訪者對於你沒有預料到某部分故事，會有很多感觸，於是整個採訪將往他們最有感覺的部分傾斜。」

對艾拉而言，錄製錄音的工作排程相對比較晚，在那之前艾拉和他的團隊會花很多時間去研究、打電話、確認事實、討論、策劃，然後為他們的大綱想出合適的場景，提供了一個清晰的計畫，讓他們知道如何做以便讓故事成功。

有了穩固的基礎，這個結構就是自由的，他們可以離題跟著未知的話題、跟著好奇心走，並且知道總是有一個可以折返的計畫（一個無疑你會在本書中一再看到的概念）。

所以讓我們回到 InspiroBot，製作人一致認為要讓這個故事成功，他們需要一點東西。「我要得到的劇情點會是一步一步來的，比如說，你是怎麼做出這個軟體的，早期的錯誤是什麼，這一開始是設計用來做什麼的。」艾拉說道。「但是必須要在故事中出現的明顯轉折點就是『你什麼時候發現到這個機器人沒有做你想要它做的事情，反而是在做其他更有趣的事情？』顯然如果他們不能講到這部分的話，這故事就死了。」另一個艾拉要發明人回答的事情是，他們是否有時候會發現機器人深奧得令他們感到驚訝，如果沒有這兩點，故事就不存在。

採訪是在週二錄製的，節目則會在週五播出，所以沒有太多時間去構思和撰寫。在採訪過程中，艾拉請了一位製作助理專門負責寫現場錄音日誌，右圖是採訪時的一頁錄音日誌，艾拉的問題是用大寫字母寫的，答覆則是事後重新改述的。

你會注意到這頁下方三分之二處的一個括號旁邊有個「圈起來的 B」，然後在另外一個括號旁邊有一個「圈起來的 C」，這些都是採訪中艾拉覺得可以在故事發揮作用的引文，他在事後回頭聽採訪內容時，會一邊讀一邊在日誌上做標記，當他把所有的字母都標完後，他會用 AA、BB 等以此類推。

「你會看到我標示出任何我可能會用在錄音中的東西」艾拉提到，「然後

HOWEVER WANNA BE IDENTIFIED - IF WANT TO COME OUT AS PPL YOU ARE LIKE TO IDENTIFY W FULL NAMES BUT KINDA THING WHERE IF YOU DON'T WANT TO -

always been element of mystique that we've est and never told anyone who we are ppl wondering asking but we've never blown our cover when you contacted us we said why not just blow cover it's not a big deal anyway

always enjoy secrecy

DO YOUR FRIENDS KNOW?

not sure whether we keep it

DON'T HAVE TO DECIDE THIS SECOND - NOT GOING TO BROADCAST FOR FEW DAYS. DO YOUR FRIENDS KNOW

some of them - some get very surprised. parents finding out thought it was pretty weird

FRIENDS SAW INSPIROBOT THEN U REVEALED TO THEM

don't remember - yes ppl who knew inspirobot already but found out later we were behind it

friends who shared images from inspirobot and had not idea that i was a part of it

THAT IS SO EXCITING - THAT'S LIKE GET TO REVEAL NO NO NO I AM SPIDERMAN

laffs yeah

AND THEN SHOULD SAY WHAT COUNTRY YOU'RE IN

yeah -oslo norway

AND ARE YOU BOTH PROGRAMMERS

i'm a programmer -

I'm a writer

SO JESPER YOU'RE PROGRAMMER

no peter is programmer and me jasper is the writer and we've sort of developed system together where peter is handling the technical difficulties and i'm trying to put together the syntax and spellings ok and everything vocab and everything

HONESTLY JUST WANNA HEAR STORY OF THIS - HOW MANY YEARS AGO START ON THIS EXPLAIN WHAT IDEA WAS WHAT WANTED BOT TO DO

started in 2015 in spring. bc we saw lots of ppl posting around then and still really posting lots of inspirational images words on fb twitter instagram looked like system behind whole thing. no idea where it came from but felt like machine should be able to do this as well. give so much of what it does you kind of have to give meaning to it yourself in a way. so started exploring how a machine by using modern machine learning techniques try to figure out make computer do same thing

就只是為了做記錄，因為我要做的就是把所有錄音中可以用的東西列出來。」

艾拉在他的筆記本中創建出了一個新的錄音列表，看起來長成這樣：

艾拉系統的一部分是，當他在列出這個清單時，他會在「確定要使用的引文」旁邊打上 2 個星號（注意星號是在 C 和 D 旁邊）。

「這不是要寫給別人看的，這些字跡潦草得很可怕，但這對我來說就是一系列可以用的短句。」

艾拉想要把採訪的結構排列得井然有序，也就是說他會先介紹發明人，然後講述關於兩位發明人想要創造出「能夠做出勵志訊息機器人」的故事，以及他們為什麼想要這麼做。接著節目的下一個節奏就是看看這個機器人，然而這個機器人沒有按照他們的意圖去做，它做出一些更有趣的事，並且在這個時間點上，會把機器人做出來的東西唸給觀眾聽。

艾拉完全知道他想要這個故事在哪裡落地。

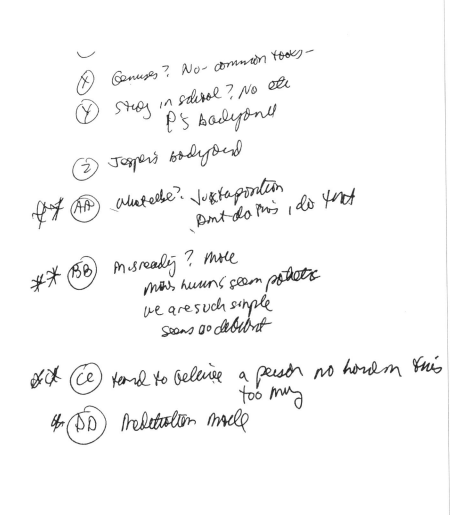

　　「如果你去看 CC 這段『很難相信這是沒有人參與的，』這是另一個我覺得可以去討論的部分，」艾拉說。「BB 是我覺得可以成為結尾的另一個想法，就像是看到機器人做這些事，讓人類顯得很可憐。」

最終，艾拉開始整理和重新安排他擁有的錄音片段，形成了這個：

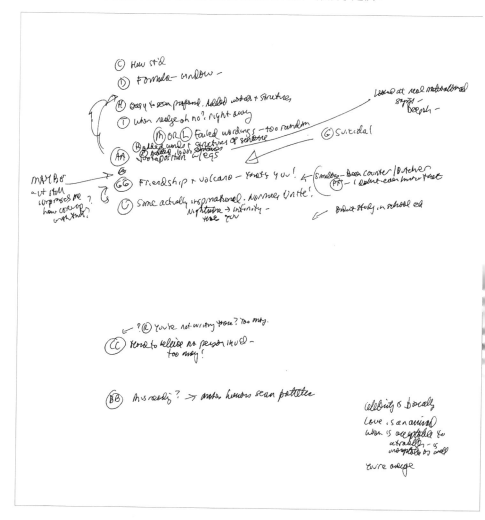

「之所以會這麼雜亂潦草，是因為我在思考中，好吧，顯然我們要從 C『是怎麼開始的？』」艾拉說。「然後我們到 D『公式是什麼？』，接著就是我在那些雜亂無章的東西下面還有一堆選擇：H 和 T 等等。」

艾拉將他寫的錄音筆記，整理創造出一個像右圖這樣的腳本：

From WBEZ Chicago, it's This American Life.

Jesper: You can call me Jesper
Ira: Jasper
Jesper:Jesper. With an E
Ira: Jesper.
Jesper:Yeah And it's peder here
Peder: Yeah. Hi Ira.
Ira: Are those your actual names
Jesper:Yaah! It's not a joke.

Peder Jørgensen & Jesper Sundnes ... this is the first time they've agreed to do an inteview about this thing they created ... or even idnetify themselves as the creators ... they say it all began ... back in 2015 they were killing time together... scrolling through facebook bored ...

The location?

Jesper: At work. We were supposed to be working.
Ira: Because you had a lot of free time?
Peder: No!
Jesper: Yes!
Peder: We were probably on a lunch break. We were working very hard.
Ira: I love that one of you said yes and one said no.
(laugh)

They were working in radio ... they live in Oslo Norway.

Anyway, they noticed on their friends' facebook feeds ... very common ...

people were posting lots of inspirational images with inspirational words. And Peder it kinda looked there was system behind the whole thing. Like it felt like a machine should be able to do this.
Yeah. Like a robot would be able to do that.

Could make an inspirational quote.

After all they're so formulaic! ... every day might not be a good day but there is good in every day. -If you fell down yesterday, stand up today. the secret to getting ahead is getting started.

And so Jesper and Peder set about to program a computer to create these ... to generate inspirational sentences and paste them onto stock photos of beaches and starry nights and people staring into the distance. Neither had worked as computer programmers, but Peder had taught himself to code ... years before ...

And using a grabbag of standard programming tools ... they set to work.

And what's interesting is just how quickly the program sort of took on a mind of its own...

at first ... the computer really did generate very typical inspirational quotes ...

but as they gave it a bigger vocabulary ... and taught it to string together a wider variety of sentences ... the kinds of sayings it started to crank out started to evolve ... as they got more random ... they got funnier ... and darker ... and – I don't wanna oversell this but it's true ... actually sometimes kind of profound ... the bot started to take on the personality that it has now ... pretty quickly!

And when these kinds of quotes started to appear ... Jesper and Peder were like ... whoa ...

這個系統──紀錄錄音日誌、在引言上標註字母、列出引言、排列引言，然後開始撰寫腳本──就是艾拉這 30 年來寫每個劇本幾乎都會使用的系統。

　　「基本上在辦公桌前坐上 1 小時，就能寫出這樣的東西，把 1.5 小時的錄音轉化成一個真正的大綱輪廓，我盡量飛快地寫出來，」他說道，「『重新閱讀日誌』和『製作 ABC 列表』的另外一個作用，是可以把採訪放到自己大腦的隨機存取記憶中，也就是說，這會強迫你進行分類，哪些是好的引言、哪些是壞的引言。」

　　艾拉的方法就是強迫製作人高效率地完成幾個小時的錄音工作。

　　「這個步驟的好處，是把原來本質為創意與編輯的任務，轉變成完全文書的事務性質；意即把這些變成無須考驗創造力的工作。」艾拉說，「這其實很有幫助，原因在於我和多數創作人一樣，真的很害怕跳進去為故事做出決定的那一刻，所以我們會盡量往後拖延，先做其他事情，去實際決定什麼是第一、什麼是第二、什麼是第三，這方法完全是設計用來陪你度過難關，給你一堆不必傷腦筋的文書任務，讓你可以坐下來開始寫，只要專心投入做這些事情，在你做決定的路上，前方道路就會變得清晰，我相信這絕對是完成工作最快速、有效的方法。」

第六章
建立聽眾

在某次 Podcast 會議上，我聽到一位資深廣播製作人談論她最近開發的第一個 Podcast，而她參加這個會議的目的，便是為了替這個新項目拓展**「網絡組織」**[1]。

「你為什麼要拓展網絡組織？」我問道。

「嘿，我只負責製作，」她說道。「我需要找人來賣並且行銷這個節目。」

下面是我對她的回應，同時也解答了為什麼在這本講 Podcast 創作的書中，我會放進有關行銷的篇章。我對她說：「這不是其他人的工作，這是妳的工作。」

許多創作者似乎認為，創作者只要進行創作，宣傳和行銷等等「骯髒」和「低下」的工作應該交給別人去做。但這種神話般的時代已經過去，現在不是這樣的，而且其實以前也不應該是這樣，如果你過去曾經經歷過這種情況，那很有可能是因為沒有人在做真正有意義的行銷，你只是在幻想而已。

我並不是說專業行銷人員沒有任何作用，絕對不是。但是你沒有辦法指望

---

[1] 為了防止有些人感到困惑，我在此說明一下：Podcast 從創作者的電腦製作出來，到下載到聽眾的手機（或任何聽眾用來收聽的東西），這之間還包括了許多工作環節，譬如收聽 Podcast 時所需的 APP 應用程式、主機服務（當聽眾需要存取 Podcast 時），還有網絡組織等等。這種網絡組織公司能幫助 Podcaster 賺取收入並建立聽眾規模，他們提供的服務可以降低 Podcaster 執行時所花費的精力、時間和資源，以節省成本並提升效率。

他們如你一般在意你的作品、為它努力工作，也無法期望他們可以在行銷的短暫過程中，再撥時間重新認識你已熟知的聽眾，以及項目中的亮點。

如果你夠幸運可以和專業行銷人員合作，恭喜你！這是大部分創作者冀望但卻無法滿足的稀有特權。因此，在本章節裡我會假設「是你自己來建立聽眾」，姑且不論背後原因是你確實想要這麼做，還是你只是字面上或象徵性的行銷工作負責人，總之不論你是誰、你要和誰一起執行、或工作將要如何分配，在這裡都先假設「是你自己來建立聽眾」。

當你是創作者時，你很容易低估或是高估行銷的重要性。

每當我看到創作者們忽略了「智能行銷」這件事的重要性時，我都會感到很驚訝，但不幸的是我常常看到這樣的狀況。一個人或是一個團隊傾注時間、精力創建了 Podcast，但是卻沒有去設想這個 Podcast 推出後，該如何在世界上存活或是最終要如何被聽眾找到。他們只是認為，如果把 Podcast 放生到野外之後，它就會以某種方式被發現並取得成功（在這個有著 70 多萬 Podcast 的汪洋大海之中）。

他們強詞奪理的說，製作完 Podcast 之後想要「把 Podcast 放在那裡，看看會發生什麼事。」我現在就可以幫忙解答謎底，可能什麼事都不會發生。

從過去一直以來，很多創作者都覺得去參與行銷活動，在某種程度上會削弱他們作品的尊嚴，他們認為沒有辦法同時成為創作者又身兼創作代言人，這種想法是落後而且錯誤的，現今所有數位媒體的真實狀況是「創作者需要學會像行銷者一樣思考，而行銷者需要像創作者一樣思考」。

創作和行銷是互相依賴的（從好的方面來說），應該和對方共享情報並且彼此影響。創作和行銷遵循陰陽原則：互相對立但不可分割，需要彼此才能發揮作用，沒有誰優誰劣，在本質中含有彼此。

有人可能會說我錯了，創作者不應該在創作過程中考慮到市場性或是聽眾，但如果是如你所說，那麼你創作的就是藝術而不是大眾媒體，雖然以創作

藝術來説並沒有錯，但是你就要相對應地去調整你在聽眾接觸面和影響面上設定的期望值。我不是説所有藝術都無法接觸大眾，但這是和「意圖」有關的問題，這個作品要給誰聽？給創作者還是給聽眾？如果你的意圖只是為了自我表達，那麼其他人可能感興趣也可能不感興趣。另一方面，如果你的意圖是為了接觸大眾（你可以定義「大眾」為任何你想要的範圍），那麼你就必需選擇可以接觸到目標聽眾的最佳方式，並確保你的作品能夠被想聽而且會愛上它的聽眾找到。有些人覺得把這個過程稱呼為「建立聽眾」更為適合，但這其實就是一般的行銷。

創作者和行銷者一起合作從而互相影響很重要，雙方都承認自己不是對方領域的專家也同樣重要。對於這個部分，我必須承認自己曾經很內疚，在參與過許多新作品的行銷活動後，當時一度覺得自己懂得和我的行銷同事一樣多，但後來我發現其實並不是這樣的。並非説我沒有想法，只是他們對事物的了解、對於最好的實踐和宣傳方法，都比我懂得多。同樣狀況也發生在行銷人員身上，我見過很多行銷人員認為自己才應該對編輯發號施令，雖然他們對聽眾的理解值得被尊重，但是每個人應該都要了解不同領域間界線的重要性。

只考慮到創作，但是沒有考慮到作品如何被聽眾找到，這就像工作只完成了一半。那些聲稱只要「把作品擺在那邊」的人，只是應付性地把工作做一半，而且幾乎可以預期是得不到任何回報的。

創作者也可能會高估行銷的重要性，下面分享一段我剛開始做諮詢服務時的例子當作説明。有一天，一家新創媒體公司的 Podcast 執行製作人打電話給我，説他們希望知道如何發展他們的 Podcast，問我是否有興趣幫他們諮詢。他們以前推出過少量的 Podcast，計畫在未來一年製作十幾個新的 Podcast，他們希望聽聽我的建議，如何去增加現有節目的聽眾人數，並在推出新 Podcast 時能將規模設置的更大更穩固。

為了準備這通諮詢電話，我收聽了他們目前的節目，並且準備了一些簡單

筆記，以便可以在電話中派上用場。當我們開始談話時，我就按照我筆記上面，提到了這些要舉例討論的節目，然後問製作人他自己在節目中聽到的優勢和機會是什麼。

「喔，我很喜歡這些節目」他說道，然後就沒了。

好吧，然後我開始把自己聽到的節目狀況提出來說明。簡而言之，我說那些節目沒有一個明確的結構，這樣會讓聽眾迷失方向（會不知道自己聽這些的原因），此外節目中還有很多不合理的編輯，讓內容聽起來混亂而且難以理解。

我還沒說多少，他就把我打斷。他表示很感謝我的意見，但是他們要諮詢的是如何增加聽眾數量，而不是如何把節目做得更好。我告訴他這兩個目標是分不開的，多數時候要建立聽眾的途徑，就是讓這個節目升級成一個更好的版本，唯有如此才能把節目推薦給潛在觀眾。

他不接受。

我問他同時期之中，和他們節目有著相同性質的有哪些（有著類似的聲音和感覺、涵蓋了相似主題和觀點的那些節目）。他提到了一些紀錄片節目，例如《慢燃》、《美國眾生相》和 ESPN 的《30 對 30》（30 for 30），這些節目每集耗資數萬美元，費時數月製作是家常便飯，而他替自己的節目撥了 3,000 美元，並且覺得這樣已經很足夠了。

「我只是想要你告訴我，該如何花我的廣告費。」他回答道。

「我從來沒看過花在行銷 Podcast 上的任何一塊錢，是讓我覺得值得的。」我告訴他，有很多聰明的方式可以行銷節目，不是只有透過金錢。如果想要讓別人來談論你的節目，你就需要確保你的節目是值得被別人談論的。

他說這些讓他非常感興趣，他會再聯繫有關聘請我的事。我到現在還沒等到這通電話。

在這裡我想說得更清楚一些：花費更多金錢，並不是製作優質節目的必要

條件，而且花費更多金錢也不能保證作品一定優秀。重點是，在 Podcast 的製作中投入和產出之間有一定相關性，投資和回報彼此關聯，但是投資可以是金錢，同時也可以是用時間和精力來衡量。

如果說「低估行銷」的重要性，和完全沒有行銷計畫一樣愚蠢，那麼「高估行銷」就是太過相信行銷會是一切的答案——或是過快去指責行銷（缺少行銷）要為所有困境負責。這些高估行銷的人認為，需要做的就是花更多廣告費（付費媒體），或是獲得更多媒體報導（媒體露出）。

透過行銷運作來放大你的努力，這是其中一個方法；但正如先前一次次證明的那些道理，去實現目標、建立聽眾和賺取收入的最好方法，就是「堅持不懈地讓你的作品盡可能的出色」。大部分的行銷工作，其實在製作的過程中就開始了，沒有什麼可以戰勝一個很棒的故事和對話。沒有任何行銷計畫、網路效應或是任何手段秘訣，比得上「努力讓自己的下一集節目比上一集更好」。

因此讓我再重申一次：我從來沒有看過花在行銷 Podcast 上的任何一塊錢，是讓我覺得值得的。精確一點說，我指的是傳統的行銷活動。我見過創作者、網路業者和發行商發佈平面廣告、精彩影片、公車貼標語、做路牌廣告活動、付費在社交媒體上發貼文、交通轉運站的全幅廣告、印製手冊、還有製作鑰匙圈、Ｔ恤、鈕扣和貼紙等等小贈品，但是我從來沒有找到任何例子可以說明這些方法，能為「增加聽眾數量」這件事產生可量化、可衡量的成果。

但是這並不代表行銷 Podcast 是不可行或是浪費時間的。恰好相反，事實上有個好消息：已經有方法被證明它是有效的，可以用來宣傳你的節目和建立觀眾，而且不用花費你一毛錢，如果你懂得「游擊行銷」的話。

如果你還不了解游擊行銷，我們這一章的討論將涵蓋很多相關內容，會讓你慢慢變得熟悉。我並不是游擊行銷的超級粉絲或是佈道者，但是總體來說，我覺得這個方法很不錯。在談到建立 Podcast 聽眾時，看看那些行之有效的戰術，往往都屬於游擊行銷的框架範圍。

游擊行銷最早在 1984 年由傑伊・康拉德・萊文森（Jay Conrad Levinson）寫的一本名為《游擊行銷》的書開始流行起來，這本書後來被更新再版了很多次。游擊行銷的兩個核心原則：第一，雖然傳統廣告方式可能對大型企業很有效，但是通常對於比較小型、零散的企業（例如 Podcast），傳統廣告在財務上能獲得的效益較低而且不切實際，而游擊行銷是為了那些不得不尋找其他方法，來建立、發展或維護他們客戶群的企業所量身訂做的。游擊行銷不是投資金錢，而是鼓勵你投入時間、精力、想像力和資訊，用「成本較低但是參與度較高的努力」來取代「昂貴的努力」。第二是更重要的，萊文森解釋：「游擊行銷中指的『行銷』，其實是包含了你與外界的每一次接觸，這不只是一次性的，而是你和你的聽眾、潛在聽眾一個持續互動的過程。」

我不打算把整本書的內容都複述給你聽[2]，但是這能說明我們在做的事情是很明確的：行銷不是單純為了獲得新「客戶」（在我們的例子中是「聽眾」）而做的事，而是有關和你的聽眾建立雙向、緊密關係，並且激發新的客戶加入。這種雙向緊密的溝通，不會在節目推出時才發生，必須要從一開始構思的階段就內建在你項目中的 DNA，這會提醒你做一些能引起聽眾關注的事情，讓聽眾參與你在做的，然後與他們定期、明確並且迅速地進行溝通。

除了萊文森的游擊行銷建議之外，大多數行銷人員都認為你需要做類似一些以下的事情，才能成功宣傳：

● **從一個美妙的想法開始**（如果你一直都有照著本書的步驟，就請 ✔ 然後繼續）

● **知道什麼讓你的作品與眾不同**（確認後 ✔）

● **知道你的聽眾是誰**（確認後 ✔）

● **走出去參與其中**（這是最重要的部分）

....

[2] 去買一本吧！這是一本可以快速閱讀、鼓舞人心並且具有啟發性的讀物。

最後一個階段「走出去參與其中」，對於剛開始建立聽眾的創作者來說是最棘手的。創作老鳥們很習慣製作完音頻之後，便像丟球一樣直接將音頻扔向聽眾（就像本章開頭時我那位朋友一樣），對於他們來說這是一種單向關係：我創作，你聽。大部分的「**內向型創作者**」[3] 都會被這種直接接觸陌生群眾的「外向型觀念」嚇倒，即使是談論自己熟悉或是打從心底在意的事物也一樣。

創作者與聽眾的親密感和聯繫來自於打破彼此之間的藩籬，你需要把你自己、你的創作過程以及投注在作品上的所有努力，都赤裸地呈現給聽眾；也就是說你必須要暴露出自己的脆弱和偶爾不完美的那一面。我也和你坦誠相告：這需要時間習慣而且不簡單，但是這麼做有它的效果和價值（附加價值是，這通常能讓你對你做的事感覺良好），而且最重要的是這很有效。

在你開始擔心這件事之前，我們先來了解「未來聽眾」可能是誰。首先讓我們回想一下在第二章時，上網查到的「目標聽眾化身」以及為他們寫的「假履歷」，讓我們把這些再延伸多一些，把他們假履歷中的那一、兩句話，擴充為對他們的生活方式、興趣以及他們如何關心你的 Podcast 主題等等，更細節地描繪出來。問問你自己，你的「目標聽眾」和「這類型的人」在現實生活中或是網路上，可能會在哪裡聚集。

這裡舉個例子，讓你知道最後應該怎麼做。

假設你正要開始一個「有關收集喜姆娃娃的 Podcast」，是針對認真的收藏家講述喜姆娃娃的新聞、歷史和對話的 Podcast，而不是針對新手收藏者介紹或是告訴他們「如何」進行收藏，這個 Podcast 是設定給死忠喜姆娃娃愛好者聽的。在第二章的練習中，你已經有了你的目標聽眾化身，讓我們假設她的名字叫做克拉麗斯（Clarice），住在匹茲堡郊區，她是一名半退休的圖書館員，

---

[3] 在 Podcaster 中，內向型創作者的人數比例偏高。

不怕接觸新科技，喜歡聽有聲書和一些 Podcast，特別是關於手工藝的（她和她的老公都很喜歡手工藝）。會開始收集喜姆娃娃，是因為 30 多年前她的祖母去世時留給她很多喜姆娃娃，從這之後她就對此非常專研，她擴大了自己的收藏，參加各種會議和活動、閱讀雜誌，並且常常參與網路論壇和網友群組，還看了很多有關瓷偶收藏的部落格，她也曾在 eBay 上買賣瓷偶，但是不如面對面交流那樣喜歡，因為透過面對面的方式，她可以認識其他收藏家和賣家。她甚至在當地組織了一個喜姆娃娃愛好會，每個月在圖書館聚會一次，而且已經持續了幾年。雖然她喜歡所有類型和年代的喜姆娃娃，但是克拉麗斯對收集 1950 年代的瓷偶最感興趣。

如果你在第二章時沒有想到如此詳細，那麼就請花幾分鐘來充實「你的聽眾的故事」，你可以為你的真實犯罪 Podcast、為有關湯姆‧克魯斯電影的 Podcast、為夢寐以求想要開始的香草園藝 Podcast，又或是為分享第一代移民故事的 Podcast，不論是什麼主題的 Podcast，請為你的 Podcast 粉絲建立類似的假履歷。

你可能會注意到，在建構聽眾化身克拉麗斯的資料時，我一定會包含幾件事：「她在哪裡獲得訊息」以及「她如何與其他人互動」。如果你要為「以克拉麗斯這樣的人為目標聽眾的喜姆娃娃 Podcast」寫一份游擊行銷計畫，那麼你所需要的資訊全都在這之中。

當寫好了假履歷之後，可以將你的目標聽眾可能會在「網路上和現實生活中聚集的地方」列出來：網路論壇、座談會、電子報、見面會、圖書館中的討論小組、Facebook 群組、聚會、推特標籤等等。以克拉麗斯來說，我會先從寫進履歷中的內容開始，但是之後會強迫自己去想其他的例子，例如：收集古董或是復古商品的古董商店、跳蚤市場、手工藝品店或是社區活動中心。雖然這些都是克拉麗斯所在社區的例子，但還是要盡量從大處著眼，去關注各行各業和各地的人們到底會聚集在哪裡。

又例如，假設你正在構思「關於 1950 年代女性時裝 Podcast」的目標聽眾，也許可以考慮芝加哥或是紐約市的知名古著店，而不是當地的時裝商店；或例如你想要製作「以現場說故事為主、內容關於領養故事的 Podcast」，除了在當地市區俱樂部錄製的「The Moth」（一個說故事團體）之外，你也可以考慮地區性或全國性的現場說故事活動。

一旦你有了這份清單，花點時間思考人們在這些地方如何互動，也許有團體活動（會議或是聚會）、線上對話、一對一互動（指導活動）或是一對多（部落格、商店或是教學）。

那麼你需要同時做兩件事：首先，你至少要成為其中一些社群中的活躍成員。不是一位要推動什麼的成員，而是去參與、互動和評論的一般成員。你可能沒有時間去參與所有這些人聚集的地方，但是要先找到覺得適合的地方開始切入，然後慢慢擴展到其他。「作為社群的成員出席、然後參與其中」是非常重要的，因為當你開始宣傳項目時，如果人們認識你、了解你，而且你也抓住機會融入其中的話，那麼他們就會知道你是誰，也會比較願意去聽你在做些什麼（並且透過收聽和協助宣傳來支持你）。

第二，你應該要開始著手你的「十字描述」和其他說明，去推銷你的作品給潛在聽眾。本章的最後會附上練習方法，透過這個練習協助你「建構一個宣傳」，而且這個宣傳可以被用在很多不同地方，包含吸引新的聽眾。

參與「線上社群」，但是也盡你所能地去參與「現實生活」。舉例來說，你在著手進行一個劇本式音頻劇，其中一個目標活動是在圖書館舉行的讀書會，那麼就去吧！也嘗試參加一個研討會或是大型書展，諸如此類。

一旦你成為社群中的一名成員，請盡快釋放出你的 Podcast 的消息，不要等到已經完成節目了才突然宣布「嘿，各位陌生人，我開始了一個 Podcast，現在已經可以下載了，請你們一定要去聽！」就算你還只是在構思和製作的階段，就請投放到社群中，請他們提供協助、幫助你做決定，給他們機會去吸收

和提出意見反饋，然後讓他們對你的節目投入更多（也會更願意去協助）。在本章後面有一節叫做「打開和服」（Opening the Kimono）的概念，會留待那裡做更詳細的探討。

偶爾我會聽到創作者對於這樣「公開式參與的方式」持保留態度，擔心有人會竊取他們的創意。我很感謝他將自己的憂慮開誠佈公，但是說實話這種擔憂是無稽之談。首先，如果有人能一聽到你的想法就立刻進行複製，那麼要不是這個節目的概念不是很獨特，不然就是你（或是你的才能）不是該做的那個人；第二，當你在社群中建立聯繫和人脈關係的時候，你已經遙遙領先了，不用擔心有人會搶先你一步製作和公開這個作品。

最後，當出去外面和潛在聽眾建立關係時，你應該要列出一組你認為會「影響目標聽眾的人」的名單，例如媒體、這個主題的意見領袖、甚至可能是政治家或名人。對於我虛構的「喜愛喜姆娃娃的克拉麗斯」來說，我會聯絡部落格的作者、雜誌編輯、會議主持人和她經常光顧的商店老闆。當你接觸到這些有影響力的人時，請告訴他們：你的創作項目、你的抱負和你的目標。必要時，還可以邀請這些有影響力的人來做某集節目的來賓。無論如何去善用他們，所花費的這些時間都會是最佳投資之一，這些影響者在他們的小眾市場中擁有控制力和影響力，一個貼文、推特、他們商店中的展示，或是他們來活動客串，都可能燃起他人對你節目的興趣。

上面所闡述的內容，聽起來好像有很多工作要做，確實是，但是如果做得好的話，你的作品想必會呈現出「通過大眾檢視」的品質標準。你仍舊可以自己掌控事情該如何運作、決定外界的參與度，以及該如何（甚至「是否要」）執行那些反饋意見。我並不是鼓勵你把編輯決策變成一個徹底開放或是無政府的混亂狀況，我想要說的是「敞開你自己和聽眾互動，然後讓他們提供想法，並且更投入到你的項目中」。他們會收聽，會和別人分享你的作品，如果有必要的話，他們也會為你辯護，他們會變成你最強而有力的支持者，而且誰知道

呢，他們甚至可能時不時會有一些好主意。

　　現在你應該可以了解為什麼我覺得行銷工作不是別人的工作，而是你自己的工作了吧！這是因為「有效的行銷」和「建立關係」需要來自相同的管道，也就是你。

　　因為「創作你的作品」和「談論你的作品」是息息相關的，行銷和創作不該是兩個迥異的各自為政，就和我多年來對團隊和創作者們所提倡的，行銷和創作就像是同一個行動的兩個不同組成部分——就跟陰和陽一樣，是相互影響又彼此依存的兩半，合在一起才能成為一個整體。我認為我的許多項目能成功，這部分原因佔很大的功勞。而我總是說如果想要成功，製作者必須同時是「**巴納姆和貝利**」（Barnum and Bailey）[4]。

　　我之所以如此反覆說明、大力提倡，主要是因為這種做法是有效的，只要你認真嘗試的話，不是偶爾或經常，而是幾乎每次都會成功。雖然這並不代表每種策略都能網羅到新聽眾，但是如果你花心思和精力去執行這些聰明又有效的宣傳活動，你就能找到聽眾。

　　行銷之所以讓人覺得困難，正是因為這需要真正的投入。

　　我想要分享史蒂夫・普拉特（Steve Pratt）介紹給我的東西，史蒂夫是太平洋內容公司（Pacific Content）裡一位很有見識的人物，而太平洋內容公司是一家位於溫哥華和多倫多的 Podcast 和音頻製作公司，專門為品牌製作 Podcast。史蒂夫很風趣，他不只懂音頻而且還很樂觀正向。如果說史蒂夫的人生沒有什麼低潮，我完全不會感到意外，因為他總是很快的想辦法讓事情變好，就像他會使用「圖表」來讓項目在積極穩健的基礎下展開。

---

[4] 我不想要談論地太深，這最好留給你們去網路上搜尋，但是 P. T. 巴納姆經常被視為是一位創新者和表演者（行銷者），而他的夥伴詹姆斯・貝利則是一位發明現代馬戲團概念的創新者（創作者）。

某一日早餐時光，史蒂夫和我分享了一張圖表，這張圖表是他的同事羅伯‧利德利（Rob Leadley）為了擬定與潛在客戶的談話方針所想出來，史蒂夫和他的同事稱呼這個為「Podcast 成功秘訣」圖。雖然他們有意識到這個名稱很拗口不好唸，但還是決定如此稱呼。他們用這個「圖」來調整潛在客戶的期望值，讓他們知道什麼是可以成功的，以及要怎麼做才能成功。

值得說明的是，這張圖是太平洋內容公司專門為「特定類型的 Podcast」製作開發的，也就是所謂的「品牌置入內容」（就是指品牌付費的 Podcast，是替品牌向消費者宣傳他們的主題和故事——有點像廣告，但沒有任何明確訊息或是行動來設計。我知道這很讓人困惑。）即使這個圖表是為了「對品牌置入內容」有興趣的公司和品牌所製作，但是這其中包含的理念，對於任何規模大小的項目還是很有幫助。這張圖說明了成功沒有捷徑，所有行銷計畫的每一項都需要付出努力，而努力就是「承諾」的同義詞。

當和客戶使用到這張圖表時，他會畫出有兩條軸線的圖，軸線分別代表：創意勇氣和承諾。

「創意勇氣」是一個很容易讓人理解的概念，在橫軸線上，標上你對於創意所願意承擔風險的程度。

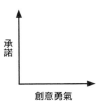

例如兩個人錄製 20 分鐘的對話，這在「創意勇氣」軸線上會是比較低的；想要突破界線、創造一些具有挑戰性、大膽和創新的東西，那麼你會在這條軸線上移動得更遠。太平洋內容團隊還定義了其他「創意勇氣」的要素，像是：為你的節目聘請一位出色的主持人（而不是讓公司員工來擔任），不要為了遷就截止期限和預算而去犧牲質量，並且誠實的問自己：如果不是團隊的一員是否真的會收聽這個節目。

請務必注意「沒有錯誤的答案，只有真實的答案。」只要小組成員都同意，在「創意勇氣」這個軸線上選擇任何立場都沒有錯。對於太平洋內容公司團隊來說，「創意勇氣」就是確保你的 Podcast 夠出色，足以成為送給你聽眾的「禮物」。

圖的另一條軸線，是想法更具挑戰性的「承諾」。對於太平洋內容公司的許多潛在客戶來說，他們希望創造一個出眾的 Podcast，可以擴大品牌和接觸到更多群眾，他們認為需要給出的「承諾」是寫一張支票來資助創作，再加上貢獻一些初期的編輯想法，或對節目提供一點反饋意見。但是史蒂夫和他的團隊，只把「這種等級的承諾」放在該軸線的十分之一處，大部分的潛在客戶看到都很驚訝。

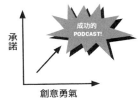

　　這裡面隱含的訊息是：擁有一個品牌，並支付創建 Podcast 的費用，並無法讓你達成目的。正如史蒂夫所說：「如果說『創意勇氣』意味著製作一個優質的節目，那麼『承諾』就意味著讓你想要網羅的聽眾知道這個節目。」

　　你要如何沿著「承諾」軸線走得更遠？對品牌來說這代表：要讓 Podcast 成為一種「制度上」的承諾，而不僅僅是從行銷預算上寫一張支票就沒事了，你的組織應該要把所有火力都對準 Podcast，可以從「與潛在聽眾的每一個接觸點」開始，例如社交媒體、線上小組、網站、電子報和活動。如果是有實體店面的公司或機構，就要思考如何利用這個實體空間來吸引人們對 Podcast 的關注。如果你不是在大型機構工作，這種思路和方法仍然適用。每當你採取這種積極的新方式來運用你的網絡和秘密優勢時，你就能在「承諾」軸線上更上一層樓。

　　這張圖的目標，以及使用這張圖所得出的靈感和行動，都是希望確保你的 Podcast 項目能從一開始就盡量往右上角方向來規劃。

建立聽眾的七種策略

　　除了我們一直在探索的擴大宣傳之外，還有七種具體的策略值得去關注，這些都是我很喜歡的技巧，可以用來「建立聽眾」，不論對大型組織或是單獨個體戶都能發揮出一樣效果。當然，歡迎你們把這些技巧全部偷走，按照我和其他人過去的作法來實施。雖然並不是每種作法、每次對每個人都有效，但是我希望這

些做法可以激發出你的想像力，嘗試新方法來接觸你的下一批聽眾。

技巧 1　DIY 網絡組織　如之前章節裡提到過的，我最常被創作新手問的問題就是「我的一集節目應該要多長？」而最常被問的排行第二個問題就是「我需要加入一個網絡組織嗎？」

這真是個複雜問題，對大部分 Podcaster（尤其是新手 Podcaster），我的答案通常是不。參加一個已經建立好的 Podcast 網絡組織，只有在當你的 Podcast 已經成長到你自己一個人很難應付的程度才有意義。網絡組織可以發掘新星的原始才能，然後讓你獲取名（或者至少是 Podcast 標準中的有名）利（或者至少是 Podcast 標準中的有錢），但這其實是一個迷思。網絡組織會傾向吸引那些有潛力可被經營放大的人才，所以你必需先靠自己去創造一些火花和初步成功。通常，若想要吸引網絡組織的興趣，你必需先要能夠賺一些錢以及獲得聽眾一些好評，他們才會願意和你交流。他們不會幫助你開始賺錢，但會幫助你賺更多錢；他們不會讓你出名，但可以讓你更出名。他們無法挖掘新星。

當我問創作者想要從網絡組織那裡獲得什麼時，他們通常會說錢，但是他們更常提到希望能藉由網絡組織來建立聽眾。

好吧，雖然網絡組織對你來說可能不太有意義，但是「利用網絡效應」是相對比較簡單的。我經常回答關於諮詢網絡的問題時，會建議他們開始自己的網絡組織，完全 DIY。

這麼做是非常簡單的。

聚集 4~5 個其他 Podcaster 組成一個團隊，你應該要找的是和你自己**擁有相同聽眾的 Podcast** [5]，這些可能是和你的 Podcast 有著相似內容，或是你認為

---

[5] 譬如說，你製作了一個關於養蜂的 Podcast，然後他們製作了一個關於製造蜂箱的 Podcast；或是說你製作了一個現場說故事的 Podcast，然後他們製作了一個現場即興喜劇的 Podcast；又或者，你們兩個製作的 Podcast 都是關於你們的家鄉或是地區發生的事情。

可以吸引到相似聽眾的 Podcast。

　　要找到這些人應該很容易，你可以在研討會或是定期舉辦的活動找人，好像每隔幾週在全國或是全世界城市中就會有這樣的活動，你可以通過留言板、Reddit、社交群組或是電子報找到他們（再說一次，每個管道都有很多人）。如果真的沒有別的方法，你可以在 Podcast 目錄中逛逛，尋找志同道合的人。

　　接下來安排每一個人彼此互相推廣行銷，你可以製作一個 30 或是 60 秒的廣告短片，安插到他們的節目或是 feed 閱讀器中，把關於你節目的介紹內容提供給主持人，讓他們知道要如何鼓勵聽眾去收聽你的節目，又或是你也可以在非直播的地方做宣傳，例如透過社群媒體、網站、電子報等等。不論你打算要用哪種方式，都要協議好要**多久做一次**[6]。

　　另一種變化做法叫做「輪流法」。挑選你的聯合行銷小組，例如你們一共有 4 個人，每週由其他 3 個人來負責宣傳第 4 個人的節目，到了下個星期再輪流，藉由這種輪流方式，每個人的作品每個月都會被其他人宣傳到。

　　試著做幾個月，這個技巧很簡單，但是卻很有效。

技巧 2　**回覆**　艾蜜莉・波斯特（Emily Post）會為她的這項技巧感到自豪，這個技巧非常容易理解也易於實行。每當有人寫信給你、發推特給你，或是在節目中提到你或你的節目，請回覆他們。

　　我過去 20 年裡寫了 4 本書，並且從讀者那裡收到上千封電子郵件，我回覆了每一封。我甚至還公開我的電子郵件信箱，並且在我的網站上始終有一個表單，方便讀者傳送訊息給我。訊息量通常是少量但很規律的，但是如果在出

---

[6] 一個建議：要定期做並且要做一段時間，例如至少每週做一次，並且持續 6 週！

版宣傳時期，閱讀書的人變多的話，訊息或郵件也會隨之增加，但是我還是會每一則都回覆。

另外，我也會在推特或是其他管道上回覆。在我舉辦演講或是研討會時（通常一年會有十幾次），聽眾成員會在推特上進行直播，有時候我只是觀看這則貼文，但更多時候我會轉推（只要這件事不會變得太累贅）。

當你回覆的時候，記得在訊息內容中邀請他們寫一個短評或是發一則貼文來分享他們對你節目的想法，這是非常聰明的作法。通常他們會很感動你花時間來回覆，會馬上幫忙做你希望他們做的事情。

這裡提及的每個方法，沒有哪一個是很花時間的。按讚或是轉推一則推文不需要花費幾秒鐘，寫一個簡短的回覆，感謝其他人所寫的內容也不需要花費幾分鐘，但是這對他們來說卻很有意義。被自己的聽眾視為「名人」這件事搞不好會讓你覺得很不以為然，但這就是你的身份。不論是你按讚一個貼文、回應一封信，又或是提供給他們一些關注或是感謝，這對他們而言就是一件大事。這能建立聽眾的忠誠度，而且忠誠的聽眾通常是會定期收聽的人，也是最有可能協助你宣傳節目的人。

在這邊提醒大家，這種類型的聽眾互動，很容易被過度利用和過度強調，雖然這些「往來」很重要，但是更重要的是要結合實際狀況來看，「那些回應的人」是你聽眾的一部分，但是他們並不代表所有的聽眾。

無論是電子郵件、推特、電話還是在公共場合或是晚餐會中的評論，創作者經常用這些「聽聞來的片面軼事」，來合理化自己做或不做某些事的決定，這種狀況在 Podcast 出現之前老早就已經如此，事實上，我相信只要有大眾媒體存在，就會有創作者把「聽聞軼事」和有意義的數據兩者混為一談。我能想像早期人類創作洞窟壁畫的時候，也許出現了一些遊客拿著石碑要求創作壁畫的人多畫一些馬，然後這些持石碑的人就對外宣稱：由此可以證明大家想要多看一些馬。

如果你質問為什麼會經常邀請同一位來賓時，創作者可能會說：「嗯，觀眾喜歡她。」這句話的依據是什麼？「從觀眾給節目的推特。」創作者會根據他們在活動中聽到的、或是網路上看到的內容來回應，從而把這些消息當作是一個不折不扣的真理。

雖然，這整本書的重點就是傾聽聽眾的聲音，調整創作以便回應他們以及他們的需求。但這並不代表要根據收件箱和郵件裡聽來的意見，來做自己下決定的理由。事實上，這麼做往往是偏離目標的危險做法。

為什麼聽取聽眾的回饋意見會變成一個壞主意呢？再明確一點說，我不是這個意思。我認為聽眾的回饋意見真的很重要，當他們提供給你時，不論是什麼樣的形式和格式，你都應該要把這個當成是一對多節目裡面的一小部分（這個小部分裡面其中一個「一對一」的短暫體驗）。

我認為這些聽眾給的回應和與聽眾的接觸點，都是你宣傳企劃的最好行銷工具。關鍵是當你把「一些聽眾的回饋」和「大多數聽眾的意見」混為一談，這就會是一個問題，因為你聽到的往往不代表真正的多數。

即使你「總是」聽到這樣的回饋意見，但是這仍然不能代表聽眾意願。我經常問那些聲稱「聽到聽眾壓倒性反應」的創作者，問他們到底聽到了多少反應？100？300？1,000？得到的都是比這個範圍還要少得多的數字。那就讓我來快速計算一下，聲稱「壓到性的回饋」往往代表的只是整個聽眾百分比中的一小部分，即使是最抗拒的人也不得不承認，在 10 萬名聽眾中聽到 100 個人的聲音（相當於 0.1%），真的只是九牛一毛。我得公平地說，他們聽到的可能是真相的一小角，但是一堆聽聞來的回饋意見並不是找出真相的好方法，現在有許多工具可以幫助你用低廉或是免費的價格來做「線上聽眾調查」。

比較好又簡單的方法，例如準備一份聽眾問卷調查，這比你想像中的還容易。首先，獲取一個容易記憶的客製化 URL 直接引導人們填問卷，然後在幾集節目中加入「號召」公告，讓人們去做問卷。分享一個小竅門：替那些有回

應的人舉辦抽獎活動，最好是準備一些和你的節目有關，但是他們買不到的東西——例如你的下一場現場活動的門票、一位最近參加的來賓的紀念品、或是一個親筆簽名。你可以對這些調查訊息更有信心，雖然不完美卻很真實，避免讓那些隨意聽來的消息引導你到錯誤的方向。

如果你有興趣想要深入了解，許多學術研究都在探討線上評論和回饋意見，特別是那些零售和評論網站上的，研究結果清楚地說明：這類型的回饋意見，沒有辦法用來代表整個消費者／聽眾的體驗。這些回饋環境中，例如評價留言、推特、郵件或是當面評論，你聽到的是「聽眾的子集合」，而這些人通常有比較激烈的情緒並且喜歡分享這些情緒（當然不會每一個人都這樣）。

當我創作 NPR 的益智知識型節目《我怎麼知道》時，我真的很擔心工作人員會把錄製時的現場聽眾和外面更多的聽眾混為一談。這個節目是在布魯克林的 The Bell House，當著大約 300 人的面前現場錄製。在錄製過程中，來賓和藝人們自然會想要迎合現場的聽眾，但是我總是會告訴他們，現場的人並不是「真正的聽眾」，那些收聽和下載這個節目的近百萬人才是真正的聽眾。我告訴工作人員，The Bell House 裡面每坐一個人，就代表另外還有 3,000 多位聽眾，僅僅因為現場聽眾笑了或是有反應，並不能代表所有聽眾都會喜歡。為了要提醒這一點，節目的製作人潔西·貝克（Jesse Baker，也是我在《Magnificent Noise》的共同製作人）製造出了一個聽眾代理「朗達收音機」（Rhonda Radio），這是一個放在架子上的收音機，上面黏著蛋頭太太（Mrs. Potato Head），「朗達」被放置在舞台前方，這個位置大部分的現場觀眾都看不到，但是舞台上的每一個人都能清楚看到。把這個收音機放在這裡的用意，是希望時時刻刻提醒大家，現場觀眾其實只是一個提供笑聲和能量的道具，讓我們可以創造出全體聽眾都喜歡的內容。

不要過分去強調聽眾隨意的意見回饋，其中還有一個最重要的理由是，如果依據這些意見做決策的話，你聽到的是「現在聽眾的聲音」而不是「未來聽

眾的聲音」。而這通常也讓那些原本相信聽聞佚事而不願接受事實的創作者，重新接受我的觀點。

　　想要擴展和增加聽眾的創作者，需要去接受一件事：那就是你們「未來的廣大聽眾」和「目前擁有的小量聽眾」是會有一些不同的。聽眾並非單一化的，他們有不一樣的年紀、不一樣的興趣、來自不一樣的背景和職業，他們唯一的共同點就是「你」。了解到這點，就可以假設當你的聽眾數增加了以後，聽眾的差異性也會提高。這些未來的聽眾會有一些不同，首先，他們不會像舊聽眾那樣熟悉你的節目，他們不會聽得這麼多或是這麼頻繁（至少在一開始的時候），而且這些未來的聽眾可能會有不同的需求，適合現在聽眾的東西未必適合他們，也未必會受到他們歡迎。

　　因此當你根據這些「說話最大聲、最隨意、最有自信的聽眾」提供的回饋來做決定時，你就排除了下一波聽眾的意見了。另外，有點令人訝異的是，聽眾其實非常抗拒改變，他們喜歡你和你的節目按照一直以來的模式，他們希望可以照舊，這也是為什麼每當一個 Podcast 或是一個網站、一個商店要做出改變時，一開始大家聽到的都會是負面意見和抱怨。

　　所以，雖然和聽眾進行交流聯繫是一件好事（事實上，是一件很聰明的事），但是這麼做是為了尊重你的聽眾、尊重他們與作品之間的關係。你需要他們才可以成功，就算他們收聽你的節目、為你辯護以及給你支持，你還是要保持謙虛態度。只是需要注意的是，不要根據你聽到的東西就做出太多假設，因為事實可能不是你想的那樣。

技巧3　請聽眾協助　曾經有個向我諮詢的客戶，想要把自己的小型 Podcast 發展為一個比較大規模的 Podcast。他在每集都可以穩定獲得 5,000 個下載數，已經做好了要成長的準備，他的目標是想要成長十倍。我覺得這是一個很棒的目標，但是應該要一步一步來，所以在我們第一次討論中，花了

很多時間來談論他的下 5,000 個聽眾會是什麼樣子的，「他們」和現在的聽眾是相似的還是不同的，還有「他們」為什麼要喜歡他的節目。他想像他的「下 5,000 個聽眾」和他「現有的聽眾」沒有這麼不一樣，我和他說，如果他要為他的第 30,000 個聽眾做規劃的話，情況一定會有所不同，現階段還只是第一步。

我們都同意在這個 Podcast 中有一些結構性的東西需要被改變，這其中包含了很多針對長期聽眾的情報，然後我們對節目開始的前 5 分鐘做了一系列的變更，希望可以對新聽眾更有吸引力。

接下來，是一個他覺得很艱難的問題「你要到哪裡去找那 5,000 名聽眾？」

他看著天花板，皺起臉來（表示思考中）然後做了一個鬼臉，說道：「你知道的，我沒有任何頭緒。」

我問他是如何得到第一個 5,000 名聽眾的。

看著天花板、皺起臉來、做鬼臉。「一樣，我也不知道，也許他們只是偶然發現的。」

當然不是，5,000 個人不會只是偶然的發現，尤其是在搜尋目錄中還有其他 70 萬個節目選擇的時候。

我告訴他，他現在的聽眾中有很多人找到他的節目，是因為有人介紹給他們：「有人分享了一個貼文、給了一個評論，或是告訴別人他們有多喜歡這個節目。」所以，他只需要讓同樣的事情再次發生就好。

「我要怎麼做才好？」他問到。

「只要提出要求就好。」我說。

我建議他在接下來 4 個星期裡，可以用一個簡單的要求，做為節目的開場：「如果觀眾喜歡這個節目，請告訴其他人。可以發一條推特、在網路或是論壇上發文、或者就是發一封郵件或在午餐時告訴一個朋友。」然後他就照辦了。

幾個星期後，我發了一封郵件問他後續。

「我的下載量增加了35%，」他說道。「這一定是個巧合。」

我知道這並不是巧合，但是我說我們應該要再多試幾週。在接下來的幾個星期，大致穩定維持了35%的增加量。他注意到有很多人把劇集分享到社交媒體上，和正常情況相比增加幅度很大。雖然這其中的相關性並不一定能證明因果關係，但這是一個很有說服力的案例。

我們可以從中學到的是：通常你的節目最好而且最熱忱的宣傳，就是你的聽眾。他們喜歡你的節目、很願意幫助你，你唯一需要做的就是「提出要求」。這不需要花費任何成本，還有助於建立和他們的關係。正如同我前面提到過的，當你在社交媒體上看到他們時，一定要按「讚」或點「喜歡」，聽眾們喜歡你「喜歡」他們的推特，或是在臉書上給他們一個「讚」。

技巧
4
打開和服　社交媒體可以讓一對多的感覺更加親密，「吸引觀眾參與」是為你的作品建立聽眾和累積狂熱粉絲的一個有效又不貴的方法。當你把這件事視為製作過程的一個部分時，在你的節目推出的當下，便已建立起強而有力的聽眾基礎。

很多年前，我參與創建一個名為《Folk Alley》的全天候民謠音樂串流服務，我們請了品牌行銷顧問班・麥康納爾（Ben McConnell）（同時也是先驅之作《Creating Customer Evangelists》這本書的共同作者之一）提供我們如何為這個新興服務建立聽眾的建議。

班給了我們很多建議：詢問聽眾想法並盡可能把較多的決定權交到他們手中；詢問他們服務應該要具備哪些功能，以及如何讓服務既有吸引力、刺激又有趣味；為那些提出想法並被採納意見的人舉辦比賽（有獎），用**「名氣經濟」**[7]作為獎勵；

----

[7] 名氣經濟的意思，就是將他們的想法和貢獻公開表揚，人們會為了得到一些響亮的公開表揚做很多事情。

請他們填問卷調查，看看網站頁面的設計、聽聽節目和主持人的試播，甚至是對節目名稱進行**提名和投票**[8]。詢問聽眾是否期待藝人在錄音室做表演？詢問聽眾應該播放什麼歌曲？以及你應該要問什麼問題等等——甚至是一些枝微末節的問題（像是在 12 月期間播放節日音樂的話，什麼時候播？播放的頻率？），不論問題大或小，就是問他們。

　　我們在網路論壇上尋找民謠音樂的聽眾和愛好者，開始招募他們成為我們的測試版觀眾。這大約是在 2003 年或是 2004 年，在推特和社交媒體這類線上互動尚未頻繁普及的多年以前。

　　如果說我當時對班的建議有抵抗，這說法還算是非常輕描淡寫，「我們」是專家，我推斷道，如果有人決定應該要如何將這項服務整合在一起，這應該是「我們」。我現在還是很感激那時班對我的耐心，因為一旦我放下了我的傲慢，我就學到了一大堆我至今仍舊受用的東西。如果說班的耐心指導沒有說服我，那麼結果肯定說服了我。雖然一開始參與測試版的聽眾互動數量並不多，但每當我們問他們一些問題時，回覆的數量就越來越多，測試版的聽眾開始真正深度參與以及關心這個服務如何成形，一開始是幾百個人，但是很快就增加到幾千人，然後是幾萬人，到我們準備推出時，我們就擁有了「真正」的聽眾——在推出第一天的時候。他們是真正知道這項服務的聽眾，他們很興奮能夠聽、也迫不及待想要告訴他們的朋友，並且願意支持這項服務，甚至是經濟上的支持。

　　今天你常常會聽到這種觀眾參與和介入的方式，被稱為是「打開和服」，

....

[8] 是的，《Folk Alley》來自聽眾的建議，是我們在推出之前經由民謠音樂愛好者所投票選出來的。

意思是說你讓他們看到面對大眾那面和表象後面是什麼，藉由讓他們看到項目進行時發生的事情，邀請他們投入你的工作，這件事會有持續的回報產生。

有些人可能會擔心，「如果讓他們知道我們正在採訪或是交談的人是誰，或是下一集的主題是什麼，這豈不是破壞了一切？」我當然希望不是，聽著：如果你在推特上告訴別人這一集節目是關於什麼，而你又不提供任何令人驚訝的、曲折的或是意象不到的內容，那你這一集可能注定會讓別人失望了，因為你沒有深入思考你應該在那一集節目中涵蓋些什麼。如果你在推特上說「下週我們要討論中國經濟」或者「下一集我們要討論昆汀·塔倫提諾的電影」──而如果你所提供的就只是毫無深度地**背誦人民幣或是《霸道橫行》**（Reservoir Dogs）**的話**[9]（按編：《霸道橫行》這部電影是由為昆汀·塔倫提諾所主演）──那麼這集內容就會有問題。無論如何，重要的是要記住這些**熱烈忠誠、深度參與的聽眾，永遠都是你所有聽眾中的一小部分，這其實是很健康的**[10]，所以就算你讓他們看到了不少正在進行中的事情，這也是他們應得的。而且你的聽眾之中還是會有很大一群人會對你的新劇集出現在他們的閱讀器上時，感到非常驚喜。

技巧 5 **做我的來賓**　這個技巧，對於那些「以人們對談為特色」的 Podcast 來說，效果最好，比如說小組討論、好友對話、圓桌會議或是聊天節目。追溯 Podcast 創造的目的，如果你是想要宣傳身為主持人的自己，那就去當個來賓吧。

---

[9] 也許一個更好的想法是，某一集節目可以藉由《霸道橫行》來告訴我們什麼是人民幣。

[10] 任何一個電台節目製作人都會告訴你，如果你的聽眾中有太高比例的死忠粉絲的話，其實是非常不健康的。如果你正在成長和發展，應該要增加新的聽眾（他們通常收聽的次數會越來越少，但是隨著時間的推移，他們人數會越來越多）。如果擁有的都是死忠粉絲，你就開始了一個以死亡螺旋為終點的過程，所以雖然死忠粉絲很重要，但是不要太聽他們的話。

你有有趣的事情要說，有某個主題的專業知識、有對於世界的獨特見解想說，那麼為什麼不去別人的 Podcast 當潛在來賓呢？聊天廣播需要好友來交談，那麼何不就是你自己呢？你會發現有很多 Podcaster 會對這種想法採取開放態度，通常最好的辦法是安排一個「互惠交換」，你們可以在一、兩個月的時間裡成為對方 Podcast 的來賓，讓你們各自向對方的聽眾介紹自己。

（技巧 6）**現場活動**　我被邀請到澳洲在一個叫做 Audiocraft 的年度音頻創作者會議上發表演說，對於 45 分鐘長度的演講來說，這是一個路途遙遠的旅程，但是到另一個國家去見這麼多才華洋溢、渴望成為澳洲新興音頻產業一份子的製作人，並且與他們交談，是件讓人非常興奮的事。

此行最吸引人的行程之一，就是參加了《The Allusionist》的現場活動，由海倫‧扎爾茲曼（Helen Zaltzman）所主持的一個了不起的、關於文字和語言的 Podcast（是 Radiotopia 網路的其中一員）。同樣也受邀在會議中演講的海倫，決定待在雪梨的期間要舉辦一次公開的現場活動，並且邀請我去參加。

我內心想：「在澳洲雪梨會有多少人願意在暴雨中出來看一個英國女人主持關於詞典學的美國 Podcast 現場活動？」答案是至少有 200 名**雪梨人**（Sydneysiders）[11]。我之所以說「至少」是因為活動門票在提前幾週就賣光了，而且現場還有相當多的人冒著大雨趕來，看能不能在最後一分鐘買到票。

節目本身是海倫表演一些在前幾集節目中介紹過的故事（她讀道：你可以去 Podcast 中免費收聽這些故事）然後和聽眾進行一些問答。在場的人喜歡活動的每一分鐘，他們對每一句話都念念不忘，對每一個笑話都捧腹大笑，

---

[11] 是的，這個詞的意思是來自雪梨的人，不過有些人喜歡用「Harboursiders」這個詞，在我看來更加奇怪。

如果海倫還在台上的話，他們就會一直待下去。這場演出非常有魅力也很有趣，海倫和觀眾之間充滿了正能量，以至於在之後的幾個小時我仍舊感到情緒高昂。

不論我做 Podcast 多久了，還是讓我刮目相看。因為某種原因（沒有人能夠具體解釋，儘管有大量理論），Podcast 聽眾會抓住機會去參加他們喜歡的 Podcast 所辦的相關現場錄製和現場活動。現在，我不是主張你要飛到時差 13 個小時的不同半球去舉辦活動，但是也許參加一些哩程數較短的相關活動，對你來說也會是很有意義的。

即使是小型的 Podcast，也可以做出很棒的現場活動。我的一位前製作人愛蓮娜．凱根（Eleanor Kagan）開始了一個討論女權主義電影為主題的 Podcast，她和朋友在她的公寓裡面錄製了這些內容。她們只做了大約 20 幾集，然後就在布魯克林的 Bell House 預約了一晚的活動場地，並且還客滿了。我聽說過很多大型 Podcast 的現場活動在大劇院中門票銷售一空的故事，也有很多小型、非主流的 Podcast 在地區書店後方度過了非常有趣的活動夜晚。

如果一定要我猜的話，我會指出兩個參加 Podcast 現場活動的因素：一個有趣、一個無聊。無聊的因素是，鑑於 Podcast 聽眾的年齡都還相當年輕（20 後段到 30 前段），這些年輕人可以自由外出、享受現場活動，而不用像那些比較年長的聽眾必須擔心家庭任務，例如小孩、狗或其他家務（包含單純只是筋疲力盡了）；有趣的因素是，我們在前面已經談到，Podcast 是那些對於某些小眾主題、天賦或世界觀感興趣的人所組成的，現場活動給了這些人一個機會，讓他們可以來到屬於自己的地方，和團體中的其他成員一起觀察、體驗和相處。

舉辦一場現場活動，哪怕像是酒吧見面會這樣小規模的活動，都有三個明確的理由。首先，現場活動確實有助於和觀眾建立關係，強大的連結等同於忠誠度的凝聚（我們已經討論過許多建立忠實粉絲的好處了）；第二個原因是營

收，雖然你不會因為推廣 Podcast 現場活動的門票而賺到足夠退休的錢，但這是可以讓你的節目在財務上自主的一個重要因素；第三，活動帶來的好處，不僅只是眼前那些來參加活動的人，還有背後產生的漣漪效益。

在我出版前兩本書的時候，當時作者要配合到各地進行書籍宣傳巡迴。一開始的時候，我很討厭這樣的宣傳活動，我在抵達一個城市之後，會花一整天的時間應付媒體，從早上的動物園節目到下午 6 點的新聞，然後在我已經做了 13 個小時的宣傳工作，我還要去參加書店現場活動，而且現場可能總共只有 20 個人坐在摺疊椅子上。為了 20 個人所做的一切努力，我覺得是一種浪費，但是我的公關經紀人勸告我，這一整天都是為了那些媒體點擊數，和這些來現場的人無關，簽書會只是一個讓媒體談論我和我的書的藉口，這些「媒體點擊率的真正觀眾」並不是潛在的參加者，而是潛在的購買者，他們看完報導之後，會去查詢、訂購或是稍後會到書店去買一本。

Podcast 的活動也可以達到同樣的目的，雖然參加活動的人數有限，但是會有更多人藉由這個活動的宣傳而收聽到，這些人可能無法親自來參加，但是他們可能會去查看你的節目，看看到底這些騷動是怎麼一回事。

技巧 7 把它帶到聽眾面前 除了舉辦自己的活動之外，為何不去參加別人的活動呢？我並不是說要去闖入另一個 Podcaster 的活動（雖然其實這樣做並沒有錯），而是去你的聽眾可能會聚集的任何一個活動。這是本章前半部建議的一個延伸，但是有著更加寬廣的視野，一旦你開始著手進行 Podcast，試著去尋找出可能會吸引你的目標聽眾的活動。

這裡才是關鍵（儘管看起來很違背直覺）：不要在那裡宣傳自己，不要發送小冊子、CD、MP3 檔案，也不要向你遇到的人宣傳你的作品。相反地，你只需要和他們交談、了解他們，如果他們問起你是做什麼的，告訴他們，但是讓他們主導你要分享多少。如果他們不問，就不要主動提起，你可能會覺得這是

你聽過有史以來最愚蠢的行銷策略，但是關鍵是「要在活動中建立關係，而不是行銷」。

然後在活動結束後，再事後聯繫，拿到電子郵件、電話號碼或是名片，「事後」向他們介紹你做的 Podcast，這將會讓「他們去聽的機率」從零提升到至少有「一定」的可能性。

我以自己為例來說明這件事。每當我參加一個活動時，有機會遇到很多製作人（通常是幾十個），他們會找我並試圖給我一張 CD、一個 MP3 的隨身碟、一本小冊子或是其他與計畫相關的東西。但我的原則是，我從來不會接受這些東西，並不是因為自負或是很難接近，我只是沒有時間和能力去處理這些，這也是我告誡創作者不要將 CD 和隨身碟放在會議、活動或是會場手提袋中作為贈品的原因：這些東西 98% 的機率都不會離開與會人員的飯店房間，更不用說被拿去聽了。

相反地，每當有人要給我東西時，我都會把我的名片遞給他們，然後邀請他們事後和我聯繫，我會盡量找出時間去聽，但是請在我到家以後再寄給我，這樣我就不用帶著一堆塑膠到處走。有些製作人還是會嘗試要遞給我一些東西──你知道的，以防我會有時間聽（但是我不會有的，我不會接受這些東西）。這些「在事後和我聯繫的人」往往比那些「在聚會上試圖塞東西給我的人」，可以得到我的更多時間和關注。我這樣的反應其實很誠實，因為大部分的人都會笑著接過東西，然後一有機會就丟掉。

利用面對面的機會建立關係，然後之後再聯繫。這麼做的結果，是你有更大的機會可以「建立真正的關係」。

如何宣傳？

我不在乎你是誰，但如果你是從事創意的工作，你就需要知道如何宣傳推

廣。對我來說，這也是作為一名記者、製作人或是藝人訓練最不足的關鍵部分，我們培訓這些人的技能、編輯決策、新聞報導、直播演出和製作技巧，但是我們並沒有教導創意人要如何宣傳他們的作品。知道如何去吸引和激發其他人對你的作品感興趣，並讓他們支持你、幫助你和你的作品進步，這些就如同我們培訓其他技能一樣重要。

宣傳 Podcast 的典型任務，是製作者向編輯、專員（審核或是讓一個項目通行的網絡主管）、開發主管或是提案把關者，進行宣傳活動：去拜會他們（通常只有幾分鐘），說服他們支持你的項目（這經常會轉化成資金或是資源），快速地說明你的故事（通常只有幾分鐘，或是更少），對著至少是半感興趣的守門員，你滿懷希望的回答幾個問題，然後等待命運。

然而宣傳技巧能夠適用的地方遠不止這樣，它們可以用來尋找合作關係或是網絡關係、銷售廣告、爭取經費，以及為你的項目爭取媒體報導和行銷。如果你看看那些獲得資助、被網絡組織選中，或是被文章報導、貼文介紹的作品，也許他們不一定是最好的創作者，但是他們一定是最知道要如何宣傳自己作品的人。

你已經在前面幾章中學到了許多練習、方法和原則，都會幫助你建立一個優秀的宣傳，我在這裡再加碼分享較短版本的創造宣傳處方，你將會從中學習到更多內容。

很多年前，我和一個叫做奧勒的朋友出去吃飯，他告訴我每當他想要了解一家餐廳的品質時，都會要求看甜點的菜單，當我問他為什麼要這麼做時，他表示：「一家餐廳可能會有好的食物和不好的甜點，但你永遠不會發現一家餐廳有好的甜點和不好的食物。」

在奧勒的心目中，甜點菜單就是一個最終極的測量標準，藉此評量出的可信度，會優於服務、優於評價、優於環境也優於室內設計。如果甜點菜單好，那就去那裡吃，因為其他食物也會同樣好吃，甚至更好吃。

奧勒認為甜點菜單反應了廚師對於食物細節的專注，甜點與甜點之間以及和主餐的搭配，是否經過深思熟慮的考量？這些是廚房的手工製作還是只是普通的餐飲項目？這些甜點只是一些甜膩的東西，還是有一些讓人愉悅、驚喜的口味選擇和質感組合？餐廳喜歡他們自己的甜點菜單嗎？甜點菜單是精心製作、有吸引人的說明嗎？或是他們只提供「起司蛋糕淋上一些罐裝草莓醬」以便收取額外的價錢？多年來我和很多人分享過奧勒的智慧，很多人一開始都有點質疑，可是卻沒有人可以漂亮地推翻他的邏輯。

同樣的思路也適用於「宣傳」和「故事」之間的關係，有一個優秀的故事和一個糟糕的宣傳是有可能的，但是有一個優秀的宣傳和一個糟糕的故事，卻是十分罕見。我之所以這麼說，是因為宣傳的精髓在於融合了故事或想法的精煉以及優勢，迅速抓到別人的注意力，這就需要一定程度的思考和專注力去打造這個故事。

雖然很多爛故事都有一些挑逗人心的趣事能夠吸引其他人的注意，但這只在一開始。比如說，有人朝你走過來對你說：「你聽過那個住在改造陵墓裡的人的故事嗎？」這聽起來非常奇怪，你可能會被吸引而想要知道更多，再多問幾個問題之後，你發現這個宣傳是整個故事中最有趣的部分，這傢伙住在一個改造過的陵墓中並沒有什麼特別的理由，居住的期間沒有發生什麼了不起的事，他為什麼住在那裡也不是一個什麼特別有趣的故事，他就只是一個住在改造過的陵墓中的一個怪人，就這樣。

如果在宣傳中有的就只是大量的糖分（把我們的甜點比喻得更深奧一點），那麼很有可能不會得到你宣傳對象的准許、支持或是認可。

無論如何，為了要測試我自己對於宣傳的喜好和偏見，我請益過好幾位經常接收行銷活動的人：在 Podcast 和廣播行業中的一些朋友和同事，我詢問他們要如何進行完美的宣傳，以及大多數宣傳失敗的地方。我詢問了 Stitcher 的克里斯・班農（Chris Bannon）、Panoply 的安迪・包爾斯（Andy Bowers）、

NPR 的恩杰里・伊頓（N'Jeri Eaton）、Gimlet 的娜扎寧・夫桑賈尼（Nazanin Rafsanjani）以及 BBC 第四廣播電台的莫希特・巴卡業（Mohit Bakaya）。他們全部的人加起來，每年都會聽到數以千計的音頻故事宣傳，雖然我們都是非常不同的思考者，為不同的聽眾和平台創作音頻，但是這些「宣傳接收者」的說法有驚人的一致性，他們的建議基本上可以歸納為四點：

●了解你的故事。

●了解你的聽眾。

●回答你為什麼要講這個故事。

●讓你的結局落地 [12]。

在本章節剩餘的篇幅中，我將會逐一進行講解，並且分享「六頓午餐試講練習」的一個小小變形版本，讓你可以用這個技巧來快速掌握宣傳的建構。

了解你的故事

大部分的新手創作者都認為宣傳是「先於」作品的，你找到一個故事、宣傳它，「然後」你開始進行創作。這樣的作法很少會成功，或者也不會對創作者有任何助益。要打造出一個能夠引起共鳴的宣傳，需要在你接觸編輯和審核專員之前做一些工作，這可能會讓你感覺不太公平——你必須要先投注時間和精力，而且沒有酬勞，只是為了能夠成功宣傳一些東西，但是人生並不總是公平的，請習慣它。

為了要弄清楚這個問題，我經常會問來向我宣傳故事的人如何知道這個故事的，如果得到的回應是「喔，我在《紐約時報》一篇段落上讀到的。」那麼這就很明顯，他們對這個故事唯一做的就是讀了《紐約時報》的某一篇；另一

---

[12] 明白我在這本書前面說的聯繫主題的意思了吧？

方面，如果回答是「我聽到了這個故事，然後花了好幾個星期深入了解，發現了很多有趣的事情，接著我就打了一通電話，就又知道了更多東西。」這個宣傳聽起來就非常有進取心和有獨創性，在我心目中，這個故事和這位宣傳者的地位馬上就提升了。

我的朋友莫希特‧巴卡業，這位 BBC 第四廣播電台負責國內新聞和訊息服務的專員說得很好，他告訴我一個宣傳就是故事本身。「對待宣傳要和你對待故事一樣，」他說道，「你不會不做任何工作就播出一個故事，所以如果你不願意為了『宣傳你的故事』做一點工作，那這說明了什麼？」知道一個故事的來龍去脈是好的，而且你也需要做好「要做說明的準備」以證明你的觀點是獨特的。

「在最前面就要做好說明『這是一個……節目』的準備，」Stitcher 的克里斯‧班農告訴我，「如果不能回答這個問題，表示你的宣傳還沒有準備好。」

回想一下我們的十字描述，克里斯和其他被宣傳的人，他們的要求非常相似，是什麼讓你的項目與眾不同？在一個比較熱門的領域中，你可能會看到類似故事或想法的各種不同呈現，你要如何與眾不同，讓觀眾被你的東西所吸引？如果期待一個網絡會推銷你的東西，或是一個公關人員對你的節目產生興趣，你必須要能夠回答這個問題，而非只是期望那些忙碌的網絡主管或行銷人員能神奇地自己想出來。

有時候，創作者們並不理解：別人在販售或是行銷你的節目之前，他們必須要先了解它，如同我們在這一章節中討論的那樣，這是你的責任。最成功的創作者，要能夠分享願景以及激發別人對這個 Podcast 的興趣，這些都要從「你能夠明白說出為什麼重要」開始，同時也要讓你的銷售和行銷夥伴了解並且複述，你不能期望他們能夠講述這個故事，除非你自己可以。

了解你的聽眾

「這個 Podcast 的聽眾到底是誰？我總是會問這個問題。」Megaphone 的首席創意總監安迪·包爾斯說道：「通常我聽到的答案會是『嗯……每個人，真的。』這不是有用的答案。」

「了解你的聽眾」是這整本書的核心宗旨，這裡不需要再花太多時間著墨，只需要注意幾點：很多急於求成的製作人會想要求編輯、專員或是主管分享「他們的組織想要觸及哪些人」，我在我的職涯早期也曾經犯過這樣的毛病，我想要依照電台節目或是雜誌所服務的聽眾來調整我的宣傳方式，但是這種做法是有問題的，你是在假設「他們現在的聽眾」就是「他們未來想要的聽眾」，而這明白顯示出在想法上缺乏了明確願景。如果你知道這個故事，你就應該會知道這個故事是要給誰聽的，以及有誰會喜歡聽。

另外值得注意的是，就像第二章中「上網搜尋聽眾化身」一樣，目標聽眾應該被認為是一個目的地，並不是要排除其他潛在的聽眾，聽眾中會包含很多和目標聽眾不相像的人，這些人是你往目標聽眾的道路前進時所接觸到的人，有很多收聽的人是在你的定義範圍以外的，這沒有關係，但是「了解目標聽眾，包含他們是誰？他們為什麼會聽？」有清晰的觀點，這對於獲得決策者的認同是非常關鍵的。

另外，要樹立你作為故事講述者的權威和公信，去「了解及定義目標聽眾」是很重要的一步。

回答你為什麼要講這個故事

世界上有這麼多的製作人和記者，為什麼這個故事一定要由你講不可？很多時候，這些專員和編輯已經聽過其他類似題材或是相似手法的故事宣傳，為什麼這個故事應該由你而不是由別人來講呢？

通常答案不會是你有哪些資源、你擁有的權限或是你做過哪些研究，有時

候答案就是你、你自己，你自己就是最重要的資產。

　　我不想要洩漏我的年齡，但是我已經在這個領域裡待得夠久，看過很多潮流來了又走、走了又來——牛仔夾克、飛行員太陽眼鏡、流行歌曲中的自動琶音合成，這些我之前都見到過，我甚至也在冷硬的新聞原則中看到了週期性的趨勢。

　　曾經，對於記者來說「要把自己從報導中抽離出來」是神聖不可侵犯的，讓自己的作品可以擺脫偏見和主張，但這種情況在某程度上已經有了改變。讓我們實話實說吧：「客觀性」，雖然曾經被視為是涅槃般必須要達到的目標，但其實有一點不自然，而且通常對你的對象和聽眾也不公平。要把自己從工作中完全抽離出來幾乎是不可能的，對一名記者而言，與其在你的報導中把你自己、你自己的觀點和你自己的經歷擦拭掉，不如說更重要的是「要意識到自己在一篇報導中的位置，並且對聽眾坦誠」。你永遠無法足夠客觀地講述別人的故事，完全不帶任何偏見和不足，所以與其挑戰不可能，倒不如就坦誠相待。簡而言之，就是說出來並且接受它。

　　這種心態對你和你的報導比較健康，不僅僅是為了掌握負面影響，關於你是誰，你所擁有的經歷和世界觀，也可以是你在宣傳作品時的一個正向因素。新聞學院試圖要求學生們避免的觀點，可能就是「你應該要成為講這個故事的人」的原因。

　　根據我的朋友莫希特的說法，「我更喜歡有人說『我之所以要宣傳這個，是因為這是發生在我的生活中的事，我就這樣遇到了』，因為這種幾乎都會是個很有趣的故事。」

　　這不僅僅是承認視角和世界觀的問題，「你和一個故事的關係」也可以說明為什麼你是講述這個故事的人，或為什麼你是唯一可以說這個故事的人。莫希特分享他曾經經歷過的一個宣傳：這位報導者帶著一件舊的飛行員夾克來，他說想要為「這件舊夾克胸前口袋發現的一封古老信」做一個傳記，這封信是

他在舊衣店購買夾克不久後發現的，這位先生把手伸到口袋中拿出了這封信。這位宣傳者已經做了一些功課，他弄清楚了這封信的來歷，是誰發給誰的。在一場自薦的會議上，有這個道具是很高明的表演技巧，並且也有助於奠定「為什麼這位報導者是說這個故事的人」。

迪思雀・西布莉（Destry Sibley），我的公司 Magnificent Noise 的一位製作人，曾經宣傳過一個非常棒的系列，講述一群西班牙兒童在西班牙內戰時被迫遷往墨西哥，經歷了這場世界災難，再也沒有回到家人身邊，在墨西哥作為孤兒長大的故事。在宣傳的過程中，她透露之所以想要分享這個故事，是因為她的祖母就是這些孤兒中的一人，所以她藉由調查和講述這個故事是在了解自己的歷史。這是一個極有趣的轉折，使這個故事變得生動並且明確定位出為什麼講故事的人非她不可。

在老派新聞的規則下，這種個人關係要不是會被埋藏（不再提起），要不是就會讓迪思雀失去報導和講述這個故事的資格。真是很愚蠢荒唐！

讓你的結局落地

體操運動員和花式溜冰選手會告訴你，最後一招的落地有多關鍵，如果你搞砸的話，將會影響到裁判對於整個表演的看法，行銷一個故事也是如此。

作為一個聽過幾百次宣傳的人，每當我問製作人「故事會怎麼結束」或是「他們打算要怎麼讓這個故事結束」，我敢說他們大概有一半以上的人連想都沒想過這個問題，所以連當場造假都沒有辦法，他們認為故事的張力已經足夠有趣，所以解答或是結局會神奇地自己呈現出來。

在不清楚故事結局的情況下就開始製作和分享故事，是一種危險的行為。兩個著名的例子：指標性的《連環》（Serial）第一季和紀錄片系列《Missing Richard Simmons》，都是頂級製作人和藝人創作出來的典範之作，然而這兩部作品並沒有在開始的時候就考慮到結尾，所以多少都有一點不足。這兩個作品

都把製作週期的結束當作故事的結尾，並在結尾裡安插了對於名聲、罪惡感、清白等等議題的沈思，這些讓不少人感到失落，因為他們期待這場旅程結束時應該要有更清楚的結果（有趣的是，製作人在系列開播時並沒有明確承諾或是暗示過這件事）。

還在宣傳故事的階段就要「找到結局」，一定會比較辛苦，但這些辛苦努力會有潛在回報，可以建立你和這個故事的信心，有可能會為你帶來更正向的結果，知道結局（或是知道會有一個結局），將會激起把關者為你或是你的故事冒險。而最好的部分是，你甚至不需要堅持貫徹你在宣傳時提出的結局，如果有更好的選擇出現，沒有編輯或是專員會堅持你必須要貫徹某個特定的結果。說得更明白一點，如果在宣傳時你說將會解開一個謎團，那你最好要解開，但是如果在著手進行項目時，發現了一個之前沒有想到的更好版本，可以帶來更令人驚訝或是更令人滿意的結局，誰還會在乎原本行銷時說的是什麼。放手一搏吧！

┤├┤├ 其他一些需要注意的事項 ┤├┤├

雖然宣傳的技巧在很多方面都能適用，但是在執行時仍須特別留意。以下有三項建議，尤其適用在網絡行銷 Podcast 上，值得在此說明提醒。

首先，如果夠幸運能夠趕上向一位網絡執行主管來行銷你的項目，要記得「一個成功的行銷不只是獲得創作的許可」，那些主管們並不是在尋找一個優秀的想法而已，他們想要了解，你確實知道實現這個計畫需要什麼。「你要宣傳一個故事想法，還要通盤考量其它資源，包括團隊、藝人、預算以及和聽眾聯繫的方式。」安迪・包爾斯告訴我，「這些全都包含在一起。」

你不一定要有會計學的學位，但是如果行銷對象的第一個問題就是「你需要多少錢來做這件事？」那就表明了他們有足夠的興趣要進一步來談，所以你

要能夠回答這個問題。

第一項建議，對於厭惡電子表格但是卻必須要抓出預算的創作者，可以這樣做：先寫下你所有需要花錢的地方，然後找一個不厭惡做這件事的人幫你算出每個項目的成本，而且不要忘記在預算中最棘手、也可能最昂貴的部分是「對自己時間的適當補償」。對於宣傳來說，這不需要非常精確，只需完整合理。

第二項建議是，不要成為那種「忽略本章節中提到的重點，而把時間全花在製作精緻全彩的 PPT 簡報上的那種宣傳者」。提案簡報確實很重要，但是不能以犧牲內容為代價。「在聽取宣傳中最能把我搞瘋的事情，」NPR 的恩杰里・伊頓說道，「是當我拿到一個精心設計的簡報，全部都是視覺效果，卻沒有真正的訊息，他們認為我們會被這份簡報的效果、圖表或是設計的很酷的商標所誘惑，反倒居然沒有錄製任何一分鐘的音頻。」

第三項建議是（這一點很重要須特別記住）：「冷宣傳」。只要把任何一群開發主管、編輯和專員聚集在一起，他們就會開始分享收集到的奇怪故事，或是他們曾經在什麼奇怪的地方被宣傳過。

我自己也曾經在洗手間被人宣傳過（各式各樣情況，包含不只一次有人跟著我走進洗手間，試圖在我解放自己的時候推銷他們的故事），我曾經在電梯裡被人宣傳，曾經有人把宣傳寄到我家裡，曾經在遊樂場被人行銷過，曾經有人向我的老婆宣傳過（希望她能夠被震撼然後遊說我接受這個委託），甚至有一次我在葬禮上被宣傳過。我希望你不要成為這樣的人。

我可以理解為什麼人們要這麼做，「讓把關者成為聽眾」似乎很有挑戰性，甚至有些製作人誤以為我會被他們找我的膽量和技巧所打動，但這並不會顯得很有巧思，反而適得其反讓人覺得毛骨悚然，你的故事不只不會被選上，還會讓我懷疑自己是否會願意讓你代表我或我的公司進行採訪製作。

說到這裡，我明白對於很多新的製作人來說，很難想到該如何接觸到決策者。其實許多接受宣傳的人或代表窗口，都會提供一些公開的宣傳政策、提交

作品的入口或是指南，這些通常花個幾分鐘就能搜尋到。這樣做更省力、更有可能合格，而且你永遠不會成為大家在酒吧討論的對象，一舉數得！在上述任何一種情況下，如果對方可以忍住不推銷，而是簡單地問：「什麼時候和你推銷我的計畫最方便？」我很尊敬這種（冷宣傳）行為，當有人這樣問起時，我會確保他們有個途徑可以宣傳自己的想法。

建構一個宣傳

那麼，要如何讓你的宣傳可以吊人胃口並且在眾多作品之中異軍突起呢？這裡有一個我以前教學生團體時用的練習，這是第五章中「六頓午餐試講練習」的刪減版，在時間軸上壓縮了許多，也去除了六頓午餐的費用和卡路里。

這個練習看起來似乎是比較適合敘事型的故事，但幾乎任何風格的 Podcast 或是廣播製作都有下面的元素，所以不論小組討論或是訪談節目都可以使用這個建議方法。首先，要先接受幾個原則：

●比起聽一堆故事推銷，負責審查的人員也會有其他更想做的事，所以你必須要把推銷計畫說得好像是在「說服一個懷疑論者」一樣，因為你很有可能就是在說服他。

●你投稿的目的就是為了要進入下一個階段的審核程序，你必須要抓住審查者的注意力，在一開始便吸引住他們。因此不要把你的宣傳包裝的太過零碎，反之你要將這些瑣碎以整體一點的方式說出。這個我將會在下面概述。

●正如我們在書中其他地方討論過的那樣，一個故事的「重要度」其實在宣傳時無須過度強調，反之，讓故事本身來說明這個重要性（意即去展示，而非講述），很少有人會因為「應該」要聽一個故事而聽，他們必須是出自關注，而你的工作就是要讓他們關注。

下面是這個練習的方法。

首先，找一個夥伴，如果你能找到同樣在為新項目做宣傳的人最好，這樣你們可以互相幫助。如果沒有的話，任何一個有 15~20 分鐘空閒的朋友都可以，我們會假設有另外一個需要精煉行銷技巧的人和你一起。一但你坐下來著手你的宣傳，請按照以下方法來執行：

● 用一分鐘以內的時間告訴對方你的想法。

● 之後，互相列出對方宣傳中最有趣的三個要素，可以是一個事實、一個角色，或是故事的其中一部分。

轉折

正如我在「講故事」那章中曾提到過的，每一個優秀的故事都有一個轉折，一些令人驚訝或是出乎意料的事情。轉折可以將一個故事或想法從黑白轉變成彩色，在宣傳中加入轉折，會顯示出你有一個更大、更多層次面向的故事，並且揭示了你真正的想法是什麼：

● 花幾分鐘修改你的宣傳內容，聚焦在夥伴所指出來的那 2~3 個有趣的點上，並且在宣傳中加入你的轉折，丟掉其他不涉及這些核心要素的東西。

● 這次你們互相都應該在 45 秒內傳達出自己的想法。

● 彼此為對方的宣傳提供意見反饋。

角色

每個故事和節目創意上都有一個主角、中心人物或是一個主題化身（想想我們在第一章和第六章對人物的討論），他們代表了項目的核心思想，你要如何在不犧牲故事的前提下，在宣傳中加入可以突顯出這個角色的元素？另外，人們（包含把關者）會和角色產生連結，並有感情上的聯繫，那麼有鑑於此，你應該要如何修改你的宣傳來專注於這個角色呢？

●修改你的宣傳內容，將注意力放在你最引人注目的角色上。

●在 40 秒內互相分享你們的宣傳內容。

●彼此提供意見反饋。

情感

聽眾的情感亮點是什麼？（不是角色的情感亮點，是聽眾的情感亮點。）每當你宣傳一個故事時，被你宣傳的人都暗自在問自己，這是不是一個聽眾會喜歡的故事。藉由思考「聽眾會和什麼產生情感共鳴」，對於宣傳會有所幫助：

●再次修改你的宣傳內容，加入感情亮點。

●在 30 秒內互相分享你們的宣傳內容。

現在回過頭來看「該如何建構宣傳」這件事，我保證練習前後的差別會讓你大吃一驚。這些並不會太難，不是嗎？現在你已經準備好安排一個會議或是打一個電話，然後讓那位接收者／把關者／被宣傳者刮目相看了吧！

附加篇章：傑西·索恩（Jesse Thorn）談論如何建立社群

2015 年 6 月馬克·馬龍在他的 Podcast《WTF》中採訪當時的美國總統歐巴馬，這是 Podcast 歷史上的一個里程碑。一位美國總統來到馬克家的車庫錄製 Podcast 採訪（隨行的還有美國特勤局的全體人員，他們還帶著炸彈嗅探犬來搜索馬克的房子，讓馬克的貓咪們非常氣惱），雖然 Podcast 在過去這幾年一直都在進化，但是誰都沒有想到這個突破性的時刻。在和歐巴馬的節目結束時，馬克感謝了一群人，包含 Maximum Fun（可以說是最早的 Podcast 網絡之一）的持有者和創始者傑西·索恩（Jesse Thorn）。為什麼要感謝他呢？因為當馬克第一次表示想嘗試 Podcast 時，傑西就幫助他開始，他真的到了馬克家中幫

忙設置麥克風，並教馬克如何在 Mac 上用 GarageBand 錄音。

「我相信他自己會融會貫通，他是一個很聰明的人，」傑西說道，「他感謝我，我想是因為他知道我有多欣賞他的努力，而且我們建立了真正的關係，他對我有幫助、我也對他有幫助。他是一個貼心的人，也很努力去成為創意社群的有用成員，這樣互相協助的事就會發生。」

傑西・索恩一開始並不是 Podcast 主持人，甚至不是 Podcast 愛好者，他在加州大學聖克魯斯分校的校園電台主持了一個名為《年輕美國之聲》（The Sound of Young America）的廣播節目。2004 年傑西開始收聽一種叫做 Podcast 的新技術所播的音頻節目，並且他也嘗試利用這個技術來製播節目。大學畢業後，傑西繼續做這個 **Podcast 節目** [13]，也開始做一些以傑西和他的朋友們為主的其他 Podcast 節目。事情持續進展下去，現在傑西經營了一個很有影響力的網絡組織，有 40 多個 Podcast，主要針對洛杉磯喜劇界的作家和表演者。每一個屬於 Maximum Fun 網絡的節目都會以「聽眾支持，藝術家擁有」（Listener Supported. Artist Owned.）這個標語作為結束，這四個單字簡明扼要地總結了 Maximum Fun 和圍繞著它的社群。

身為社群組織發起人的兒子，傑西從很小的時候就了解到「以共同價值觀和利益為後盾來組織人們」是很有力量的，雖然這是 Maximum Fun 的 DNA 本質，但在早期，這並不是傑西建立 Podcast 社群的重要原因。時間拉回到傑西開始的時候，當時其實是為了經濟上的需要。

「特別是在 Podcast 的早期，除非你做的是一檔關於科技的節目，否則沒有任何廣告收入可言。」他說道，「我說的早期，大約是 7 年前，後來我很快就有了一個受聽眾支持的模式。」

---

[13] 最後這個節目的名字被改成《Bullseye》。

當 Maximum Fun 開始成形和發展時，傑西找到了一個靈感來源，就是 Okayplayer。Okayplayer 是由紮根樂團（The Roots）的 Ahmir "Questlove" Thompson 所創立的。

「從紮根樂團的網站，很快地變成了是一群有共同價值觀的社群，他們有某種特定看世界的方式，」傑西說道，「這對我來說很重要，因為我也是其中一員，我和這個網站以及社群的關係，遠遠超乎我作為紮根樂團的粉絲，所以 Maximum Fun 的目標，其中一部分是試著打造『虛擬社群』，另外一部分則是想要提供人們在現實生活中也能有社群體驗的機會，這種體驗不只是雙方面的，它是多方面的。」

傑西知道，要讓人自願掏出錢來給他，就必須要讓聽眾感受到與節目之間的所有權和歸屬感，這遠比傳統聽眾和節目間的關係更深。創建 Maximum Fun 的過程中，傑西在理解「Podcast 和社群之間的關係」上，比起其他人足足超前了好幾年。

「所以從一開始，我們的目標就是要創造出有一點像哈雷·戴維森（Harley-Davidson）的東西，除了是商品之外，還代表著一種『你在這世界上可以成為的人』。」傑西創立 Maximum Fun 的價值觀：不僅僅只是幽默感，還包含了對他人的尊重和接納，對優秀作品的共同熱情，以及喜歡接受一些意外狀況。Maximum Fun 甚至每年都會舉辦一場名為 MaxFunCon 的年度聚會，有點像是喜劇宅男宅女的夏令營，這個聚會致力於替參加者牽線，讓大家能從彼此那裡獲得喜劇表演般的滿足和享受，讓與會者以陌生人的身份參加，卻以朋友的身份離開，這個聚會的主要目的是要讓粉絲的社群變成一個真正的社群。

「我覺得我最大的體會是，如果你抱著『我要幫助其他人，特別是和我處境相似的人；我要讚美那些我喜歡和在意的作品；我要建立有意義的關係，在各方面與其他人有實際創造力的交流。』最終對自己會是非常有幫助的。」

傑西說道，「有一個笑話是有關洛杉磯喜劇 Podcast，內容其實是描述『這

些喜劇演員，他們的關係反映在播放中，他們的才華也被反映在播放中』他們了解彼此，也了解彼此的才華，這就是為什麼洛杉磯有喜劇 Podcast 而紐約沒有，儘管紐約有許多有才華而且優秀的喜劇演員。」

第七章
領導創意團隊

你可能會認為管理一個團隊或人員的工作並不適合自己，但是如果你很擅長目前正在做的事，未來不可避免地會需要去領導一群人，可能是帶領大公司或是著名 Podcast 工作團隊，也可能是獨立製作的 Podcaster，而且你可能比自己預期中的更適合當一名領導者。也許你未來決定和朋友合作、與其他人組隊，或是招聘助手協助現場活動或其他特殊計畫，或者——誰知道，也許你做得非常好——未來可能將你的小型 Podcast 發展成需要更多人協助的節目。

在開始討論要如何成為優秀創意人的領導者之前，我們需要先搞清楚一件事：「充滿創意的人」是非常棘手的。

他們的需求很多、要求也很多，而且對於「戲劇化」情緒表達的需求彷彿更勝於氧氣；他們從來不聽別人在講什麼，就算聽了，又會把一切都弄顛倒；他們沒有任何戰略思維（他們是創作者和埋頭實幹者），不關心大局，更不用說去「通盤了解」；他們期望隨時成為你的關注焦點和你的最愛。

然而，他們也會將你們共同的想法和願景實現成真，儘管有這麼多難搞和突發的幼稚行為，你還是需要他們。我深諳此道裡，因為我就是其中一位（如果你正在讀這本書，你可能也是）。我曾經帶領數百位創意人一起上戰場，一起完成很多偉大的事情，如果沒有對方，我們是不可能做到的。

因此，如果你發現自己已經（或即將）成為一位領導者或是管理者，我有7個建議技巧可以協助你，讓你的音頻合作夥伴展現出最好一面，甚至會比他們（或你）想像中的更好。

技巧 1──戰略口號

先讓我用一個警世故事來解釋「戰略口號」的威力吧。

有一天，我遇到了在音頻行業認識的一位年輕女性，她最近換了新工作。她之前曾經在某家音頻製作公司上班，這家公司創造了很多成功的廣播和 Podcast 節目，過去十年編制內的音效設計師、製作人和故事編輯，已經從屈指可數的人數成長到將近 100 名員工，這家公司採取了大量新措施，也正在擴大製作、傳播他們的作品。

我問她為什麼離開舊工作。

她回答道：「我對我們在做什麼毫無頭緒。」

說得明白一點，編輯知道如何編輯、製作人知道如何尋找和架構故事，幾乎所有員工都知道他們各自的工作角色，問題不在這裡，問題在於沒有一個人真正理解自己「為什麼」要這樣做。

這家公司規模發展得這麼大、這麼迅速，有太多新措施和新項目，組織已經失去了自我和方向感。當公司規模還小的時候，很多事情運作起來都還簡單，但隨著新人員、新角色和新想法的累積，沒有人知道他們真正的「目的地」到底是哪裡。更糟糕的是，公司還沒有為成長做好準備，員工們從媒體上得知自家公司製播新項目的消息，他們看到新員工在辦公室走來走去，卻不知道他們是誰、也不知道他們在做什麼。他們在員工會議中，覺得管理階層說著讓人聽不懂的密碼，方向改變、項目來來去去，就像公司在成長過程中患上了注意力不足過動症（ADD）一般。

所以他們只能埋頭做自己的工作，卻越來越沮喪和不安，因為他們不知道公司想要實現什麼，也不知道自己要如何融入這個願景中，但他們希望知道自己的工作是重要的。

故事中犯的這一切錯誤其實是可以避免的，這些擴張過快的措舉、無所不在的混亂、缺乏方向感、員工的不滿和低落的士氣，所有這一切，需要的只是

簡單幾個字。

這又可以回到我們的「十字描述」，只是這次還需要加上強而有力的焦點。簡而言之，想像是「為整個公司或工作團隊」產出類似十字描述的東西一樣，藉由回答「我們是做什麼的？」這個問題，可以讓你的工作變得更簡單，也可以讓企業和員工更有效率、滿意度更高。不同於你為節目所做的十字描述，這裡不會要求限制字數，但需要使用更具體、更明確的用語，在不需要額外的上下文提示或情境解釋之下，可以讓一個陌生人讀懂。

這和作家馬蒂‧紐邁爾（Marty Neumeier）在他的指標性品牌書《激變》（Zag）中所提倡的「在線聲明」（onliness statement）有異曲同工之妙，書中他對「品牌定義者」下挑戰書，要他們完成下面這句話：「我們品牌是在＿＿方面獨一無二的＿＿。」舉一個例子，「我們的品牌在<u>提供自產研磨的小麥給為講究家庭而烘培麵包的師傅</u>方面是獨一無二的<u>小麥經銷商</u>。」這很清楚、也很獨特，並且設置了邊界標誌。

要創造出一個戰略口號，需要回答出「我們做什麼？」這看似簡單，然而卻是一項艱難的練習。

另一種作法是在下面兩個問題中尋找答案，找出自己到底在做什麼：

●**聽眾想要什麼？**

●**我們能提供什麼？**

如同其他關於**定義**[1]的練習一樣，你會很想要大筆一揮，使用最具包容性、最容易駕馭的用語，但是最具包容性的用語就是最模糊的，而模糊的用語就是在浪費大家的時間，完全沒有意義。試試看找出答案吧：

---

[1] 關於定義的重要性，紐邁爾還有一句話我很喜歡：「大城市中的專賣店和小鎮中的雜貨店必須要遵循同樣的原則：競爭越大，焦點越窄——反之亦然。」

我們做什麼？

我們每天來公司上班，是為了＿＿。

　　如果我是一個賭徒，我會下注一美元打賭你會直接先跳過這題，然後你覺得自己之後會再回來看，但是說實話，你跳過的原因其實是因為這題很難。另外也建議你不要自作聰明的只在字面上解釋，若你製作的 Podcast 叫做《肝臟洋蔥秀》（The Liver and Onions Show），這個問題不要像這樣回答：「我們每天來公司上班，是為了製作肝臟洋蔥秀。」這樣是無法通過「陌生人閱讀」測試的（因為陌生人可能根本不知道《肝臟洋蔥秀》是什麼）。請再更深入一點，試試一些更完整的內容描述，比如說：「我們每天來公司上班，是為了創造富有洞察力的對話錄音、分享食譜，並且宣傳世界上最美味和最多變食物的營養益處，當然也就是肝臟和洋蔥。」

　　讓我們再試一次。當你想到自己所帶領的小組，你會怎麼描述這段話？

我們每天來公司上班，是為了＿＿。

　　一旦你把空白處填滿，困難的部分應該就完成了。在理想狀況下，當你對自己的工作有了很明確的定義，那麼做決策的時候應該會變得更容易，或者至少應該如此。

　　當你說「我們做 X」的時候，也就說明了你「不做」其他事情，或是「將不做」、或至少是「不應該做」其他事情。這也是意味著當有一位員工跑到大廳說：「我有一個不得了的想法，我們應該做 Y！」此時身為主管的你應該要說不，因為 Y 並不是 X。

　　你的戰略口號變成了一個過濾系統，你不再追求最刺激的想法，不再追求所謂最賺錢的、最新的想法，也不再追求只有老闆想做的，不必侷限於「好」

或是「壞」這樣的主觀回饋。要麼是 X、要麼不是，如果不是，那麼作為主管的你就說不，真的就是這麼簡單：提出一個口號，並且有紀律地堅持到底。

這種方法的靈感，來自於各地的有線電視行業：他們如何在幾百個頻道的世界裡，讓自己顯得與眾不同？尤其是在一個「觀看選擇幾乎是出自本能，而且是在幾分之一秒內做出決定，需要即時被滿足的世界」，藉由一個口號，可以讓他們突顯自己並堅持下去。

有些頻道在他們的「頻道名稱」中置入了自己的重點，比如說 Comedy Central、Cartoon Network 或是 DogTV；另外其他頻道則是使用「定位聲明」，不僅為行銷提供了一個立足點，也為他們的節目確立了一個清晰的定位，這就是他們的口號。

一個最典型的例子就是原本相當平淡無奇、讓人看完就忘的美國電視台（USA Network），它的標誌是一面醒目的國旗，字體使用標準保守的襯線體，整個頻道呈現一種非常「美國」的感覺，讓人覺得它應該也會提供一些同樣很「美國」特色的節目，譬如愛國的、溫暖人心的、以及／或是價值導向的。但事實上，這個頻道和他的品牌並沒有什麼特別的代表意思，節目就和品牌形象一樣毫無新意，就是一些脫口秀、低預算電影、還有兒童節目參雜在體育節目中（這原本是一個體育頻道網），這個頻道網就以這種狀態晃蕩了將近 25 年。

後來，美國電視台調整方向走回頭路，回到他們的「凝聚人心」主題（我要強調一下，這是完全可行的方式）。他們在原創劇集上取得了成功，並且決定圍繞這點來建立他們的頻道願景。對美國電視台來說，將他們系列節目連結起來的凝聚力，是在《神經妙探》（Monk）、《無照律師》（Suits）和《靈異妙探》（Psych）等節目中，那些生動迷人可愛的角色，這些節目的特點是「在古怪不尋常卻樂觀的情況中，塑造出有趣卻深受苦惱的角色」，並想出這個品牌可以用下面這句話表達：「角色歡迎您」（Characters Welcome）。

「角色歡迎您」對他們來說，是能適用於各方面的品牌聲明，他們也用這

個聲明來定義頻道下一代節目的選擇：從字面上來看，之後會通過審核的節目項目，也會著眼於「在古怪不尋常但卻樂觀的情況中，塑造出有趣卻深受苦惱的角色」。

在安迪・布萊恩特（Andy Bryant）和查理・馬維爾（Charlie Mawer）所著的《電視品牌打造者：如何贏得並影響觀眾》（The TV Brand Builders）一書的採訪中，美國電視網的數位行銷執行副總裁亞莉珊卓・夏皮羅（Alexandra Shapiro）說，「關鍵在於這不僅僅是一個標語，而且還是一種理念，貫穿我們公司內部以及與合作夥伴的運作方式，這聲明了我們的播出環境、節目策略和我們的發展。」

事實證明，這個政策框架對於他們是強大而有效的，讓美國電視網堅持用這個口號用了 11 年（對於有線電視節目來說，這是一輩子甚至是幾輩子的事），直到他們在 2016 年把這個口號換成了「我們是色彩繽紛的」（We the Bold）。

「我們是色彩繽紛的」這個品牌形象是如此強烈，甚至被應用到節目製作當中，電視網指示製作人每當設計一個缺乏視覺衝擊力的場景時，都要加入一個水果盤或是其他用色大膽的色彩。

另一個很好的例子是 FX 電視台，原先一開始的名稱叫做 Fox Extended，起初它是播放一些 Fox 持有或擁有版權（但卻沒有其他頻道可以播）的節目，例如 1970 年和 1980 年的老電視劇如《八寶喜事》(Eight Is Enough)、《風流軍醫俏護士》（M*A*S*H）和神力女超人（Wonder Woman）。

在 1990 年代後期，這個頻道開始在原創節目上投入了更多資金，擘劃出有別於美國電視網那些可愛迷人的角色和場景，FX 希望將那些叛逆的角色放在故事和系列裡面，成為自己的優勢。當 FX 第一次用主題概念來定義他們的品牌時，他們以「沒有盒子」（There Is No Box）（暗指「跳出框架思考」）開始，但是並沒有得到很好的迴響（大多數試圖以消極方式定義自己的都會一語成讖），所以他們決定要讓口號變得更簡單：只有這個字「無所畏懼」（Fearless），

FX 認為「無所畏懼」這個稱號同樣適用於節目、節目中的角色和整個電視網，後來在這十多年間將他們的定位、行銷和節目製作理念連接在一起。

在電視中，這些標語、口號或是品牌過濾系統——或者不管你想要怎麼稱呼——讓頻道帶著品牌形象的色彩，最終也會影響到聽眾對於節目內容的期待。在英國一項有趣的**調查**[2]中，只給電視觀眾看一個名為《不為人知的查爾斯王子》（The Unknown Prince Charles）的新節目名稱，然後問他們覺得這個節目是關於什麼的？在調查中，如果被告知節目是在 BBC 上播出時，受訪者會認為這是一部「關於查爾斯王子鮮為人知的功績成就的紀錄片」，如果受訪者被告知將在比較辛辣的 ITV1 頻道上播出時，這些觀眾會以為這將是一個採用他前女友和僕人為主角的「爆料」節目。同樣的標題和人物，但卻被解讀成兩個截然不同的節目，這完全是基於觀眾對於提供的電視台的理解而定。

那麼，這個「戰略口號」概念要如何應用在領導一群有創造力的音頻故事創作者上呢？

在 NPR 任職期間我為自己設定了一個目標，而這個目標也充分傳達給員工們知道。你可以去找任何一位為我工作的人，從廣播主持人到實習生，不論是什麼級別職務，問他們：「我們是做什麼的？」他們一定都會給出相同的答案。

我第一步是怎麼做的？想出答案。

我在 NPR 的工作是管理節目部，包含了所有非新聞類的節目和表演。雖然 NPR 的第一要務是製作廣播新聞，但當研究這些新聞聽眾的來源時（他們是如何接觸到 NPR 新聞），發現一些有趣的事情：超過三分之一的聽眾是透過非新聞類節目和 Podcast 接觸到 NPR 的。原來這些非新聞類節目，是人們最初發現 NPR 的主要途徑之一，最終才轉向新聞節目。對於很多聽眾來說，

---

[2] 在布萊恩特和馬維爾的《電視品牌打造者：如何贏得並影響觀眾》一書中也有討論到這項調查。

NPR 的非新聞類節目就像是一種誘導，發現《無形之物》（Invisibilia）、《等等……別告訴我！》（Wait Wait … Don't Tell Me!），或是《流行文化歡樂時光》（Pop Culture Happy Hour）的聽眾，最終會嘗試收聽《早晨節目》（Morning Edition）。鑑於這是如此重要的聽眾開發工具，我消化了大量的研究、數據和分析，想出了一個「戰略口號」給我的員工。

我們做什麼？

我們每天來公司上班，是為了創造下一個世代的 NPR 聽眾。

如果團隊中有人想要知道所有的研究細節和數據，我很樂意與大家分享。但是大多數人並不想要知道，他們只想要一個簡單的命令——讓他們知道為什麼要做這些事情，以及為什麼做這件事很重要，這就是「戰略口號」，團隊中任何一個人都能理解的東西，你可以在幾分鐘內向新員工或是實習生解釋的東西，一些非常清楚、直接和真實的東西。

當你有了強而有力的「戰略口號」，需要的就是反覆進行複述，而這正是我在做的。

在開員工會議時，我都會說一句口號作為開場；當討論正在進行的新事物時，我會試圖把這件事和這個口號結合起來；當辯論是否採取一項新政策時，我也會問「這是否可以幫我們創造下一個世代的 NPR 聽眾？」這個問題的答案，通常就是我們決定的答案；我也會把這個口號寫進董事會報告、預算文件，以及任何可以提醒我的團隊、合作的人與各種機會中，讓大家知道「我們在做什麼以及為什麼要這麼做」。

最終，即時沒有真正達到目標，也幾乎快要接近實現了，因為我們團隊上上下下的每一位成員（通常都會一邊翻白眼），都可以回答出「我們為什麼要來上班」的原因。

我們在 Audible 也做了同樣的事情。

在我任職初期，我們想要在原有的產品中建立一項新的垂直整合，在對口語節目有興趣的民眾，我們做了一份研究調查後，發現「正念和健康方面」的主題上有很大的擴展機會。如果你曾經花時間瀏覽不同類型的音頻項目，可能會驚訝的注意到竟然有一大堆與健康相關的節目，有數以萬計的 Podcast 和音頻產品是針對那些想要改善生活、冥想、降低壓力、獲得更好睡眠，或是獲得營養指導和運動的建議。

既然已經有這麼多可以用的東西，那麼為什麼還要加入戰局呢？沒錯，確實是有一大堆，但是幾乎都很爛！大部分的素材曲高和寡，很少有人真正會去採用。那些對於這類型主題感到好奇的人，希望聽到的內容是與自己有關的——必須要反應出他們的興趣、目標和世界觀。

這為我們的團隊帶來挑戰，該如何避開那些讓其他產品步履蹣跚的陷阱呢？雖然每一本商業書都建議不要使用負面定義，但是我們還是先列出了一張清單，列舉出人們對於傳統思維不屑一顧的所有原因，這份清單中包含了：令人討厭的新時代音樂，像是懦弱者的說話風格，以及我們所謂的「嬉皮行話」（hippie lingo）（不斷提到和平、漂流和彩虹）。當整理完這份清單後，我們想「為什麼不把這些都去掉就好？」，這些主要都是一些吸引小眾的品味差異，透過避開這些元素，我們可以創造更多適合聽眾的東西，所以我們想出了「戰略口號」：

我們做什麼？

我們每天來公司上班，是為了針對不養生的人提供他們

「以大量科研為基礎」的生活改善指南。

這句看似很簡單的話語，卻包含了很多內容：「以大量科研為基礎」意味

著我們會專注於經過驗證、真正有效的技巧和想法，這樣就已經去除了 99% 以上的競爭；「不養生的人」指的是那些看著已經在市面上流通的大量廢話，意識到這些並不適合自己的人。在我們製作項目過程所做的每一個決策，包含要採取什麼立場、要遵循什麼品味風格，都會使用到這個口號。

我們太常和對方說這句話，以至於有一次我的新專案夥伴休假兩個星期後，當他回來時，我們寒暄幾句，然後看著對方又複誦了這句話一遍。

制定一個口號，然後一有機會就複誦。

有一個簡單的方法可以知道你的團隊已經了解並且內化了這個口號，就是當他們開始拿這個口號開玩笑的時候。說真的，幽默是來自「對於共同經驗的理解」，當一個團隊已經將你的戰略口號內化到足以用來取笑你或是其他人時，你就知道這句口號已經深入人心了。

┆┆┆┆ 技巧 2——教導如何犯錯？ ┆┆┆┆

優秀的領導者會消除對失敗和犯錯的偏見。

這一點其實有點諷刺，因為如果你真的是一個好的領導者的話，你的團隊將會與失敗對抗鬥爭，他們景仰你、不想讓你失望，這就是你的領導力的展現。你要和他們說清楚，真正會讓你失望的狀況是他們沒有全力以赴，下面是一個很老掉牙的比喻，就是即使是一位名人堂的打擊，在上場揮棒時若沒有盡全力，仍然會出現三投兩敗的表現。在 Podcast 這樣一個擁擠的市場中，滿足於小型、安全的打法不會帶給你任何收穫的。

優秀的領導者，會為「失敗」去做事前預估與規劃，他們把失敗視為是一個學習的機會，了解如何能在下一次做得更好。當他們為一個新計畫制定規劃和時間表時，會保留足夠的時間來撤退、重新思考和重新嘗試，但前提是，要能接受「可能發生的失敗」。

最好的做法，就是成為團隊中示範「如何失敗」的榜樣。即使是做開發創

業的一群人，也不會坦然自在地接受失敗和風險。以下是我在員工會議、腦力激盪和酒吧狂歡時段中看過百遍千回的場面：一個人提出了一個想法，然後其他人提出了「這個想法可能會失敗」的各種理由，像一群鳥一般慢慢地把這個想法啄死。一個想法因為大量的「是的、可是」而窒息，通常這些理由實際發生的可能性（最多）只有2%，但是這種嘲笑會持續到提案者最終筋疲力竭或洩氣，或是大家得出一個結論，就是沒有辦法讓這個想法完全沒有風險（或者至少沒有辦法在狂歡時段結束前想到解決辦法）。

在這些風險規避的群體思維情況下工作，認為一個具有優點的想法不能同時並存著風險，資源是寶貴的，時間是有限的，所以決策者每一次都必須要投資贏家。

這種情況不是偶爾才發生，在我的職業生涯中幾乎每天都會看到，決策者試圖從每一個有前景的想法中消除掉所有風險，並且污名化那些「可能傳授成功的失敗」，因此大大減弱了新作品的潛在影響力。而通過這些考驗的想法可能不會失敗，但也不會產生什麼重大影響，「大家都同意的解決方案」往往是無法解決問題的方案。

這種哲理就像是失敗的培養皿，而且不是那種「好的失敗」（是的，有一種失敗是好的失敗）。雖然不是每個行業都能接受失敗（譬如我不願意接受心臟外科醫生或是食品安全檢查員的高失敗率），但是對於從事音頻工作的創意人員來說，每天都有能力可以進行再創造、改進和調整，Podcaster 當然可以接受失敗。

優秀的團隊和公司從失敗中學習，弱者則不是如此。

以應用程式 Burbn 的發明者為例：Burbn 是一個威士忌愛好者的社交媒體平台，他們的用戶可以在酒吧、酒廠和餐廳中「打卡」，對不同的威士忌進行評分、發佈評論和照片，然後也可以對互相的貼文進行評論。這個應用程式很快就陷入困境，然而在仔細審視他們這項重大失敗的餘燼時，團隊注意到「用

戶很喜歡發佈照片和評論」，所以他們就拋棄了對於威士忌的關注，並將這款應用程式改名為 Instagram。

在 Podcast 的歷史上有很多失敗的例子——數以千計的新項目、應用程式、營收策略和發行機會，由於這樣或是那樣的原因並沒有成功，那些風險規避者對於事情沒有按照計畫進行後，會聽到他們做出類似「我就知道會這樣」的反應評論，或是部分參與者會透露他們一直以來其實默默提倡另一種策略；抑或是有的人會不承認失敗，反而提出「另一種衡量標準」來證明他們失敗的項目其實可以算是成功的，就像是「我們的節目可能沒有任何聽眾，但是我們確實在安排錄音室的時間上有所創新。」

最糟糕的是，在遭遇到挫折後，那些大量的流言蜚語和竊竊私語，去含沙射影地指責那個願意冒險的人，但是這才是我們真正應該為之喝采的人啊！

大家對於失敗有這樣的過敏反應，原因是出自於對風險的厭惡，認為風險是一種必須不惜任何代價去避免的東西，而不是要去定義、緩解或是管理它。為什麼要擁抱風險？因為任何值得擁有的東西，都是在有大量風險的情況下產生的。

有一個基礎公式可以用來理解失敗的力量：

規避風險＝規避成功

聰明的領導者會在他們的主持人、製作人和員工中建立「風險容忍度」。風險（以及由此產生的失敗）被人們預期可能會發生，並被納入到流程中，而且往往被視為是學習以及通往未來成功的途徑。風險、風險容忍度的作用跟過敏很像，大部分的過敏反應都可以透過藥物治療來控制，抗過敏藥物不會讓過敏消逝，藥物只能抑制過敏反應、去讓人產生容忍度，你也可以這樣看待風險。

我很幸運地在我的事業上取得了一些重要成功，但是還是有很多事情是完

全停滯不前的，每當有人稱讚我的成功時，我總是這樣回應：「謝謝你，但是你沒有注意到我失敗了 50 次才學習到這次成功。」這個比例可能有點誇張，但是我並不以我的失敗為恥，我想要承認這些失敗在成功中佔有的角色。

當我把一件事搞砸的時候（這經常發生），我會做這個儀式：一個人坐下來，然後喝一杯熱巧克力，盯著窗外思考，並在清單上列出 5 個問題問我自己：

● 這裡到底是出了什麼問題[3]？

● 在這個過程中，我是否錯過了任何可能改變結果的提示／信號？

● 我還有哪些在進行中的計畫，可以立刻從我現在這個經驗受益？

● 我如何去分享我學到的東西？

● 失敗讓我有什麼感覺？

最後一個問題是戴‧科克斯（David Cox）的建議，他是我以前在 Audible 團隊的成員之一，他說服我在清單上增加這個問題。他說：「失敗的感覺並不好，人們通常會盡量避免這種不好的感覺，但是為了能從失敗中學習，首先你必須要先敞開心扉去感受這些感覺。」

就像對上一個問題的回答一樣，這個練習應該是關於你自己的，你不僅僅要回答這個問題，而且回答每一個問題時，需要確定你在失敗中的角色。簡而言之，把每一個錯誤都從「你是如何接觸以及影響到這件事」上來思考，就好像你是唯一的負責人。你不能說，「這是行銷的錯，因為他們沒有扎實的公關活動。」你可以說，「我沒有設定好期待值，沒有和行銷部門一起勾勒出必要的工作以便完成一場成功的公關活動。」

在我回答完這 5 個問題後，我會在心裡把這些資訊歸檔，有時候我會寫一封信給自己，以作為回饋。

---

[3] 不是互相指責的遊戲，不是沮喪／憤怒／失望，而是思考失敗的根本原因到底是什麼？

這就是以身作則、成為榜樣的地方，作為你的創意小組的領導者，讓失敗（和明智的冒險）感覺 OK 的最好方法，就是分享你自己的經驗，和你的團隊分享你過去和現在的失敗，藉由你自己的失敗來教導他們。在會議中、腦力激盪中或是在工作過程中，分享你的經驗和那 5 個問題的答案，千萬不要畏縮、皺眉或是道歉，只需要分享故事就可以了。

　　其中潛藏的含義是：最好的失敗方式就是「擁有失敗」──展示如何把這個經驗學到的東西轉向到其他項目上。其實，要能從失敗中學習的真正關鍵是「誠實」，當某件事情已經沒有效果的時候，就說出來。理解失敗和擁抱風險的關鍵，往往在於態度上的微妙轉化。

　　當我和那些有理想的 Podcaster 交談時，他們有些是隸屬於媒體公司、廣播電台或是一家試圖要在 Podcast 領域中佔一席之地的小公司，他們經常會帶著一種群體思維「我們正向 Podcast 投入種子資金，這個項目必須要成功，並且必須獲得令人驚豔的聽眾和回報。」這是迎向災難的節奏，當你「開始一個Podcast」、想要「獲得一個熱門的 Podcast」時，你的成功機會往往是無比渺小，就和中樂透的機率一樣小。

　　如果這些組織在開始的過程時說：「我們希望『最終』能夠有一個成功的Podcast。」那麼你不是在資助一個 Podcast，而是在資助「一個過程」。藉由逆向工程的操作，你設定了一個期望值，並不是每一步都需要百分之百按照計畫才能達到目標，但按照這個邏輯，你可以從 6 個 Podcast 想法開始（而不是只從一個），然後慢慢刪除那些無法成功的想法，最後留下來的那個 Podcast想法，將有更大的突破潛力。

　　每當我在和公司討論這個作法時，我普遍會聽到這樣的回應：「我沒有這樣做的預算。」換句話說，因為沒有資金去創建 6 個 Podcast，所以你要在前期就孤注一擲在一個想法上，我覺得這樣反而會妨礙成功。先投入少量的資金，來確保剩餘資金可以在這個措舉中被有效利用，不是一個比較謹慎的作法嗎？

風險容忍度會隨著對失敗的應變「速度」而變化，許多 Podcast 和 Podcast 網絡的領導者，都是用這種思維來顛覆失敗以及快速成長，如果你不失敗，不從失敗的經驗中學習改進你的計畫，你就會習慣看到成功與你擦身而過。

技巧 3──專注於不會改變的事情

在我作為亞馬遜（Amazon）生態系統的一員時，我接觸到了公司的經營理念和原則，這是我職涯中一段非常精彩而且富有啟發性的時光（我經常把這些年稱為有人付我薪水讓我去讀 MBA）。我發現很多「亞馬遜方法」（Amazon Way）對我理解商業活動真的很有幫助，雖然這些原則對於創意文化而言比較少能適用，不過，其中有一個「貝佐斯智慧」（Bezos-wisdom）卻是很值得拿來探討（特別是如果你已經費盡心思為你的節目或組織定義了一個口號或是十字描述），對於成功，他的最大建議就是：專注於不會改變的事情上。

傑佛瑞・貝佐斯（Jeff Bezos）以專注於「創造長期價值」而聞名，他曾經說過：「我很經常被問到『未來 10 年會發生什麼變化？』這是一個非常有趣、非常普遍的問題。但我幾乎沒有被問到『未來 10 年內什麼不會改變？』而我可以向你保證，後者其實才是兩個問題中比較重要的那一個──因為你可以建立一個商業策略，圍繞在那些不被時間影響的穩固事物上。」

貝佐斯接著說，客戶想要從亞馬遜獲得三個基本的東西是「優秀的選擇、優秀的價格和優秀的客戶服務（其中包含快速運輸）」，所以在過去 20 年中，即使世界不斷變化，亞馬遜仍一貫秉持這三件事；當更新的科技和技術出現，亞馬遜也是傾向用新技術來改善並推進「選擇、價格和服務」。這是一個很好的指導原則，可以幫助審查和檢視發展方針。

儘管人們很喜歡拿亞馬遜嘗試用無人機送貨的實驗來開玩笑，但是對於亞馬遜而言，這是一項非常有意義的投資，因為亞馬遜花費了大量的時間和資源來嘗試識別和減少包裹運送過程中的摩擦點，雖然無人機技術還有很長的路要

走，但是未來這些可能成為即時取貨的重要要素。亞馬遜的其他配送技術（從倉儲櫃到送達房屋或汽車等收貨點），都在初次亮相時受到了很多關注（雖然沒有哪一個可以比得過無人機送貨），而以上嘗試都是要找出最好的運送方式，可以用你覺得有吸引力的價格、在你想要的時候，將貨物配送給你。

這些要如何應用到創意相關的企業中？就我所知，無人機在音頻製作中的用途不大，然而其基本思想卻和音頻完美契合：從廣播的發展，到現在的Podcast革命，贏家都專注於那些不會改變的東西。

無論是用什麼樣的平台來傳遞，聽眾都需要那些一致、基本的東西——而這些東西一個多世紀以來都沒有改變過，你已經看到我在這本書中反覆討論過這些東西了，他們想要的是：

● **優秀的故事**

● **優秀的聲音**

● **優秀的想法**

這個問題的關鍵是「故事」本身，廣播、Podcast、智慧喇叭和汽車播放面板等等都是傳遞優秀故事的方式，但是這些「用來傳遞的平台」不會讓不好的故事變好，通常也不會讓好的故事變壞。

我觀察到，當一個新設備、傳播平台或是新技術出現時，創意團隊中就會有人開始在辦公室四處奔波，堅持認為我們「必須」要立即追求這個機會，如果不盡快啟動這個機會，那麼一切都會失去，因為聽眾會放棄現有的選擇去追求新的（還記得我在本章開頭說過的有關創意人戲劇化反應的特質嗎？）

幾年前，當智慧音箱開始流行的時候——當時只有一種智慧音箱（Amazon Echo），甚至這些東西還沒被稱作是智慧音箱——我記得我的團隊成員全都被嚇壞了。「這將會改變一切」我反覆聽到，「我們必須馬上就引入這個東西！」

就像我在很多情況下會做的一樣，我提醒他們，聽眾不會輕易或是快速改變習慣，所以很少會有一個變化、新的機會、新興的技術或平台，會立即造成

動盪失調，即使是智慧音箱也花了兩年的時間成為一個「競爭者」，更不用說對市場做出任何嚴重的擾動破壞了。現在我確實相信智慧音箱將會成為未來數位音頻的一個重要因素，智慧音箱的影響力和普及性只會越來越高，但是我也相信一個創作團隊的焦點，應該是朝向正確方向，而不是沿途隨著環境起舞。與其為每一個新的發明想法而抓狂，不如把精力集中在那些不會改變的東西上：優秀的故事、優秀的聲音和優秀的想法。創意人應該要考慮的是「這個故事可以共通於很多不同的平台」，聽眾可以在任何他們想去的平台上享受這些故事，今天我們應該要集中精力去做這件事情。

簡而言之，「專注於不變的東西」這個想法，可以用兩個字來總結：冷靜。

技巧 4——避免二元性

我們在傳遞最重要訊息的時候都喜歡簡潔扼要。

「過馬路之前先看兩邊」、「不要碰那個」、「小心空隙」，甚至是「我愛你」。

有時候，我們會用簡短的、宣言式的二元論述，來表達想法、情感、提醒危險或者單純提示做某件事的最佳方式。

「就是這樣」或「這是錯的」，接收這樣的訊息可能會扼殺靈感，也無法讓你完成目標。

「是」、「不是」或是「我也愛你」而很多時候，我們作為資訊的接受者，也希望得到一些二元的、簡單的資訊。

但是更多時候，背景情境是非常重要的。

尤其在領導創意團隊時，我會盡量避免二元論述，例如「做這個」或是「不要做這個」。我沒有教我的團隊服從指令，而是教他們如何思考、學習尋找機會，以及不做二元論述；我為他們提供資訊和背景分析，然後嘗試指導他們自己做決定，或者至少從我這裡得到一個有意義的決定，讓他們明白這樣的決定

會如何影響我們的戰略、政策和工作方式。

佛瑞德·雅各布斯（Fred Jacobs），商業廣播諮詢公司 Jacobs Media 的創始人兼總裁，曾經在 2017 年為這個寫過一篇精彩的部落格文章，名為「我們給廣播人才的 6 條建議」。其中內容提到一些電台經理告訴 DJ 們的例子，例如「不要談論自己」，雖然我們真正想要告訴 DJ 們的是「用感同身受、有趣的生活經歷，來創造內容和建立你的品牌。」但可能有一些電台台長，某天在文章中讀到、在小組討論中看到，或是從其他電台台長那邊聽到「DJ 說太多有關自己的事了」，然後從來沒有冷靜去思考這句話的含義或是為什麼，便做出結論「DJ 說太多話是不好的，所以不要這樣做。」事實上，有很多方式可以讓DJ 的個人軼事和聽眾建立連結，這才是應該努力和關注的方向，而不是強制執行一個武斷而愚蠢的二元規則。

而且更糟糕的是，許多二元論述的規則和指令並非全都符合事實，所以有些時候，你需要做一些不同的變革。我發現很多這類型的二元論述在很早之前就已經紮根，像宗教教義一樣被人遵循，然而每當你問起時，卻沒有人真的知道這樣的說法是怎麼開始？是誰說的？以及為什麼這麼說？

舉一個例子，很多年以前 NPR 有一條規定「記者不能用第一人稱寫自己的經歷」。他們被指示可以寫出「在市場上有一股肉桂的味道」，但是他們不能說「我聞到了香味」；如果記者身處戰區，炸彈就在他們旁邊爆炸，他們不能說「當我站在市場廣場時，炸彈就在我的旁邊爆炸了。」反之他們被指示寫下：「一枚炸彈在市場廣場爆炸了」，不能有任何跡象顯示他們就「正站在那邊」。

當時這是一個不容置疑的規則，你只是在一篇報導性的新聞作品中沒有寫出自己和自己的感受／觀點／經歷，每當有人問起原因時，通常編輯會含糊的回答。人們往往花時間去討論這條規則有多重要，而不是去搞清楚「這條規則為什麼存在？以及這條規則為何而來？」或者是去思考「如果你覺得情況需要採用第一人稱來說話時，你會對誰說話？」很多人推論這條規則的起源，是從

另一個廣播新聞組織而來，例如 BBC 或是 CBS 新聞網，只是被移植到了 NPR。

然後我的一位導師和前老闆傑伊‧柯尼斯（Jay Kernis）領導了一場「審視新聞編輯室作法」的活動，希望能夠讓 NPR 的聲音更進一步，並摒棄掉在現代中對於組織不利的一些舊規則。上述的例子就是其中之一（還有另一個同樣奇怪的規則，就是記者不能播放他在錄音中的提問），經由傑伊的努力，這些毫無意義的規則也就慢慢地被捨棄了。這個小小的改變，讓 NPR 的記者創造出有史以來最吸引聽眾和最引人注目的報導，我想到的其中一則就是傑森‧博比恩（Jason Beaubien）和大衛‧吉爾奇（David Gilkey）的報導：他們在海灘上發現一位小男孩死於伊波拉病毒，他只是躺在那裡，沒有人敢碰觸或伸出援手，如果傑森和大衛沒有辦法用自己看到的觀點來討論這個孩子的真相，這會讓人感覺很冷淡、很突兀，考慮到那時的情況，若遵照原本「不用第一人稱來報導」就會是一種奇怪的選擇了。

二元性的規則，在太過簡潔和缺乏背景的情況下，對誰都沒有用處。

┃┃┃┃ 技巧 5──50％的計畫 ┃┃┃┃

作為一位領導者，在我所有提倡的想法、觀念和狂野思維之中，這是目前為止最讓其他高層管理人員所無法接受的──50％的計畫。簡而言之，在確認工作範圍後，我只計畫使用「一個人力的一半時間」，意即我只編排他們每週不超過 20 小時的埋頭苦幹時間，如果我們需要更多的工時來完成，我們就應該要再雇用一個人。

這看起來似乎很奢侈，但事實上這是一種實際需要。我曾經認識一位在電台工作的年輕女士，電台決定要讓她全職做一個新的 Podcast，每週至少要工作 40 小時（通常是更多），與我在這本書舉過的很多例子不同，這個項目沒有進行得不順利，事實上，這個 Podcast 幾乎立即獲得了大成功，很快就擠進Podcast 排行榜的前面名次，被大量的下載並且在第一週就引起了迴響。這時

問題就出現了，幾週後電視台問她是否可以製作更多集數，原本她計畫每隔一週發佈一集，現在她的老闆想要每週發（立刻要）。一個月要多製作兩集，她的工作時間已經超過全職的加班時間，並且放棄了大部分的週末休假，但是奇蹟般地，她還是成功擠出時間在每個月生產出 4 集節目。

幾週後她收到了一個參加電視節目的邀請，再幾週後她得到了一本書的邀稿，再幾週後有人花錢希望請她去演講，但是，她已經沒有餘力可以接受這些邀約，所以大部分都回絕了，儘管這些邀請對她、對她的 Podcast，以及對於她未來的發展，都會比趕工出來的額外節目更有價值。另外最不幸的是，她的作品質量和原創性也開始下滑，在不到 18 個月裡就徹底精疲力盡，然後結束了她的 Podcast。

她的超人氣和機運都以異乎尋常的速度攀升，但是成功之後會面對到的基本問題，其實是很共通常見的。融合了清教徒和僧侶的敬業態度，新創建的 Podcast 在資金極少的狀況下創立，沒有多餘的能力去支撐、擴張、發揮，甚至是往後退一步喘口氣，這類型故事的不同版本一直在重複上演，而且不只是針對新嘗試，甚至也會發生在有一定基礎的作品中。

讓我們面對現實吧，當涉及到計畫編制時，幾乎每個人對於估算時間都很不擅長，尤其當我們估算自己的時間（和從而估價）都很糟糕，甚至會為了想做的事情而試圖找理由說服自己，此時就達到了可怕的最高點，我們自欺欺人地告訴自己、支持者和同事：「我們可以在自己願意分配的時間內完成承諾。」

所以為了補救這一點，我會假設大家實際可以工作的時間只有 50%，再來安排預訂人力。在你想要跳過這一點直接進到下一項之前，先聽我說完。舉例來說，讓我們想像一位叫做朵蒂（Dottie）的員工，她每週上班 40 個小時，當安排工作時，我們希望把朵蒂的 40 個小時全部排滿。

　　但是作為經理，你需要考慮到朵蒂的休假和病假，以及讓朵蒂代理其他人休假和病假的時間，除此之外，加上每週的部門會議和每週的全體員工會議，以及其他一些耗時的職責，當你把這些都加在一起之後，很快會吃掉朵蒂 20％ 的時間。

　　領導者和經理們花了太多時間擔心失敗，以至於他們從來不為成功做計畫，而 50％ 想法就是希望為這種情況解套，在規劃一個計畫的工作時數，你要假設朵蒂只有 20 個小時可以給你用。

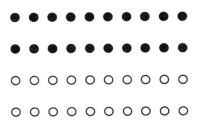

那麼，一週其他的 20 小時呢？這會用在庶務性與突發狀況所需要的 20%
彈性中，涵蓋了會議、休假和病假等基本需求，以及用在「將會成功」的努力
上，例如規劃執行特別項目、跟聽眾互動和建立關係、研究額外的素材、解決
問題，甚至是爭取贊助商、資助商和廣告商，他們還可以趁這個機會坐著看窗
外的風景，思考要如何發展／改進／革新這個計畫的想法，這些是每天汲汲營
營的人所無法想出來的。

在我任職於NPR期間曾提出一個概念，協助宣傳NPR所有電台的網絡節目，
這個「Spark」計畫執行的極為成功，而且是促進過去 10 年發展的一大重要因
素。是什麼催生了這項計畫？是來自一次被取消的兩天外訓。

我的行程表上原本有一個為期兩天的外訓，不知什麼原因在最後一刻活動
被取消了，因此留下了完整兩天屬於自己的時間。第一天早上我走進辦公室坐
下來，回覆了一些信、回答了一些問題，沒多久便感覺到無聊。當我盯著一塊
什麼都沒有寫的白板時，開始思考起節目推廣的問題，然後站起來寫改進流程，
到了下午，經過多次的擦拭和重寫，已經想好了基本公式，我把當天剩下來的
時間和第二天的空閒時間都花在構思細節、邀請回饋意見和修改。

磅！完成了，一個解決的方案。如果不是我坐在那裡，手中有些多出來的
額外時間，我可能永遠也不會想出一個解決方法。你覺得把這兩天的時間花在
哪裡比較好？解決整個系統的宣傳問題，還是在滔滔不絕的外訓中試圖要保持
清醒？

我個人是「無聊」的擁護者，那些讓我們感到無聊的時光，其實是在生活
裡少少幾次、允許思想自由奔馳的珍貴時光。尤其在某個地方卡關時，我會「讓
自己很無聊」，我會把音樂／收音機／電視關掉，放下雜誌或是書籍，不再用
有趣的事情分散我的注意力，我就只是坐著。

對於像是 Podcast 或是廣播節目這類需要創意的領域而言，無聊是很好的
調劑。儘管我在剛剛幾頁中分享了很多，但想要傳達的是，「無聊」不是目標，

而是在達成目標之前去創造一些些自由呼吸的空間（不論是比喻性的還是字面意義上的呼吸）。

看看數學家、作家和其他一樣是原創性思維的人，他們大多數會告訴你，即使是在全力投入工作的情況下，也只有 2~4 個小時的高生產力，然後會開始覺得精疲力盡，需要休息和充電。許多研究都發現，儘管試圖將更多時間投入到智力追求上，但是產出卻沒有增加（雖然投入時間變多了，但是並沒有產出更多的想法）。這適用在很多工作方面，你知道那些每天熬夜工作 12 個小時的人，跟一位扎扎實實工作 8 個小時並且把剩下的時間留給休息和休閒的人比起來，前者其實並沒有比較有生產力。

需要說明的是，我並不是在提倡一週工作 20 小時，我主張的是在員工的工作行程上預留一些空間，讓他們能保持工作／生活的平衡，這會有助於他們的成功，有時間去追求能推進項目和企業發展的機會，也有時間對自己的工作更周全的思考、更有見識以及更有想像力。我認為安排這種休息時間和安排病假、飯局和參加員工會議一樣重要。趁這個機會，我想在本章節中再寫一段來談談「對週末休假和休息時間的認知」。在過去 20 年，我自己就是最違反工作與生活平衡的人，但此刻，我已經認知到休息時間有多重要，在這兩年內我確實改變了生活和工作之間的調配，去設定界線，不再讓工作消耗這麼多的時間（和我自己），而且我發現最後的工作產值並沒有減少。所以請你也為自己和你的團隊考慮一下這個想法，如果你把一週 40 個小時的工作時間都排滿的話，就沒有辦法安排這種休息時間。自從我開始倡導這些觀念之後，有不少人嘗試過了，從來沒有聽到任何一句抱怨（除了急於攤銷員工時間的財務人員之外），這需要的只是一點「對於期待的溝通和對團隊的信任」，而且他們會透過善用時間來回報這種信任。

所以讓我們把這個觀念帶回朵蒂和她的時間分配上，如果製作朵蒂的 Podcast 需要 40 個小時的工作時間，那就不只需要一位員工而是兩位了。

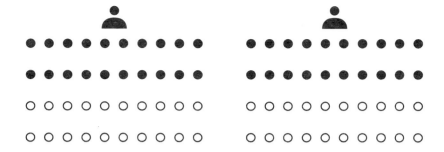

　　現在，讓我們回到之前分享的那個故事：那位創作出成功的 Podcast 並且有機會擴展到其他平台（例如書籍、電視和其他現場活動）的女士，她已經使用超過的 20% 的赤字時間在工作，用晚上和週末（還有一些其他的）時間來彌補，如果在計畫一開始就只安排 50% 的工作時間，會對她有幫助嗎？答案幾乎肯定是「可以」，就算不能解決她所有的問題，但是一定可以改善風險，增加項目成功的可能性。

　　對於那些堅持要往壞處看的悲觀主義者，使用這個想法最壞的情況會是什麼？你的員工最終會得到一些額外的時間，然後他們可以把這些時間用在你的組織中的其他想法和項目上。

技巧 6——把問題變成可能

　　當面對工作中的壞消息或是不如預期的展開時，我經常會問我的組員：「該如何把這個問題變成可能？」為了要說明這點，先介紹和這個想法有關、我非常想要分享的一個故事。

　　我在 2017 年和作者強・朗森（Jon Ronson）合作了一個叫做《蝴蝶效應》（The Butterfly Effect）的系列，講述「當色情片在網路上變得無所不在而且可以免費收看時，會帶來的所有意想不到的後果」，這個標題來自蝴蝶效應的概念：由一個微小事件引起一系列原本不相關的大事件，像一隻蝴蝶搧動翅膀引

發的小風，最終會演變為一場颶風。

在我們的系列中，其中一個「無意搧動的蝴蝶翅膀」就是客製色情片的演變。由於色情片可以免費在網路上取得之後，許多傳統色情製片的賺錢方式就枯竭了，製作人和一些明星必須得要尋找其他門路去運用他們的才華和技術賺錢，其中發展出的一種就是專門接受客戶要求，去客製色情片並以此收費。你可以想像，客製化的色情片有時候會有點奇特，客戶會要求進行各種活動（有些甚至不涉及性，譬如女性坐在房間裡拍蒼蠅；有些是渾身塗滿調味品；還有一個是請兩個裸體的女性燒掉客戶的郵票收藏）。

有次在我們這個系列節目中，有一個場景涉及到別人的故事而無法把它放到劇中，這是麥克和他委託的色情片故事。麥克崇拜《迪克·范·戴克秀》（The Dick Van Dyke Show）中的一個場景：當瑪麗·泰勒·摩爾（Mary Tyler Moore）扮演的角色，她的腳被卡在浴缸裡而無法從浴缸中出來，也無法打開上鎖的門求救。整個場景發生在浴室外面的走廊上，而觀眾聽到瑪麗·泰勒·摩爾在浴缸中的喊叫聲。麥克花錢請來客製化的情色團體來製作這個場景的另一個版本，採用同樣的對話，但是場景改為是從浴室「裡面」傳出來的。

所以當我們在製作這個系列的時候，希望可以分享麥克的故事，還有麥克對於這個場景的喜愛，也因此我們必需加入一些來自原版電影插曲的音頻，這就意味著需要拿到電視影集的音頻版權。在詢問並向 CBS 透露了我們的計畫後，出乎意料地他們居然同意把這個片段授權給我們播出；接著律師告訴我們，還需要同時取得迪克·范·戴克和瑪麗·泰勒·摩爾代理的允許，然而不意外的，他們拒絕了。

這個想法應該就此功敗垂成了吧？但接下來是這個故事的重點，也是為什麼我要分享的重要原因，這件事最後並沒有胎死腹中。

我努力培養我的員工和藝人變得頑強，當要去獲取一個故事、採訪或是許可時，要打破規則，做一些新的嘗試或是類似的努力，我告訴他們，永遠不應

該把「不」當作是一個答案，而是要繼續嘗試，找到新的切入點去打破阻礙，意識到「值得擁有的東西都是伴隨著相對應的工作量」。

這就引出了思考，當創意團隊遇到困難時，我經常會請他們想一想：「我們要如何把這個問題變成一種可能性？」這並不是說要調整態度做一個樂天派的人，或是永遠只看到事情陽光的一面。如同之前提到的，我堅信當界線出現時，也就是創造力蓬勃發展的時候，那麼我們要如何學會將這個路障（問題）轉變成激發創造力的邊界標誌呢？

在得知我們不能使用原版的音頻，強和他的製作人莉娜（Lina Misitzis）都很不開心，甚至有點生氣無法收錄這個故事。所以有一天下午，我和莉娜一起坐下來討論：「要如何把這個狀況變成我們的優勢？」然後 10 分鐘內就想出了一個主意，我們有這個場景的使用權，但是沒有演員聲音的使用權，那麼我們何不找其他演員一起重新創造出這個場景的聲音呢？在不實際使用錄音檔案的情況下，製作出一個簡短的音頻劇去傳達場景。我們重新打造這個場景，但是也明白表示出這和原版不同（不要讓聽眾感到困惑）。

作為創意團隊的領導者，你需要制定出價值、標準、職業道德和卓越的定義。即使是在最壞的情況下，也幾乎都會有辦法避開或是解決問題。當然也會有一些時候，路障真的是路障——故事冷場、事實無法補充、故事改變了（故事／對話也需要改變），這些情況會發生，但是說實話，不是這麼常發生，往往這些問題都可以挽救或是移除。成為員工的榜樣，當壞消息帶來的衝擊過去時（甚至可能是在之前），就開始討論要如何將問題轉化，變成你可以用來帶給聽眾驚喜和喜悅的東西。

技巧 7——提供機會

每當有人來我的公司拜訪或是花了一點時間停留，他們都會指出同樣一件事，這讓我非常驚訝，他們會說：「這裡的年輕員工們看起來很開心、很專注

投入在自己的工作上，而且對於團隊非常忠誠。」這些人會引述一些千禧世代在職場上的風評，描述的我好像創造出什麼不得了的奇蹟，但是說實話，我很少會去想這些。首先，我真的很討厭貼標籤和刻板印象，我經常發現，人們迅速給任何一個群體貼上的標籤，通常都不會是事實。如果我團隊中的每一個人都很開心，那是因為我不會把焦點放在「他們是誰」，而是更著重在「為團隊中的每一個人創造出一個增進機會的環境」。

任何創意團隊的領導者，最重要的一個角色就是「創造機會」。

與其擔心如何取悅千禧世代或是團體中的女性或其他人，不如將關注焦點放在「給每個人的機會」上。而且我承認「機會」對於處於不同職業階段的人來說，意味著不同的東西。

對於一些人，尤其是一些有經驗的工作者而言，「機會」等同於是自主權，他們想要按照自己的方式做事，而且很大程度上希望你不要插手，這個我沒意見。我們花了大量的時間來定義項目並提前做準備（使用本書中的許多方法），然後我讓他們盡量靠自己去執行，他們知道我想要什麼，他們有經驗和智慧去完成。

當遇到問題、需要建議、需要得到同情，或想要聽聽安慰、評論，或是純粹只想抱怨一下時，他們知道這些時候都可以來找我。這需要你和員工之間的信任，如果願意給予這樣的信任，最終你會得到一位熱切想證明這份信任的價值，並極力不讓你失望的創作者。

對於經驗較少的員工，我經常確保他們有「機會」去伸展、實驗和證明自己，這些從他們第一次踏進這個門就開始。來我這裡工作的新員工，通常在上班的頭幾天，我和他們坐下來談話時他們往往會被嚇到，因為我會請他們說說他們的「下一份」工作。

「讓我們來談談你離開這裡之後的工作吧。」我說道，這時他們通常會顯得一臉驚愕。

然後我和他們解釋，在他們的任職中、在我們的共事期間會有兩項任務，第一項是幫助他們盡可能做好他們的新工作，第二項任務是為他們的下一份工作做好準備。我們的作法是，在我們一起工作的這幾年（希望是很多年），為他們提供一個「選擇的機會」，如果有人以助理製作人的身份進來，但是希望有朝一日能夠成為一名記者，我們就會為他們尋找機會，讓他們培養所需要的技能，了解更多關於這項工作的資訊，然後試著「穿上這雙鞋子」走一走，試試看是不是他們想要的。我甚至聽過有人說他們不會想要離開，但是想要的下一份工作是升職，所以我們在他們上班的第一週就開始了這個訓練，讓他們做好準備。

　　在為資淺菜鳥員工廣開機會之門這件事情上，我很努力實踐奉行。我通常會提醒別人，科特・柯本（Kurt Cobain）和吉米・亨德里克斯（Jimi Hendrix）去世時都是 27 歲，馬丁・路德・金恩牧師（Martin Luther King Jr.）是 36 歲，耶穌是 33 歲，重點不在於他們都是英年早逝，而在於他們都是在年輕時就取得了一定的成就，雖然曾在前進的道路上失敗，但是透過別人所給予的機會，他們得以證明自己並且努力去做到。

　　還記得我在「把問題變成可能」那一小節內容中，提到的《蝴蝶效應》的製作人莉娜嗎？當她來和我一起工作的時候才 27 歲，她的音頻履歷就只有曾經在一些節目和網絡中擔任初級製作人而已，但是她的堅韌、聰慧和幾乎能處理所有我們丟給她東西的能力，讓我留下了深刻印象。所以當強・朗森和我研擬要在節目中增加一位製作人時，幾乎想都沒想的就問莉娜：「妳有聽過作家強・朗森嗎？」她讀過也很喜歡他的作品。「那麼，妳在研究有關色情片的東西時，會是自在或是非常不自在嗎？」

　　兩天後，她便負責了我們部門投資組合中最大的一個項目，我幾乎是繞過了十多位資深人員，把機會讓給了她，不管怎麼樣她抓到了這次機會。

　　那麼那些更資深的人員不會生氣嗎？並沒有，因為我也在努力為他們提供

不同的機會。

　　就在我把《蝴蝶效應》交給莉娜之前，我曾經讀到「慢行者理論」（The Slow Hiker Theory）的文章，這段話在商管文學界出現了一段時間，我恐怕無法確切指出它的起源。慢行者理論講述的是一群旅行者在森林中沿著漫長小徑徒步旅行的故事，如果你是他們的領隊，需要這群人都聚集在一起，你要如何組織你的團隊？如果沒有縝密的計畫，大多數徒步旅行者團體將會看到速度最快的旅行者會在前面遙遙領先，而最慢的旅行者則會落在最後方，隨著旅行的進行，隊伍會越來越分散。

　　慢行者理論認為最好的組隊方法，是把走最慢的旅行者排在最前面。「這真是太瘋狂了！」你可能會這樣想，「他們會拖慢大家的速度。」不見得，尤其是如果其餘的人能給予一些協助來幫助最慢的旅行者走得更快。有人可以幫他提水嗎？當然可以。別的旅行者能從慢速旅行者的背包中拿出一些重量然後放到自己的背包中嗎？可以。借給慢行者登山杖呢？是的，每一個行動都有助於讓落後的旅行者加快速度，從而讓整個團隊的前進速度加快，最終以一個團隊的形式完成。透過集中你的團隊能量，讓最慢的人提高速度，便能夠提升整個團隊的平均水準。

　　我強烈建議這也可以用在創意團隊上，如果沒有慢行者策略，就會讓你最有經驗、最有創意的員工獨佔所有的機會，從而讓團隊中的其他成員被卡住，高績效成員與團隊其他成員之間的「機會差距」便會越來越大。群體需要以「一個團隊」的概念去思考，如何讓新的或是經驗較少的人，能像前鋒一樣發揮作用？機會、機會、機會。

　　我把這個建議留到最後，因為機會就像是魔法藥水。你可能無法支付每個人他們所值得的價值回報，你可能沒有辦法給某個人他想要的任務，你可能必須要求他們加點班或是辛苦一點，或是讓他們做一些會讓他們（和你）感到難堪的垃圾工作，但是，在伴隨著一點機會的狀況下，這些抱怨都會消失。

我希望這些對你有所幫助，這是目前為止在這本書中，對我而言最難寫的一章，也是我最致力於收錄的一章，因為在一個創造性的環境中（或者可以說，在任何環境中），你「如何待人處事」幾乎比你做的任何事情都更重要。當然，有可能如果你是一個混蛋、待人很不友善，卻還是能夠從他們那裡得到好作品，但是「去創造一個能夠更頻繁產出優秀作品的環境」，這種想法或是類似的想法，被證明是更簡單而且風險更小的作法。

但是等等，我們還沒有結束，還有一些東西！

附加篇章：安娜・賽爾 （Anna Sale）談論神聖時間

這篇文章是對於領導團隊的第 8 點建議，是出自於紐約 WNYC（紐約公共廣播電台）的《死亡、性與金錢》（Death, Sex & Money）的節目主持人安娜・賽爾。

即使你聽到一個 Podcast 只有一位主持人的存在，並不代表這個 Podcast 的背後沒有一個團隊，而且這個團隊需要彼此有共識，讓 Podcast 能夠發揮效果。但是你要如何做才能讓團隊凝聚共識呢？你又要如何確保在過程中能夠保持溝通暢通呢？對於安娜・賽爾來說，一個重要的組成就是每週的「神聖時間」。

在 2013 年安娜・賽爾還是 WNYC 的一名地方政治記者時，當時有一個公告在徵求新節目的創意，「那時甚至沒有特定指名要 Podcast，」她説：「我當時心想，喔我有了家庭作業，讓我想想看能不能生出一個我夢想中的節目。」

安娜甚至還不知道最後產生的節目《死亡、性與金錢》會以一個 Podcast 的面貌呈現。「我以為只是被選入了一個預備團隊，用來宣傳 Podcast 這個概念即將要展開的廣播節目吧。」她説。

作為一名聽眾，聽《死亡、性與金錢》仿佛會被迷惑住，你會覺得這個聽覺體驗真的非常個人化和親切，它給你一個錯覺，讓你以為只有安娜、來賓和你而已，事實上，這個節目後面有一整個團隊來打造，即使是早期的試播集也

一樣。

「這從來都不是單槍匹馬的工作。」她說到，雖然概念是由她提出，但是背後還有一位編輯和音效設計師以及一些特約製作人的協助，如今《死亡、性與金錢》這個團隊已經成長到有 3 名全職員工和一些特約工作人員，這是一個小型團隊。但是有一個轉折點——安娜——這位主持人和創始者住在西海岸，與團隊的其他成員距離了 3,000 英里遠。

即使有一個團隊在製作這個節目，這仍舊是個以安娜為中心的節目：「我作為一個主持人，對於節目的基調、節目的聲音、節目的精神，以及我們在這個充滿挑戰的時代中的政治定位方式，都有很大自主權。」

讓《死亡、性與金錢》聽起來很有自己的獨特風格，都是透過團隊和編輯會議傳遞給員工的共識，我對她說：「這聽起來很像是一種口述傳統，你們透過經驗傳授和學習，彼此聆聽、參與對話，去討論這些東西是否適合這個節目，藉由身處其中，工作人員將大家討論的小環節歸納，讓節目最後呈現出『這個節目』該有的風格。」

安娜對此表示贊同，她補充道：「Podcast 製作小組的溝通，需要將那種難以用言語表達的朦朧想法，努力明確地傳達給彼此。像我一開始知道自己想怎麼做節目，但我不知道該如何將想法傳達給夥伴，但透過一些技巧，去將想法轉化成語言說給別人聽，這對自己來說也是一個學習的過程……關於如何傳達你想要達成的東西。」

然後，安娜補充說，還有一個部分是她想要提倡的（雖然她很不想要這麼做），那就是他們每週都要開的一個會議，他們稱之為「神聖時間」。

「『神聖時間』就是一個你不會去變更的會議，」安娜說，「在這期間你不會安排其他事情，這個時間是神聖的，是我們的時間，我們可以在這裡討論所有事情。比方說關於全局性、長期性以及戰略上的事情，但也有可能是釐清溝通上的失誤，或只是確認有用團隊合作方式前進。有時候，我們真的需要故

事會議以外的時間來思考，需要一些有創造性的新想法。」

「我發現這個非常有幫助，因為我難以在短期和長期之間切換，」她説，「在一週內，我們都在處理很多事情，非常忙碌，在這裡有一個空間，我們可以談論我們關心的事情、讓我們興奮的事情，我們在每週的這個時間，把所有事情都放在一邊，然後只是談一談。」

在她的《聚集的藝術》（The Art of Gathering）一書中，談到普里亞·帕克（Priya Parker）分享了一個儀式，這個儀式被作家兼導演吉兒·索洛威（Jill Soloway）稱之為「盒子」。「盒子」儀式和「神聖時間」有許多相似的本質，在索洛威的節目《透明家庭》（Transparent）拍攝現場，大家吃完早餐，佈景和設備都已經佈置好，在製作開始之前，索洛威會宣布現在是「盒子」的時間，他們會把一個小木箱放在佈景中間，大家圍聚在一起（任何一個人）——演員、工作人員，不管是誰——都可以跳到盒子上吸引全場的注意，他們可以分享自己心中的任何東西，可以是關於工作的，也可以是關於個人的，分享完之後會下來，再換其他人上去，過程大約會持續半小時。

正如同帕克所觀察到的，「盒子就是一種開場儀式，把大團隊裡的彼此連結起來；盒子整理了人們的思想，並且創造了一種排練的通道。盒子還營造出一種團隊間的共識與真實感——這也是節目的製作秘訣，以及節目故事所要探討的價值之一。」

第八章
前進的時候到了

我們終於到達這裡了，結尾的地方。

或許吧。

或許這其實是一個「開始」。

Podcast 界的人很喜歡進行一種存在主義式的酒吧對話，思考我們是在 Podcast 生命週期中的哪一個階段，是開始、中間還是結束？儘管我參與這些對話已經超過 14 年了，但是我的答案還是一樣：「我們是在開始的起點。事實上，我們正處於起步階段，我們甚至還沒有意識到這是多麼早期。」對於目前 Podcast 是在生命週期中的哪個位置？我相信即使是最悲觀的解讀，也會把「現在」放置於 Podcast 發展階段中的「開始的末尾」，或是放置於「開始的中間」。無論如何，總有一天我們回過頭時，可能會嘲笑自己當時有多天真。

這也就是說，Podcast 的未來是光明的，充滿了可能性、奇蹟、歡樂時刻和創新，這都會讓數位音頻走得更遠，甚至於我們可能會認不出來這是「Podcast」。如果是這樣就真的太好了，我迫不及待。

有一些話是我經常在我的員工身邊說的，我認為這些話很有深意，而我的團隊經常耐性地接收這些話，通常最多就是翻個白眼。他們聽太多了，以至於就像是在聽老爺爺老奶奶說話一樣。

這些話就像這樣：

「永遠不要和豬摔角，你會把自己弄髒，而這就是豬喜歡的。」（我的

朋友希拉 Sheila 在 25 年前告訴我這句話後，我幾乎對每個一起共事過的人都說過。）

「你是你遵守規則之下的受害者」（多年來我一直誤以為這句話來自電影《末路狂花》（Thelma & Louise），但是這句話其實是來自藝術家珍妮·霍爾澤（Jenny Holzer）的一個裝置藝術。）

每當我的團隊遇到障礙、被卡住或是不知道該如何處理某件事時，我經常會說：「好吧，如果這很簡單，那麼別人現在就會想出辦法了。」

我通常都會接著說：「容易的事讓別人去做，我們是來做困難的事的。」

這是我感召我的部隊的方法，我對他們喊話：「聽著，你們對於你們在做的事是最擅長的，我們可以想出辦法。我相信你們，你們可以做到。」

想想這些說出來的東西，聽起來更像是我在模仿約翰·甘迺迪（John F. Kennedy）的「我們選擇登上月球」演講中的內容。

但我想要讓我的員工明白——也是我現在和你們分享的這一點——就是做困難的事情會得到一種滿足感，做與眾不同的事情，做一些別人做不到或是不願意做的事情，這些都會是值得的。

在 2013 年夏天，《我怎麼知道》節目被邀請在中央公園的 SummerStage 做了一次現場直播，這是一個寬闊的戶外場地，能夠容納幾千人。當時《我怎麼知道》每週在電台上播出，總共還不到兩年的時間，我們很擔心「接受這場直播邀約」是否個好主意。通常《我怎麼知道》在布魯克林的 The Bell House 錄製節目時，面對的是 250~300 名聽眾，有時候甚至更少，我們很難想像會有聽眾（更何況是幾千人），會想跋涉到中央公園的裡面，去看一個電台節目和 Podcast 的錄製，那個週末他們大可舒舒服服的待在家中，就能免費收聽得到。

演出當天，我專程從華盛頓趕到紐約來幫忙和提供支持，當天從清晨就開始下雨。

公司管理處通知我們，除非有閃電，否則演出如期舉行，所以就算有雨，

節目還是需要進行，即使沒有人坐在觀眾席上，也還是得演出。等我抵達了 SummerStage，大約是下午 2 點，天空下起了滂沱大雨，我來到舞台上，看到全部工作人員、表演者和演出者都擠在天篷下，努力遠離狂風暴雨。當我一走上前去，我就和主持人奧菲拉·艾森柏格（Ophira Eisenberg）對到眼，她不需要說任何一個字，她的眼神清楚地表明了這一點：「這真是一個他媽的災難。」

我們不顧寒冷氣溫和傾盆大雨的襲擊，努力進行佈置和彩排，節目預定晚上 7 點開始，除了又濕又冷之外，大家也都既緊張又擔心，如果在大雨中又沒有觀眾的情況下還要錄製節目，這多浪費大家的時間，而且多沒有面子。

我知道我的主要工作是讓大家集中精力，保持最佳的精神狀態，我請大家集合起來：「聽著，雖然這很難讓人相信，但是我們在節目中也遇過更多瘋狂的情況，我們總是能成功。如你們所見外面在下雨，這場雨下得很大，但是你們知道我相信什麼嗎？我相信雨會停。我相信雨會停然後我們會開始一個節目，接著人們會來，他們會笑的很開心而且度過一段愉快的時光。」

「所以，我們要做的就是為這種情況做好準備，」我繼續說，「雖然現在狀況很慘，但是我們要為不慘的那一刻做好準備。」

如果說他們看起來只是充滿懷疑，那就真是太輕描淡寫了。

他們繼續進行彩排，時不時移動舞台和設備，以便可以避開一直改變方向的風和雨的攻擊路徑。

然後當他們在下午 4 點左右結束彩排時，真的就在他們結束的那一刻，我們從舞台上向外望出去……雨停了。不只雨停了，而且烏雲散開，明亮的太陽光照了進來，不到 20 分鐘，天空就亮起來了，氣溫暖洋洋的而且頭上是晴空萬里。

雖然故事在這裡就結束會很完美，但是我們其實還有一個很大的問題要面對，雖然雨已經停了，公園管理處的工作人員正在弄乾椅子和露天座位，但是

我真的很擔心是否有人會來。雨已經下一整天了，我相信有很多人早已經放棄，認為演出不可能如期進行，又或是不想要穿越濕答答的公園坐在水坑中苦不堪言。

下午 6 點將要開門，我非常擔心只有十幾個人來，所以我一直遠離工作人員和表演者，怕他們會讀出我臉上的擔憂。下午 5 點半左右，我決定要出去走走，正要離開球場朝大門口走去時，我轉身看到了一件令我無法置信的事情。

一大群人在排隊。

有一條長長的人龍，因為隊伍太長我看不到盡頭，隊伍就這樣綿延到了公園深處，這些人都拿著毯子和小冰箱，他們都排著隊等著要進去看《我怎麼知道》。我曾經想過各種「為什麼沒有人要來」的理由（包括這個節目事實上還很年輕、這個節目可能還在找存在世上的立足點、還有雨啊、還有那些令人不舒服的事物等等），但這一切好像都與來的這些人無關，對他們來說那根本就不重要，他們都不在意。

他們喜歡這個節目，他們很興奮地想要來看這個演出。我不僅沒有預期到在大門外的那股能量，而且我也不知道這個能量居然會存在。

我跑回去告訴大家：「他們來了，他們已經都到了，這一切都會好起來！」

什麼都很順利，演出很精彩，現場擠滿了人要看製作團隊錄製節目，有笑聲和活力，每個人都很開心很興奮，一切近乎完美。

在演出的途中，我帶著我的妻子（她和我一起旅行），我們站在觀眾席的後半部，正好是這張照片的拍攝位置。

我傾身對她說：「誰都不能把這一刻從我身上奪走。」

我辛苦地製作出這個節目，所有參與其中的人都非常努力才有了這個節目，我們遇到過紛爭、障礙和複雜的情況，而能夠克服這些情況都是因為心中有一個願景，我們定義出這個願景，並且堅持下去。

　　正是這種明確和遠見的力量才可以突破所有阻力，正如我在本書其他地方所說的那樣，如果你是一個提倡者或是一個 Podcaster，或是其他各種可能，阻礙並不是一件壞事，阻礙會讓你變得更強大。

　　而現在，在 2013 年那個美麗的夏天傍晚，我站在中央公園的幾千人中間，大家都在笑、玩得很開心，他們和我製作的東西一起度過了一段愉快時光，藉由專注和決心的力量，創造出了這樣的美好。

　　但當天晚上還「存在著一個東西」，也存在於《我怎麼知道》的整個開發和製作過程，以及我有幸參與和創作過的諸多項目中。

　　這個東西就是「熱情」。

　　你可能還記得，當我開始和我的瑜伽教練交談時，我注意到他有話要說，而且很有熱情想要說出來，這是我在這本書給你的最後一個建議，就是要有「熱情」。

　　如果一件事值得做，那就全心全意的投入吧！如果你有心要投注心力，去執行我目前為止教導你的建議，並承受這些挑戰下可能發生的挫折，那麼就不要有後顧之憂，要全力以赴。

　　有一件事我從未向任何人提起：我總是把每一個項目當成我最後一件要做的事。每當我讓一個新項目上軌道並將它發佈到 RSS 源上，我心裡想，若在那刻不小心走到第八大道被 MTA 巴士撞時，希望我最後說的話或是最後致力做的事，都是與這個新項目有關。我把一切都當作是我的絕響，我把一切都看得很重要，我把每一次都當作是我對這個世界的最後貢獻，你也應該如此。

　　要有熱情、要瘋狂、走沒被走過的路、做出瘋狂的選擇、不要害怕把事情搞砸、當事情成功時歡欣鼓舞、和其他人緊密合作、慷慨分享榮譽、然後豁出

去，但是要有目的性去做，這些就是我給你的建議。

　　不論 Podcast 和數位音頻產業如何發展，不論你是誰或是你在哪裡，不論你是音頻製作新手或是比我更資深，我知道你都身在「旅程的起點」——你創作精彩音頻的創意之旅正要開始。

　　我會祝你好運，但是你不需要我的祝福，你只需要你的熱情。

　　現在，把這些都拿出來，到外面去製造出一些噪音，發出一些巨大的、響亮的、無所畏懼的、不容忽視的熱情噪音。

　　我會聽的。

附錄
Podcast 歷史上的 4 大關鍵時刻

在討論未來變化之前，讓我們先花一點時間探究歷史。

你可能會疑惑一本在論述 Podcast 創作原理的書，為何需要額外的章節來講 Podcast 的過去。但總之經過了審慎思考後，不加入這段感覺還是有點奇怪，要參與某項事物的未來時，了解其歷史是必要的。若你想替一種媒介注入新的可能，去了解這種媒介的起始原因與當初發明者的初衷還是會很有幫助。

若你今天突然讓一群人去外頭並要求他們看向北方，有一些人會很快在外頭分辨出方向，而有一些人則會繞著圈子打轉，雖然試圖尋找，但卻有可能永遠無法找出應該面對的方向。那些可以很快辨識方向的人，大多有一些判斷的依據，拿我自己來舉例，我成年後很常出入地下火車站與地鐵站，因此擅長利用太陽與影子的方位來辨識一天的時刻，若要求我走出去面向北方，我會先從尋找影子開始（也得祈禱當天不是多雲的天氣）。

歷史也有相同的功能：它就像 GPS 導航一樣能讓我們知道此刻身處何方。

有鑑於此，應該提及在 Podcast 的發展歷史中也曾有過「4 個關鍵時刻」，如果沒有這 4 個事件，就不會有現在我們熟知的 Podcast。

關鍵時刻①：飯店房間中的駭客碼
Podcast 如何變成免費、簡單並且對所有人開放

Podcast 被創造實現，要從 2000 年 10 月時一家位於紐約的飯店房間開始説起，沒有人記得到底是哪一家飯店，不過戴夫・懷納（Dave Winer）還記得那

是一家「搖滾巨星風格的潮店」。他之所以記得這一點，是因為他當時要和前 MTV 的 VJ 亞當·科利（Adam Curry）約見面，而亞當本人就是「充滿搖滾巨星感的人」。亞當當時住在比利時，特地前來與戴夫見面，想要分享他的一個新主意。

戴夫·懷納是部落格的先驅者，他創建的 RSS 技術推動了很多部落格的基礎設施和發佈方法。戴夫建置了讓部落格可以運作的系統，造就部落格成為我們現在看到的模樣，戴夫·懷納其實是多項領域的先驅者，他不太喜歡把自己簡化為一位軟體設計者，他稱自己是「媒體駭客」，一直以來花了不少心力找尋新的媒體，並且建構軟體去讓這項新媒體成為可能，在戴夫職業生涯的早期，他發展了腳本環境、線上出版工具、大綱處理標記語言（OPML），以及許多一般人不太了解，但對數位整合著實重要的東西。就算這些對你來說都沒啥太大意義，想一下你最喜歡的新聞台與娛樂網站為何可以每天從全世界不同媒體來源處更新文章與資訊？那要感謝戴夫。

但是除了具體的科技發展貢獻以外，更重要的是戴夫對於「網路如何傳遞資訊」有不一樣的想法，戴夫認為系統應該是要開放、民主和容易存取的，他反對「將網路上資料所有權化、控制化和商業化」的潮流。因為戴夫讓網路訂閱制度變為可能，使用者就可以藉由網源（Feed）從他們想的網站中得到最新資訊。

亞當·科利最廣為人知的身份是在 MTV 台 7 年的 VJ 工作，除此之外，在他的職業生涯中同時還活躍於許多不同領域，特別是在提倡與經營網路相關產業上。他是戴夫 RSS 技術的超級粉絲，2000 年亞當在一次前往曼哈頓的旅程中，他提出想與戴夫見面並討論有關「利用部落格技術，將數位音頻檔案發佈」的想法。亞當甚至改寫了一些戴夫的 RSS 程式，證明可以使用音頻部落格直接傳播聲音，而不是只能透過文字。

當他們在亞當下榻的飯店見面時，亞當充滿熱情地說明這個想法和它的潛

力，就是「能利用網路來徹底改變廣播與所有形式的共享音檔」，亞當手舞足蹈地說著，戴夫聽著但卻無法理解。

最近，亞當在他發表的一篇名為《最後一哩路》（The Last Mile）的文章中表達了一個看法，在家使用「常時連網」的第四台網路（雖然還不足以稱作真正所謂的寬頻網路，但至少跟撥接網路相比已經向前躍進了一大步）提供了人們重新思考傳播聲音檔案的方式，這和文字檔案以及圖片檔案有著天差地遠的不同。當時網路上傳送聲音和影片檔案存在著「點擊，然後等待」的問題，使用者需要先點擊，然後要花不少時間來等待聲音檔案，才能順利收聽，癥結點其實就是整個系統的最後一關，這裡所謂的「最後一哩路」指的就是網路連線的問題。不過亞當指出「常時連網」的第四台網路其實尚未完全發揮其效能，譬如說在晚上，第四台網路大多就只是閒置在那裡並沒有被使用，如果可以利用晚上離峰時間下載較大容量的檔案，當你隔天早上起床時檔案已經準備就緒，馬上就可以收聽的話，會怎麼樣呢？對亞當來說，RSS 是成就這一切最完美的工具，只需要對程式進行一些修正，將原本只支援文字檔案的程式碼換成也能支援聲音檔案的程式碼就可以了。

儘管戴夫尚未徹底了解亞當所描述的概念，以及為何有人會想要這樣做，他還是決定試試看。在 2001 年的 1 月， 戴夫完成 RSS 程式碼的修改，以實現亞當向他描述的「透過 RSS 來支援聲音檔案」，為了測試，他創建出了第一個 Podcast 源（雖然當時沒有人稱呼這個為「Podcast」，因為其實那時還沒有一個名字）。並且在 2001 年 1 月 20 日，喬治·沃克·布希（小布希）就任美國總統的就職典禮當天推出，這支 Podcast 源的內容包含了搖滾樂隊死之華（Grateful Dead）的歌曲《US Blue》，戴夫最後在當中還加入了死之華的其他歌曲，但這不是很重要。

這既沒有人聽、沒有人了解、甚至沒有人在意。

「整件事的目的就是要拋磚引玉，讓更多人支持這項技術，甚至也許有些

人會開始進行 Podcast。」戴夫回憶道，「不過我當時尚未看到這件事有任何開始發展的跡象。」

就像亞當與戴夫在飯店討論的狀況一樣，當時的人們尚未瞭解「將音源檔透過 RSS 發佈」的前景在哪裡，戴夫也僅僅將這次「音頻部落格」的嘗試視為一次有趣的實驗，之後就轉移心力了。

在這之後也有一些人像戴夫一樣嘗試，但一直到戴夫在 2003 年去哈佛進行研究之前，用 RSS 發佈音檔都沒有流行。

ⅠⅠⅠⅠ 關鍵時刻②：當音頻部落格轉變為 Podcast ⅠⅠⅠⅠ

究竟哪一個節目或是項目才可以宣稱自己是「第一支 Podcast」，對於這件事有過很多不同的爭論。當然我們已經知道答案是戴夫在 2001 年用來實驗的死之華歌曲。每當我這樣一說，就馬上會有人想要證明第一支用 RSS 發佈的音源（也就是 Podcast 源）是哪個，儘管這件事有點眾說紛紜，但是還是要有一個明確的答案。

如我們在上述所提到的，寬頻或常時連網還算是相對比較新的技術，且串流技術也還在差強人意的階段，此時就已經有很多人在初步嘗試串流廣播，包含持續播放的節目（像聽無線廣播電台一樣）或是隨選節目。

為了讓廣播人可以透過串流進行廣播，他們需要可靠、好用、音質好的串流技術。許多早期的網路廣播節目經營者會使用 Realnetworks 或是 Windows Media 等技術來傳送他們的串流節目，他們聲稱自己是第一批 Podcaster，不過他們其實並未全部使用 RSS 來發佈。當時所謂的音頻部落格、線上廣播節目，和 Podcast，都是帶點玩票實驗性質、想看看它是如何運作的，不過也不能怪這些人，畢竟當時很少有聽眾了解訂閱制的概念，更少有人會尋找串流以外的節目。

自 2001 年初創造第一支 Podcast 後的兩年，戴夫‧懷納將心力投身於其他事物中，但也從未放棄音檔 RSS 化這件事，直到他在哈佛大學伯克曼網際網路與社會研究中心（Berkman Klein Center for Internet & Society）做研究員時，他才終於找到一位可以實現此技術的白老鼠：克里斯多福‧萊登（Christopher Lydon）。

在跨足到廣播界之前，克里斯多福‧萊登在電視圈和出版界（包括在紐約時報擔任政治版記者）都有亮眼的成績，也曾競選過 1993 年的波士頓市長（但是失敗）。從 1994 年開始，他在公共電台 WBUR 上主持一個稱為《The Connection》的地方節目，幾年後 NPR 挑選了這個節目並開始播送到全國。但在 2001 年，當萊登的名氣和聽眾數量達到最高峰時，萊登和他的製作人瑪麗‧麥格萊司（Mary McGrath）因為對於合約中節目的所有權而與 WBUR 有歧義，兩人一起被 WBUR 毫不留情地解僱。萊登一直對「用部落格和網際網路促進國際關係與溝通」有極大的興趣，因此他在 2003 年來到了伯克曼網際網路與社會研究中心。幾個月後，萊登聽說有另一個人也來研究中心，那個人就是戴夫‧懷納。「我記得很清楚，我寄給了他一封郵件，」萊登回憶道：「上面寫著，親愛的戴夫‧懷納，一直到昨天我都還不知道部落格要怎麼拼，但明天我就想要成為一位部落客。」

戴夫向他介紹了音頻部落格的概念，萊登回憶：「他說『我了解這裡頭的運算方式，而你了解廣播，現在世界需要的是一種 MP3，可以在不同類型的媒體上都能播放。』」

但是萊登也承認，儘管他是經驗老道的廣播專業人員以及網路愛好者，但當時的他仍未真正了解這個概念。

「我覺得聽起來很不錯。」萊登記得自己這麼告訴他。「我必須承認，戴夫完成了大部分工作，而且他更清楚我們要前往的未來方向在哪裡。」

戴夫甚至建議找他自己當作第一個上 Podcast 節目的來賓。

萊登指出有一個重要因素在回顧 Podcast 發展史時經常被忽略，那就是「第一個 Podcast 帶來的催化效果」。

「網際網路越來越受社會大眾歡迎的原因，包含部落格與 Podcast 都一樣，都是來自於一個跟伊拉克戰爭有關的故事，」萊登說：「那場戰爭是一個錯誤中的錯誤，但是在當時並沒有引起強烈爭議。」

「那時是美國新聞界最邪惡的一個時代，」萊登談起當時媒體並未針對開戰提出批判性的辯論。「《紐約時報》表示贊成、《華盛頓郵報》表示贊成、《紐約客》的編輯大衛·瑞姆尼克（David Remnick）也表示贊成。從來沒有人真正質疑過喬治布希以『少數普選票當選』背後的含義，所以我們嘗試發起一場公共對話，讓戰爭的愚蠢浮出水面。在第一次的錄音中，戴夫和我談到了『衰弱』，它是一種公共對話的萎縮，不僅僅是指在網路上的新聞，也包含人們在大街上的談論，這是針對媒體見風轉舵的現象討論了非常多的一場對話，當人們談起 Podcast 與 Podcast 的起源時，他們忽略了政治。部落格和 Podcast 都是在戰爭的腐敗氣氛中開花結果。」

伯克曼社群的另一位成員，發明家鮑勃·道爾（Bob Doyle）在 2003 年 7 月 9 日紀錄了第一次錄音，他在部落格中記載了當天的一些圖片和細節（鮑伯是一位經常會寫部落格的人）。

但是我覺得當天參與的所有人中，沒有一個人真正料想到當天發生的事情未來會演變成什麼樣的規模。

關於克里斯·萊登之前在廣播領域中的成績，他曾經在豪華的電視和廣播工作室工作過，每個工作室中都擠滿了昂貴的讓人難以置信的精密設備，並且都有頂級的工程師在旁協助。但是第一次錄製 Podcast 時則相對陽春許多，是用一台電腦錄製的（有一個迷你光碟錄音機做備份），還有一個小型的四頻道混音器，全部都放在一張標準辦公桌上，另外還有一個頭戴式麥克風給克里斯·萊登，一個普通的麥克風給來賓，再加上一些頭戴式麥克風，這些全部都設置

在一個與其他人共用的辦公室中，就擺在辦公室人員的物品周圍（沒錯，就是如此），這可能和今天大多數新的 Podcaster 用的東西沒有什麼太大區別。

不過，有一個很大的不同，今天有一大堆專門為 Podcast 打造的軟體和硬體，還有很多關於如何錄製 Podcast 的指南、說明、技巧和方法，現在要錄製 Podcast 是如此簡單，你可以透過手機內建的麥克風錄製一個，然後發佈，而且甚至聽起來不會太糟糕（雖然我不建議這樣做）。今天，就算幾乎沒有任何關於 Podcast 或是錄製音頻的經驗，仍然有辦法做出一個合格的作品。

但是在 2003 年時還沒有這樣的錄音機，沒有指南、提示或是說明，這發生於第一台智慧型手機出現的 4 年之前，當時 Podcast 甚至還沒有名字。鮑勃・道爾花了一些力氣，終於想出**如何設置相關設備，才能將採訪以 MP3 形式錄製**[1]，除了鮑勃以外，在場的人都不清楚這其中的技術以及運作的方式，但是他們就是按了錄音按鍵，然後就成功了，這才是最重要的部分。

當我在看當時記錄下來的這些照片，我經常會想：「當克里斯發現自己在別人的辦公室，用著自製的拼裝設備在錄音，他一定感覺很奇怪，和以往錄音環境的落差應該會讓克里斯感到失落。」但是克里斯・萊登不這麼認為，他回憶說：「當時除了戴夫・懷納之外，沒有人可以掌握接下來會發生什麼事。」克里斯只知道他要採訪戴夫，然後以某種方式利用部落格的技術將音頻發佈出去，他們順利完成錄音，內容也很有趣，幾乎是種宣洩。

克里斯開始想出了其他採訪的點子，甚至還安排到新罕布什爾州和人們討論即將到來的選舉。在 2003 年 9 月，戴夫・懷納為克里斯多福・萊登的訪談建立了一個 RSS 源，最後收錄了克里斯和其他網路先驅、未來學家、政治觀察家和技術專家之間的 50 幾次對話，所以，如果有人問你第一支 Podcast（第一

---

[1] 鮑伯記下並發文詳細記載了所有錄音用到的硬體、軟體、轉接器、編碼器和設備。

個為媒體設計的節目，然後透過 RSS 提供訊息給聽眾）是什麼，就是克里斯多福‧萊登的節目，這最終被命名為《Open Source》。

RSS 源上收錄了很多克里斯的採訪，但仍舊沒有其他進展，人們雖然開始理解音頻部落格的概念和想法，也有很多人開始聽，但似乎也沒有點燃起什麼火花。

戴夫：克里斯實際上創造了一個問題，就是克里斯太厲害了。就社論方面來說，這完全就是 NPR 的水準，因為克里斯曾經就是 NPR 的人，對吧？這是很好的作品，但是似乎沒有讓別人覺得他們也可以做到，今天很多流行的 Podcast 也是如此，它們往往都是電台製作的，但是這並不完全符合我心裡的想法，我希望的是「一般人」都能製作 Podcast。

我：就和部落格一樣。

戴夫：沒錯，我就是這麼想的，這就是我的看法。每當你看到一個東西，你覺得這個東西用口頭說可以更好傳達，你就會錄製成一個 Podcast，然後放到你的部落格上，這就是我心目中的運作模式。

「像萊登那樣一流主持人的專業訪談節目」這樣的標準實在訂得太高了，結構、問題、節奏、來賓的質量、音樂、剪輯，全部都做的太好，很少有人認為自己能夠做到這樣。除了早期有兩個明顯例外，一個是 Doug Kaye 的初期節目《IT Conversations》，另一個是 Steve Gillmor 的《Gillmor Gang》，這兩個節目都是專注在技術上，雖然克里斯的錄製節目確實比這兩個節目早，但是這兩個節目都是第一批以固定節奏製作的 Podcast。不過此時卻仍舊沒有真正大規模的推動聲勢，Podcast 仍未被大量生產。

Podcast 未能普及的原因，更多是出於大家「不了解」音頻部落格，因此戴夫‧懷納決定要自己做一個。他差不多在一年後，也是就 2004 年 8 月，建

立了一個 RSS 訂閱的《Morning Coffee Notes》節目，在這些節目中，戴夫基本上就是對著麥克風講述他正在做、正在想、正在閱讀和觀察的事情，這很像是風格獨特又吸引人的戴夫會做的事，這有一點像是一個部落格，但是卻有聲音，製作品質非常低，他幾乎沒有使用任何筆記，只是將自己的想法錄製下來然後發佈到 RSS 源上而已。

當他這麼做時，人們開始懂了。

「我想沒有人聽到克里斯的東西，會覺得『我也可以做到』，」戴夫說，「但是當人們聽到我的聲音時，他們會想『喔，任何人都可以做到這一點。』」慢慢地，有一些開發者和部落客開始在他們的部落格訂閱中加入音頻附件，有的人甚至還直接只提供音檔。

在《Morning Coffee Notes》之後不久，亞當・科利也開始著手進行自己的 Podcast，叫做《Daily Source Code》，這聽起來更像是一個專業製作出來的作品，亞當是電台老手，在這個節目中帶給人一種流暢又有活力的感受，收聽《Daily Source Code》會讓人感覺到 Podcast 領域正在發生很多令人興奮的變化，而這也是你將要成為其中一份子的地方。很多科技社群被《Morning Coffee Notes》吸引的地方是，他們想要時不時窺視一下戴夫・懷納的大腦，但真正開始開疆擴土的是《Daily Source Code》，它很快就被科技和部落格之外的愛好者所認識。

等到了《Morning Coffee Notes》和《Daily Source Code》節目出現時，當時的 Podcast 已經被稱呼為「Podcast」了。

第一次提到「Podcast」這個名稱是在 2004 年 1 月，班・哈默斯里（Ben Hammersley）在《衛報》（The Guardian）上寫關於克里斯・萊登的系列訪談其中一篇文章。但就像 Podcast 早期的命運，這並沒有立刻獲得推廣，人們還是把 RSS 傳送的音頻文件稱之為「音頻部落格」和「網上廣播」。

後來在 2004 年夏天，丹尼・格雷戈瓦（Danny Gregoire）在一場開發者論

壇中建議應該要採用這個詞，就這樣，這件事好像就定案了，Podcast 現在就被稱呼為 Podcast 了。

定下這個名字之後，到了 2004 年秋天有一些事情開始發生，而且還發生的很快。當年的 9 月，道恩‧米切利（Dawn Miceli）和她的丈夫德魯‧多姆庫斯（Drew Domkus）開始了《The Dawn and Drew Show》節目，在這個早期的 Podcast 裡，道恩和德魯協助開創了「chumcast」風格：兩個人（或是更多）互相錄製自己的朋友，他們喜歡講故事、鬥嘴、閒聊自己感興趣的話題或是專門的領域，通常就是單純享受跟對方交流。

《The Dawn and Drew Show》發明了這種形式，即使到了現在也是 Podcast 的主流之一，這檔節目輕鬆、有趣、討人喜歡，而且讓人聽起來不像是意圖製作的，就像是在聽幾位特別機智的朋友間對話。道恩和德魯獲得了很多關注，一年之後他們就靠 Podcast 維生了。

從那時起，就開始出現爆炸性的進展，每星期都有非常多的 Podcast 問世，甚至讓 Podcast 的首席發起者都沒有辦法跟上腳步，醞釀了 4 年的 Podcast 彷彿「一夜成名」般，在短短幾個月時間內，很快就超出發明者意料的範圍和掌控，而這也正是他們的初衷。但是在興奮之餘，他們仍舊也擔憂著：Podcast 的未來可能沒有那麼普及化和開放。

「很多人不了解為什麼 Podcast 沒有設立進入門檻，這其實是有原因的。」戴夫‧懷納說，「如果我們沒有意識到『任何人都要能做得出 Podcast』這一點，並去保護這一點，Podcast 若無法普及、無法存續，我們就有可能會失去它。在我和人們交談的經驗中，人們對於 Podcast 的存在已經習以為常，他們當然也不會意識到我們現在正在分享的禮物──也就是『沒有進入障礙』這個事實。」

關鍵時刻③：如同廣播的
《反斗智多星》（Wayne's World）

「Podcast 是什麼？」這是蘋果公司的聯合創始人兼 CEO 史蒂夫‧賈伯斯（Steve Jobs）提出來的反問，「關於 Podcast 是什麼，可以用很多不同方式來形容。」

2005 年 6 月 6 日史蒂夫‧賈伯斯在當年的全球軟體開發者年會（Worldwide Developers Conference）的舞台上（這是蘋果公司發佈新產品時充滿戲劇性的發表會之一），當時距離第一款 iPhone 上市已經快 2 年，與上次 iPhone 發表的時間也已經睽違近 18 個月之久。

幾天前，亞當‧科利在聖地牙哥舉行的 All Things D 會議中和史蒂夫進行了一次會面，蘋果公司的高層主管曾經主動詢問亞當是否可以抽出時間和史蒂夫見面談談 Podcast，史蒂夫對 Podcast 印象深刻。

「他告訴我『聽著，亞當，我想要把 Podcast 放到 iTunes 上，可以嗎？』，我說『可以，當然可以，更好的是，我還可以給你一整套指南讓你開始。』」但是賈伯斯不需要這個指南，他已經有了。亞當、戴夫或者是那些蓬勃發展的 Podcast 社群的所有人都不知道，蘋果準備要大規模地包攬 Podcast。

6 月 6 日那場發表會中，賈伯斯對於蘋果擴大網路零售商店說了一些歡迎詞和評論之後，接下來的重點就是對於 iTunes 的強調。這次的主題演講，是在蘋果公司「將 iTunes 媒體播放器」發展成可在「蘋果商店」購買的數位音樂檔案的兩年多後舉行，那次蘋果公司大肆宣傳的硬體創新就是 iPod，而當時正在慶祝 iPod 自推出 4 年以來銷售了 1,600 萬台的**佳績**[2]。

在賈伯斯提出「Podcast 是什麼？」並介紹 Podcast 時，他身後的螢幕上顯

---

[2] 蘋果現在大約 5 個星期就能賣出同等數量的 iPhone 手機。

示出來的是「iPod ＋廣播」（iPod + Broadcasting）的文字。

按照賈伯斯的説法，Podcast 可以用三種方式來形容，第一種形容是「廣播的 TiVo」，當時在 DVR 錄製還沒有成為機上盒和隨選視訊的常見功能時，TiVo 是一種開創性的電視直播的錄製方式。

「第二種可以形容 Podcast 的是，」賈伯斯繼續説道，「如同廣播的《反斗智多星》。」

發表會中的聽眾都笑了。

「任何人，即使沒有很多的投資資本都可以創建一個 Podcast，把它放到伺服器上，然後讓全世界都成為他們廣播節目的聽眾。」賈伯斯説道。

「我們認為 Podcast 是無線廣播中最熱門的，」賈伯斯繼續説，「你不只可以下載來聽，當有新節目上線時，就會自動被下載到你的電腦中，可以立刻收聽，或也可以讓其自動同步到你的 iPod 上，所以這真的非常非常讓人興奮。」

賈伯斯聲稱目前在 iTunes 中一共有 8,000 個 Podcast 讓使用者可以瀏覽、訂閱和即時收聽（雖然 3 個星期之後，在軟體發行日的蘋果新聞稿中，已把數字修正為 3,000 個）。

賈伯斯接著解釋到 Podcast 不只像是《反斗智多星》一樣是地下室中製作，還有很多大型的組織機關也正在製作 Podcast，例如 ESPN、拉什・林博、《富比士》、《彭博商業周刊》、《華盛頓郵報》、迪士尼、福特汽車和通用汽車。

總而言之，賈伯斯花了 5 分鐘以上解釋聽 Podcast 是多麼簡單和有趣，特別是使用蘋果的軟體的話。他用亞當的《Daily Source Code》當作示範 Podcast 要如何操作的第一個例子（並稱呼亞當為「其中一位 Podcast 的發明者」），先播放了幾集，接著展示如何訂閱節目。

「我們覺得這可以讓 Podcast 變成主流，」他繼續説道，「當大家發現收聽 Podcast 是多麼簡單的一件事。」

我得説，Podcast 聽起來還是有一點麻煩的，你必須要在電腦上訂閱（在

iTunes 應用程式中），然後等待下載，你可以馬上在電腦上聽（雖然已經下載了，但是在 2005 年，音頻檔案要傳到電腦上還須一段時間。）但是如果你想要在 iPod 上聽，你必須要把 Podcast 同步到你的手機上（並希望可以順利完成），然後再聽。而如果在你同步 iPod 的 5 分鐘後，新的一集就出來的話，那就太糟糕了，你會需要再同步一次。但是這些作法的整體用意還是在於：讓收聽 Podcast 可以變得更簡單容易。

人們常常忘記，新技術要變成主流之前一定要經歷過一兩件事，其中一件事就是：讓這個技術變得更簡單。在網際網路成為人們生活主流的一部分之前，多年來網際網絡也只是一個廣為人知的「流行語」。那麼當你能買到一台已經安裝好網際網路連接軟體的電腦，這件事是什麼時候發生的呢？不需要磁碟、不需要下載、不需要安裝、不需要設置參數，什麼都不需要，只需要連接就可以使用了，這就是網際網路爆發並且改變世界的時候（並不是它剛出現的時候，而是「當它簡單到幾乎不用花任何力氣的時候」）。

可以說明一項新技術即將成為主流的第二件事情是：色情。如果你想要知道什麼科技會變為主流，看看色情產業就可以知道了，從錄影帶到 DVD 到線上串流媒體，色情片一直都處於消費者發佈技術的前端，當你看到一個新的平台被用來傳播色情片時，你就知道這個平台即將有所突破，色情片就像是煤礦坑裡面的金絲雀，提供了早期預示。

而在 Podcast 的歷史中，使 Podcast 成為主流向前邁進的關鍵時刻，就是在接受蘋果正統的擁抱納入之後：不僅放置到 iTunes 軟體中，還被當作是公司發表會中的主要項目。賈伯斯和蘋果是在預測：Podcast 是貨真價實的東西，不只是書呆子和技術人員的領域，Podcast 是屬於每一個人的。

在那次發表會之後，很多媒體公司都非常認真、非常迅速地開始重視 Podcast，包含我當時的雇主 NPR。

關鍵時刻④：蘋果內建的 Podcast 應用程式

大多數人對於「Podcast 早在 2000 年初就已經以某種形式存在」的這件事感到很驚訝，這些人誤以為 Podcast 大概是在 2014 年 10 月左右《連環》(Serial)發佈時才開始的。

毋庸置疑的，《連環》本身就是一個革命性的 Podcast 項目，《連環》是平台上第一個全面性、全球化的主流熱門節目，這個節目的下載量超過 3 億 5 千萬次，但是如果不是因為先發生了一些事，《連環》也不會是《連環》。在《連環》爆紅的兩週前發生了一件事，那就是 iOS 8 iPhone 作業系統的發佈，如果沒有 iOS 8，《連環》現象可能永遠都不會發生。

「哇，等一下，」我可以想像不只一位讀者說，「你剛剛跳過了 Podcast 歷史上近 10 年的時間，這中間發生了什麼事嗎？」

問得好。

簡短回答：很多，然而也不是很多。

比較長的回答是，2004 年底開始的「新 Podcast 海嘯」並沒有減緩，Podcast 的數量成倍數成長，似乎每週都會有一家新的媒體公司推出自己的 Podcast，具有吸引力的人物、主持人和來賓都開始做 Podcast，甚至當白宮開始用 Podcast 發佈喬治布希每週的總統演講時，連美國總統也幾乎成了一名 Podcaster，這個雪球繼續地往前滾動。

然後，這一切好像又突然都煙消雲散了。

發生了什麼事？ YouTube 出現了，隨著視訊分享平台站穩腳步，尤其是被 Google 收購後，大量湧入 Podcast 的投資和廣告資金重新被引導到了視頻領域。前一天，每一個人都在討論 Podcast，還在對它的潛力以及它的產品而感到興奮，第二天，大家仍舊進行著相同的話題，只是這次對象是關於 YouTube 和線上視頻。

在 YouTube 出現後，2008 年發生經濟大衰退，有好幾年人們的注意力都集中在「網路短片」或是「世界是否會崩壞」上，無論是哪一種，可能都會導致我們所熟知的文明變得衰落，Podcast 感覺起來只像是昨天的「下一件大事。」

這種缺乏關注的情況看起來似乎像是一件壞事，但是就我認為，這不是一件壞事。有了新的基礎建設，但是卻沒有瘋狂的炒作和成堆的投資資金，Podcast 終於有機會可以用一種更有機、更有組織的方式發展。人們可以做新嘗試和實驗，在 Podcast 聽眾人數已達到足夠規模的這個基礎點上，你可以放心去創建、去吸引更多追隨者、做更多集數。

大多數的 Podcast 感覺起來很小巧精緻，但是這也創造出了一塊肥沃環境，使 Podcast 建構出興趣團體的社群中心（即使他們只是對主持人感興趣），這讓 Podcast「部落」可以進化。

從另一個角度來看，這段漫長的時代也會變得有意義。皮特·西格（Pete Seeger）有一個寓言故事，在談論到 1960 年代的社會正義運動和反越戰時，他把這些比喻成一個翹翹板。

「這個翹翹板的一端在地板上，上頭有個籃子裝了半滿的大石頭，」他說，「翹翹板的另一端是在天空中，這邊的籃子裡面只裝了 1／4 滿的沙子，而有些人拿著茶匙，想要把沙子給裝滿……」

「總有那麼一天，你會看到整個翹翹板朝另一邊傾斜，然後人們會說『天啊，怎麼會這麼突然？』就是因為我們和我們的小小茶匙。」

同樣的想法也可以適用於 Podcast 發展過程中的這些「休耕期」中。2006 年至 2014 年這段期間，許多人推出了 Podcast 並獲得諸多鼓勵、關注和報酬，讓他們可以持續進行下去，這感覺像是遠離大多數媒體而孤立的俱樂部，但其實這個環境既肥沃又富饒，讓 Podcast 滋養出越來越廣泛的主題、興趣和觀點。你今天所能想到的、大多數具有代表性的 Podcast，比如說亞當·卡羅拉（Adam Corolla）和喬·羅根（Joe Rogan）製作的 Podcast、《99％隱形》、《美國眾生

相》、丹・卡林（Dan Carlin）的《Hardcore History》、《廣播實驗室》和《事物的原理》（How Stuff Works）都是在這個時代出現的 Podcast。許多愛好者開始意識到 Podcast 是一個很好的管道，可以將擁有相同熱情、興趣的人連結在一起，譬如養蜂、刺縫、木工、1950 年代漫畫書等等，各種 Podcast 開始出現，並形成了虛擬社群的中心。

在具革命性、關鍵的《連環》還沒有出現之前，這些 Podcast 作品慢慢滋長活躍起來；而到了 2014 年《連環》出現後，這數千個 Podcast 早已讓 Podcast 的生態系統變得穩固強大，並且也已經準備好迎接這個 Podcast 界裡第一個主流作品的衝擊。

但是再說一次，如果沒有 iOS 8 中 Podcast 應用程式的引進，《連環》也不會成為《連環》。

2014 年 6 月 4 日，iOS 8 在全球軟體開發者年會上被發佈時，距離賈伯斯首次宣布要把 Podcast 放入 iTunes 的日期已經又過去了將近 9 年。當時賈伯斯提到自己之所以對於這個整合如此興奮，是因為這將會讓 Podcast 變得更容易收聽，但直到 iOS 8 的發佈，這個承諾才終於被實現。

在 iPhone 問世後，Podcast 和其他類型的音頻媒體一樣，都是透過 iPhone 的「音樂」應用（在早期版本的手機操作系統中被稱為「iPod」應用程式）。在 iOS 8 出現前的兩年，蘋果首次推出了獨立的 Podcast 應用程式，雖然這解決了「口語類型的 Podcast 項目」放置在「音樂」應用程式中的「格格不入」感，但是卻又帶出了一個新的問題：現在任何對於 Podcast 有興趣的人，都需要下載並且安裝一個單獨的應用程式來連接。正如在應用程式界的人都會告訴你的，讓一個消費者去下載一個新的應用程式，即使是免費的，也會流失掉很多用戶。這些人會直接放棄，儘管應用程式是免費的，而且只需要點擊幾下就可以下載，但是令人驚訝而難過的是，對於大多數感興趣的用戶來說，這還是太費勁了。

對於很多已經在聽 Podcast 的人來說，下載一個應用程式從來都不會是一個問題，因為他們更喜歡使用蘋果播放器以外的應用程式，例如 Outcast、BeyondPod、Overcast、iCatcher、Stitcher、Podcast Addict、Pocket Casts 和其他幾十種（最終幾百種），其中也包含 Pandora、Spotify 和 Google Play 等等主流媒體。蘋果的使用者一直是收聽 Podcast 的主流，在過去十年中，佔據了 60％到 80％的收聽量，而蘋果也是大多數新用戶開始接觸、使用 Podcast 的管道。因此，當蘋果讓收聽 Podcast 變得更加容易（或是更加困難）時，就會加速（或是阻礙）整個 Podcast 生態系統的發展。

在 2014 年《連環》推出前，如果有人在社交媒體、電子郵件或是短信中看到一個 Podcast 或是 Podcast 節目的連結，他們需要點擊 9 次和下載一個應用程式才能收聽。對於不喜歡應用程式、不喜歡麻煩或是不喜歡複雜的人來說（幾乎就是指每一個使用智慧型手機的人），這是一件很費力的事情，然而隨著 iOS 8 的出現，這一切都改變了。

在《連環》一開始從《美國眾生相》的衍生品，成長變為奇蹟的那幾個星期裡，全球有數以百萬計的 iPhone 都已經配備好獨立的蘋果 Podcast 應用程式了，藉由成為 iPhone 原生作業系統的一部份，這個應用程式將首次收聽的點擊次數減少到了 2 次：「點擊連結打開 Podcast 應用程式」和「再次點擊播放」，這裡從「點擊 9 次然後下載應用程式」到「只要點擊 2 次而且不用下載應用程式」的操作簡化過程，終於實現賈伯斯說的「要讓 Podcast 變得容易」的承諾。現在，當有人看到一篇文章或是一個貼文在討論這個神奇的新節目《連環》時，大多數好奇的新聽眾都可以不費吹灰之力地開始收聽內容，「那」就是顛覆的時刻。

但是，我們不要忽視《連環》對於 Podcast 所造成的影響，與這之前和之後的其他節目都不相同，《連環》徹底重新恢復人們對於 Podcast 的期待和興趣，帶來數以千萬計的新聽眾，這些新聽眾有許多人都繼續留下來，發掘更多

他們喜歡的節目。《連環》還激發了數以千計的模仿節目，每個節目都試圖講故事、調查如同無底洞一般的未解之謎，將「真實犯罪」確立為 Podcast 的其中一個支派。

在《連環》推出的時候，儘管蘋果的 Podcast 應用程式已經出現在越來越多的手機上面，但是人們還是普遍認為收聽 Podcast 的流程是很難搞清楚的。當《連環》開播時，《美國眾生相》還推出了一個影片，由主持人艾拉‧格拉斯和八旬鄰居瑪麗一起示範了該如何收聽 Podcast，在 2 分鐘的影片中，艾拉說：「我們已經了解到，你們很多人不知道要如何獲得一個 Podcast。」

在講解如何收聽的過程中，我們得知艾拉的鄰居每週都會登上網站後，再「點擊小箭頭」來收聽他的節目，操作就是如此簡單。

「恭喜你，」瑪麗說，「你正在收聽一個 Podcast 了。」

致謝

在過去的 25 年裡，我學習、再重新學習，經過不斷的反芻思考，最終把這些東西實踐到這本書中。我和很多了不起的人合作，像在巨人的腳下學習，他們深深地影響了我的工作和我對工作的思考。

對於在 WKSU、NPR、Audible 和 Magnificent Noise 裡跟隨我作戰的工作人員來說，我想這本書的內容對你們而言，會眼熟到讓你們想要翻白眼吧，因為一直以來，在會議、策劃討論、編輯會，甚至是在那些臨時起意說「他媽的，我們今天暫時不工作了」的 Happy Hour 裡，都已經反覆聽我說過這些話太多次了。你們都曾經向我反擊、思辨過，而這些也都更壯大了我的思考，希望你們能在這裏看到一些你們自己和你們工作的影子。

致傑伊‧柯尼斯（Jay Kernis）、瑪格麗特‧洛（Margaret Low）和金賽‧威爾森（Kinsey Wilson），因為你們讓我走在你們的庇蔭之中，我的生命才能因此出現許多美好，你們是我重要的導師。

致大衛‧喬凡諾尼（David Giovannoni）、喬治‧貝禮（George Bailey）和約翰‧薩頓（John Sutton），你們對於廣播清晰且深刻的想法，啟發了我許多思考和創作方式。

致麥特‧馬丁內斯（Matt Martinez），這本書的前言聚焦於我職業生涯中三個至關重要的日子，而你是其中兩個重要的部分。

致伊琪‧史密斯（Izzi Smith），這 1／4 個世紀以來我們一直都是朋友、互敬對象、同事，一起追求狂熱夢想、並積極推動著對方，每當有新想法時，你總是我的測試者與明智顧問。

致潔西‧貝克（Jesse Baker），我把妳視為我的小妹妹，即便就算我自己

有一個妹妹的話，我也一定會更喜歡妳。因為妳就像是叛亂份子所奢求的最佳共犯，這就是為什麼我很感謝和妳一起工作的原因。

致我在電台和 Podcast 領域中的朋友、有榮幸一起工作的同事，以及在音頻製作這個美好行業中認識的許許多多人，你們的教導、傾聽、包容，激勵了我、同時也塑造了我，而更重要的是，你們再再表現出對於技藝最崇高、縝密的奉獻精神，這樣的精神也曾經無數次地啟發、挑戰我，我感謝這一切。

在每一個職業生涯中都會遇到一些混蛋，致我所遇到的那些，謝謝你，你們的貧乏能激發我去成為一個更好的思考者、領導者和創作者。

致那些幫助我完成這本書，以及那些幫助我想出書中概念原則的人，還有那些為我們大家提供智慧的人。

感謝我才華洋溢的編輯梅西（Maisie Tivnan）以及 Workman 的優秀員工，包含貝斯（Beth Levy）、桑（Sun Robinson-Smith）、瑞貝嘉（Rebecca Carlisle）、拉希雅（Lathea Mondesir）和貝琪（Becky Terhune），從第一天接觸開始，他們對於這本書的關注與興奮，便讓我驚艷不已。

致我的經紀人簡（Jane Dystel），感謝她一直捍衛我、擁護我，並總是能當個告訴我真相的人。

感謝我的瑜伽老師喬（Joe Gandarillas），在寫這本書時，他立刻就同意當我書裡其中一章範例的白老鼠。

致凱文（Calvin），對的，爸爸等一下就會下樓，他只是想要先完成這一頁就好。

致 Edie 和 Lolly，謝謝你們讓我的辦公室中充滿狗屁，讓我從不寂寞。

致那些我忘了提到名字，但卻能夠冷靜也不會因此而感到不開心的人。

而凱薩琳（Katherine）是我生命中的全部，如果沒有妳的參與，我的人生就不會有任何重要的事情發生，一切都是因為有妳。

謝謝你。

推薦閱讀

下面列出了一些書籍和文章，但需要説明的是，這不是一個參考書目。如果你喜歡我的這本書，那麼你應該也會喜歡閱讀這些作品，其中有些是在本書內曾經提到的，有些則是在我的職業生涯中曾經啟發過我的。

書籍

Out on the Wire by Jessica Abel（Broadway Books, 2015）

大約在 20 年前，艾拉·格拉斯（Ira Glass）請傑西卡（Jessica Abel）寫了一本有關《美國眾生相》如何製作成廣播故事的漫畫書，這本書廣受喜愛，也啟發很多人在音頻技藝上的介紹方式（甚至還包含我給你們的圖解建議）。後來傑西卡把這本漫畫書擴展成一本完整的書——並且保留了其圖文小説的格式，是一本獨特而且令人驚豔的作品。

Sound Reporting by Jonathan Kern（University of Chicago Press, 2008）

這是一本在 NPR 工作的內部指南，介紹 NPR 的編輯標準、執行以及音頻新聞的作法。

Radio Diaries：DIY Handbook by Joe Richman（Radio Diaries, 2017）

一本簡單的入門書，內容有關一位現代音頻大師的電台採訪、他的故事講述和原則。

Selling the Invisible by Harry Beckwith（Grand Central Publishing, 2012）

我從這本書中學到了很多東西，貝克威思教你如何與人談論想法並架構出這些想法，使想法之間更具有關聯性和實用性。這些課程不僅在行銷中不可或缺，在「以聽眾為中心」的音頻故事中也是如此。

The Writer's Journey：Mythic Structure for Writers by Christopher Vogler（Michael Wiese Productions, 2007）

關於故事結構指導的經典之作，深受出版作家和編劇的喜愛，建議音頻創作者們閱讀以激發靈感來源。

Words That Work by Frank Luntz（Hachette, 2008）

對這份推薦閱讀名單來說，這看起來可能像是一個奇怪的選項。Luntz 是一位負責將「遺產稅」重新標示為「死亡稅」、將「全球暖化」轉變為「氣候變遷」等等的民調專家。撇開政治不談，這本書中有很多內容可以幫助作家（包含音頻創作者）理解「用詞選擇」如何對聽眾認知產生影響力量。

Making Waves by Mark Ramsey（iUniverse, 2008）

多年來 Ramsey 一直是廣播和 Podcast 領域中具有啟發影響力的思考者，你總是能從閱讀他的想法中學到一些東西。

Listener Supported by Jack Mitchell（Praeger, 2005）

公共廣播和國家公共廣播電台的創始人之一所分享的草創歷史──這些故事聽起來和現在初期的 Podcast 很雷同。

Radio Intelligence by David Giovannoni （**Corporation for Public Broadcasting, 1991**）

最初發表在公共廣播商業報紙《Current》上的文章，內容探討公共廣播早期的聽眾數據。

The Elements of Style by William Strunk Jr. and E. B. White （**Pearson, 2000**）

不管是任何媒體之下的任何一位創作者，都應該定期重溫以獲得靈感方向的經典參考資料。

The Observation Deck: A Tool Kit for Writers by Naomi Epel （**Chronicle Books, 1998**）

這套卡片提供了一系列工具和練習，幫助作家擷取故事元素以及故事結構。

Creating Customer Evangelists by Jackie Huba and Ben McConnell （**Kaplan Business, 2012**）

一些發人深省的故事和教訓——有關「以客戶為主」思考的重要性。

Reality Radio edited by John Biewen and Alexa Dilworth （**University of North Carolina Press, 2017**）

關於 Podcaster 和公共廣播製作人他們的創作方式，這些內容有一點崇高和不具體，但是在這本文章集中可以讓人找到很多靈感。

The TV Brand Builders by Andy Bryant and Charlie Mawer （**Kogan Page, 2016**）

我只是覺得這本書讀起來很吸引人。

The Hero with a Thousand Faces by Joseph Campbell（Pantheon Books, 1949; New World Library, 2008）

關於「英雄之旅」敘事框架的權威文本，對於本書讀者來說可能內容有一點繁多又密集，但是值得花費力氣一讀。

Storycraft by Jack Hart（University of Chicago Press, 2011）

我發現自己將這本書中寫的課程，應用到了我所創作的每一個音頻項目中。

Guerilla Marketing by Jay Conrad Levinson（Houghton Mifflin, 2007）

我在這本書中曾多次提及，每當有人問我要如何行銷 Podcast 時，我都會請大家來讀這本書。

Story by Robert McKee（HarperCollins, 1997）

又是一本有關故事結構的經典，極具啟發性。

ZAG by Marty Neumeier（New Riders, 2007）

這本書是針對坐飛機時更便於閱讀而設計的，內容非常容易消化並富啟發性。

The Art of Gathering by Priya Parker（Riverhead Books, 2018）

我在這本書中有提到過，雖然並不完全適用於 Podcast，但是也是一本非常具有啟發性和指導性的讀物。

The Responsive Chord by Tony Schwartz（Anchor Press, 1973）

多年來被公共廣播創作者視為經典神聖的讀物，內容對於 Podcast 的應用也相當鼓舞人心。

You Can Write a Novel Kit by James V. Smith Jr.（Writer's Digest Books, 2008）

有在本書中提及，內容分享的資源對於任何媒體類型的作家都相當有助益。

Save the Cat! by Blake Snyder（Michael Wiese Productions, 2005）

被認為是編劇的經典指南，包含了很多編劇所需的工具，這些工具同樣也可以被敘事型 Podcaster 所使用。

Follow the Story by James B. Stewart（Simon & Schuster, 1998）

一本關於敘事型非小說的好書，雖然不是以音頻為中心撰寫的，但是提供了很多敘事型 Podcaster 可以好好利用的見解。

線上資源

"Audience 98" by David Giovannoni, Leslie Peters, John Sutton, and others（arapublic.com, 1997）.

作為「公共廣播最新主流聽眾數據計畫」其中一部分的文章彙整，闡述了構成公共廣播節目的基礎，以及其訴求的理念原則，內容裡有許多概念也很適合用於 Podcast，相關性頗高。

"Story Structure 101" by Dan Harmon.

網址：channel101.fandom.com/wiki/Story_Structure_101:_Super _Basic_Shit

"6 Pieces of Bad Advice We Give Air Talent" by Fred Jacobs.

網址：jacobsmedia.com/6-pieces-of-bad-advice-we-give-air-talent-2/

"The Schwartz Technique: How to Get Vivid Colour and Riveting Detail from Your Interview" by Jacob Kreutzfeldt.

網址：cbc.ca/radio/docproject/blog/the-schwartz-technique-how-to-get -vivid-colour-and-riveting-detail-from-your-interview-1.3938069

"Podcast Success in One Graph" by Steve Pratt.

網址：blog.pacific-content.com/Podcast-success-in-one-graph-creative -bravery-x-commitment-43c89ecb82df

"The Turnaround: Interviewers Interviewed" by Jesse Thorn.

網址：maximumfun.org/shows/the-turnaround

作者簡介

艾瑞克 · 紐朱姆（Eric Nuzum）是知名的媒體顧問和 Podcast 創作者。自 2005 年以來，他所製作的 Podcast 就在排行榜上名列前茅，也常出現在每年的「最佳」清單中並獲得獎項，節目總下載數高達數億次。

他被認為是在 Podcast、廣播和口述娛樂領域中的一位領先的、「必找」的創意策略家；曾經在 NPR 和 Audible（亞馬遜旗下有聲書製作公司）領導 Podcast 和原創節目製作。現在是一家以紐約市為據點的 Podcast 和創意諮詢公司——Magnificent Noise 的聯合創始人。

艾瑞克還寫了其他 3 本書：一篇反對音樂審查制度的辯論文章（Parental Advisory: Music Censorship In America）、一本有關吸血鬼文化的深度研究《死者行千里：從諾斯非拉度到喬庫拉伯爵的吸血鬼行蹤》（The Dead Travel Fast: Stalking Vampires From Nosferatu To Count Chocula），還有一本回憶錄《放棄鬼魂：一個關於友誼、80 年代搖滾、一張遺失的紙片以及鬧鬼意義的故事》（Giving Up The Ghost: A Story About Friendship, 80s Rock, A Lost Scrap Of Paper, And What It Means To Be Haunted）。

除此之外，艾瑞克常常在酒吧中和朋友辯論、閱讀、聽音樂和玩一種叫凱納斯特（Canasta）的紙牌遊戲。他和他的家人現在居住在紐澤西州的蒙特克萊爾。

作者艾瑞克‧紐朱姆 Eric Nuzum
譯者蘇菲
主編趙思語
執行編輯陳淑萍 (特約)
美術設計羅婕云

如何做出爆紅
Podcast
新手、節目沒人聽？美國王牌製作人教你
頻道定位╳提升故事力╳經營行銷
掌握圈粉**7**大關鍵

發行人何飛鵬
PCH集團生活旅遊事業總經理暨社長李淑霞
總編輯汪雨菁
行銷企畫經理呂妙君
行銷企劃專員許立心

出版公司
墨刻出版股份有限公司
地址：台北市104民生東路二段141號9樓
電話：886-2-2500-7008／傳真：886-2-2500-7796
E-mail：mook_service@hmg.com.tw
發行公司
英屬蓋曼群島商家庭傳媒股份有限公司城邦分公司
城邦讀書花園：www.cite.com.tw
劃撥：19863813／戶名：書虫股份有限公司
香港發行城邦 (香港) 出版集團有限公司
地址：香港灣仔駱克道193號東超商業中心1樓
電話：852-2508-6231／傳真：852-2578-9337
城邦 (馬新) 出版集團 Cite (M) Sdn Bhd
地址：41, Jalan Radin Anum, Bandar Baru Sri Petaling, 57000 Kuala Lumpur, Malaysia.
電話：(603)90563833 ／傳真：(603)90576622 ／E-mail：services@cite.my
製版‧印刷藝樺彩色印刷製版股份有限公司‧漾格科技股份有限公司
ISBN978-986-289-543-6
城邦書號KJ2002 **初版**2021年01月 **三刷**2022年12月
定價450元
MOOK官網www.mook.com.tw
Facebook粉絲團
MOOK墨刻出版 www.facebook.com/travelmook
版權所有‧翻印必究

MAKE NOISE: A Creator's Guide to Podcasting and Great Audio Storytelling
Copyright © 2019 by Eric Nuzum
Photo credits: Getty: Hill Street Studios/DigitalVision p. 44 (bottom); Lucy Lambriex/ DigitalVision
p. 44 (top); Michael Prince/The Forbes Collection/Contour by Getty Images p. 17; Robin
Skjoldborg/Stone p. 44 (middle). Courtesy of Eric Nuzum p. 15.
Steve McFarland p. 230. Shutterstock: Alexander Lysenko (background patterns); Olgastocker
(background patterns); Sylverarts Vectors p. vi. Photo by Stephen Stickler p. 16.
Published by arrangement with Workman Publishing Co., Inc., New York.
Through Big Apple Agency, Inc., Malaysia.

國家圖書館出版品預行編目資料

如何做出爆紅Podcast?：新手、節目沒人聽?美國王牌製作人教你頻
道定位x提升故事力x經營行銷,掌握圈粉7大關鍵/艾瑞克.紐朱姆
(Eric Nuzum)作；蘇菲譯. -- 初版. -- 臺北市：墨刻出版股份有限公
司出版：英屬蓋曼群島商家庭傳媒股份有限公司城邦分公司發行,
2021.01
272面；14.8×21公分. -- (SASUGAS；02)
譯自：Make noise : a creator's guide to podcasting and great
audio storytelling
ISBN 978-986-289-543-6(平裝)
1.廣播 2.廣播節目製作
557.76　　　　109021012